本书为国家社会科学基金项目：货币与金融统计的新国际准则及实践研究（项目批准号12BTJ002）的成果。

RESEARCH ON THE PRINCIPLES OF CURRENCY
AND FINANCIAL STATISTICS ACCOUNTING:

BASED ON IMF' S LATEST MFSMCG

河南大学经济学学术文库

货币与金融统计核算原理研究：

基于IMF最新MFSMCG

杨凤娟 著

社会科学文献出版社
SOCIAL SCIENCES ACADEMIC PRESS (CHINA)

总 序

　　河南大学经济学科自 1927 年诞生以来，至今已有近 90 年的历史了。一代一代的经济学人在此耕耘、收获。中共早期领导人之一的罗章龙、著名经济学家关梦觉等都在此留下了足迹。

　　新中国成立前夕，曾留学日本的著名老一辈《资本论》研究专家周守正教授从香港辗转来到河南大学，成为新中国河南大学经济学科发展的奠基人。1978 年我国恢复研究生培养制度以后，周先生率先在政治经济学专业招收、培养硕士研究生，并于 1981 年获得首批该专业的硕士学位授予权。1979 年，河南大学成立了全国第一个专门的《资本论》研究室。1985年以后，又组建了河南大学历史上的第一个经济研究所，相继恢复和组建了财经系、经济系、贸易系和改革与发展研究院，并在此基础上成立了经济学院。目前，学院已发展成拥有 6 个本科专业、3 个一级学科及 18 个二级学科硕士学位授权点、1 个一级学科及 12 个二级学科博士学位授权点、2 个博士后流动站、2 个一级省重点学科点、3000 多名师生规模的教学研究机构。30 多年中，河南大学经济学院培养了大批本科生和硕士、博士研究生，并且为政府、企业和社会培训了大批专门人才。他们分布在全国各地，服务于大学、企业、政府等各种各样的机构，为国家的经济发展、社会进步、学术繁荣做出了或正在做出自己的贡献，其中也不乏造诣颇深的经济学家。

　　在培养和输出大量人才的同时，河南大学经济学科自身也造就了一支日益成熟、规模超过 120 人的学术队伍。近年来，60 岁左右的老一代学术带头人以其功力、洞察力、影响力，正发挥着越来越大的引领和示范作用；一批 50 岁左右的学者凭借其扎实的学术功底和丰厚的知识积累，已进入著述的高峰期；一批 40 岁左右的学者以其良好的现代经济学素养，开始脱颖而出，显现领导学术潮流的志向和实力；更有一大批 30 岁左右受过系统经济学教育的年轻人正蓄势待发，不少已崭露头角，初步展现了河南大学经济学科的巨大潜力和光辉未来。

我们有理由相信河南大学经济学科的明天会更好，经过数年的积累和凝练，它已拥有了支撑自己持续前进的内生动力。这种内生动力的源泉有二：一是确立了崇尚学术、尊重学人、多元发展、合作共赢的理念，营造了良好的学术氛围；二是形成了问题导向、服务社会的学术研究新方法，并据此与政府部门共建了中原发展研究院这一智库型研究平台，获批了新型城镇化与中原经济区建设河南省协同创新中心。学术研究越来越得到社会的认同和支持，也对社会进步产生了越来越大的影响力和推动力。

河南大学经济学科组织出版相关学术著作始自世纪交替的 2000 年前后，时任经济学院院长许兴亚教授主持编辑出版了数十本学术专著，在国内学术界产生了一定的影响，也对河南大学经济学科的发展起到了促进作用。

为了进一步展示河南大学经济学院经济学科各层次、各领域学者的研究成果，更为了能够使这些成果与更多的读者见面，以便有机会得到读者尤其是同行专家的批评，促进河南大学经济学学术研究水平的不断提升，为繁荣和发展中国的经济学理论、推动中国经济发展和社会进步做出更多的贡献，我们从 2004 年开始组织出版"河南大学经济学学术文库"。每年选择若干种河南大学经济学院在编教师的精品著述资助出版，也选入少量国内外访问学者、客座教授及在站博士后研究人员的相关著述。该文库分批分年度连续出版，至今已持续 10 年之久，出版著作总数多达几十种。

感谢曾任社会科学文献出版社总编辑的邹东涛教授，是他对经济学学术事业满腔热情的支持和高效率工作，使本套丛书的出版计划得以尽快达成并付诸实施，也感谢社会科学文献出版社具体组织编辑这套丛书的相关负责人及各位编辑为本丛书的出版付出的辛劳。还要感谢曾经具体负责组织和仍在组织本丛书著作遴选和出版联络工作的时任河南大学经济学院副院长刘东勋教授和现任副院长高保中教授，他们以严谨的科学精神和不辞劳苦的工作，回报了同志们对他们的信任。最后，要感谢现任河南大学经济学院院长宋丙涛教授，他崇尚学术的精神和对河南大学经济学术事业的执着，以及对我本人的信任，使得"河南大学经济学学术文库"得以继续编撰出版。

分年度出版"河南大学经济学学术文库"，虽然在十几年的实践中积累了一些经验，但由于学科不断横向拓展、学术前沿不断延伸，加之队伍不断扩大、情况日益复杂，如何公平和科学地选择著述品种，从而保证著述的质量，需要在实践中不断探索。此外，由于选编机制的不完善和作者水平的限制，选入丛书的著述难免会存在种种问题，恳请广大读者及同行专家批评指正。

耿明斋

2004 年 10 月 5 日第一稿，2007 年 12 月 10 日修订稿，2014 年 6 月 21 日第三次修订

为了适应金融发展的需要，规范货币与金融统计标准以及其发布标准，国际货币基金组织在《货币与金融统计手册》（2000 MFSM）基础上，于 2008 年正式出版了《货币与金融统计编制指南》（2008 MFSCG），进一步讨论了金融数据的来源、处理、编制过程、数据公布和频率等内容。2000 MFSM 和 2008 MFSCG 二者共同构成了国际货币基金组织发布的货币与金融统计体系的核心框架。由于作为货币与金融统计的基础性框架的《2008 年国民账户体系》（2008 SNA）和《国际收支与国际投资头寸手册 第六版》（BPM 6）等相继修订出版，2008 年国际金融危机暴露出现行货币与金融统计体系存在的一些缺陷，国际货币基金组织于 2011 年 11 月正式启动了对 2000 MFSM 与 2008 MFSCG 的全面修订。2016 年国际货币基金组织完成了 2008 MFSCG 与 2000 MFSM 修改合并版的草稿《货币与金融统计手册及编制指南》（2016 MFSMCG）。

根据 2008 SNA，中国国家统计局对中国国民经济核算体系进行修订，在新的中国国民经济核算体系中引入了新的概念，拓展了核算范围，细化了基本分类，修订了基本核算指标，改进了基本核算方法。2016 年国家统计局发布了新的国民经济核算体系（CSNA – 2016）。

中国人民银行在参照 2000 MFSM 基础上建立了货币与金融统计体系，我国货币与金融统计在核算范围、分类以及统计框架等方面与 2016 MF-SMCG、2008 SNA 及 CSNA – 2016 的要求存在一定差距。

《货币与金融统计手册及编制指南》是货币与金融统计的"大纲"，是学习货币与金融统计的权威蓝本。然而其涉及内容广泛，相关定义和原则具有学术性，复杂而艰深，不利于非专业人士阅读，也不利于货币与金融统计相关从业人员快速入门。本书以《货币与金融统计手册及编制指南》为基础，依照建立宏观核算体系的逻辑思路，深入剖析货币与金融统计的核算理论，准确把握货币与金融统计的基本概念、框架结构和编制问题，并从经济核算的一致性方面，研究了金融统计核算理论与整个宏观核算理论体系的协调关系及其与源数据的协调性。本书可以使读者全面了解货币与金融统计总体框架、涵盖范围、具体统计概念等内容，是解读货币与金融统计的辅导资料。

由于本书研究的是国际货币基金组织最新公布的货币与金融统计准则，有些内容比较新，有些业务与现实联系较少，同时，限于本人没有从事货币与金融统计实际工作，对相关宏观经济统计和实际联系方面的分析存在欠缺。本书不足之处，敬请读者批评指正。

目　录

第一章　引言 ……………………………………………………… 1

第二章　货币与金融统计核算基本问题研究
　　　——基于 2016 MFSMCG ………………………………… 8
　第一节　建立货币与金融统计核算体系的目的 ……………… 8
　第二节　货币与金融统计核算体系的核算对象和范围 ……… 12
　第三节　机构单位和机构单位的部门划分 …………………… 20
　第四节　金融资产分类 ………………………………………… 27
　第五节　货币与金融统计的核算原则研究 …………………… 32
　本章小结 ………………………………………………………… 37

第三章　流量与存量分类核算问题研究
　　　——基于 2016 MFSMCG ………………………………… 38
　第一节　货币黄金和特别提款权核算问题 …………………… 38
　第二节　通货和存款核算问题 ………………………………… 41
　第三节　债务证券核算问题 …………………………………… 43
　第四节　贷款核算问题 ………………………………………… 46
　第五节　股权和投资基金份额核算问题 ……………………… 51
　第六节　保险、养老金和标准化担保计划核算问题 ………… 53

第七节　金融衍生工具和雇员股票期权核算问题 ············ 57

第八节　其他应收/应付款核算问题 ·················· 63

第九节　核算案例 ································ 64

本章小结 ······································ 73

第四章　货币统计的理论与框架 ····················· 74

第一节　2016 MFSMCG 货币统计建立的理论基础 ········· 74

第二节　2016 MFSMCG 货币统计的指标体系 ··········· 77

第三节　货币统计的编制 ·························· 90

本章小结 ······································ 99

第五章　金融统计的基本问题和框架 ················· 100

第一节　金融统计框架建立的理论基础 ··············· 100

第二节　金融统计的基本问题 ····················· 102

第三节　金融统计的框架 ························· 104

第四节　金融统计的源数据和资金流量表的编制 ········· 119

本章小结 ····································· 123

第六章　金融存流量的源数据与统计数据的转换研究 ······· 124

第一节　金融流量和存量的微观和宏观核算准则 ········· 124

第二节　MFSMCG 和 IFRS 金融存流量核算异同研究 ······ 126

第三节　MFSMCG 和 IFRS 关于金融流量的衔接框架 ······ 131

第四节　MFSMCG 和 IFRS 关于金融存量的衔接框架 ······ 138

本章小结 ····································· 143

第七章　2008 SNA 与 2016 MFSMCG 关于金融存流量的协调性 ······ 144

第一节　2008 SNA 与 2016 MFSMCG 关于金融存流量的衔接基础 ··· 144

第二节　2008 SNA 和货币统计对接的差异与调整 ········· 146

第三节　2008 SNA 与货币统计金融存流量的衔接 ········· 151

本章小结 ····································· 154

第八章　我国货币与金融统计现状及修订完善建议 ……………… 156

第一节　我国货币与金融统计现状与问题 ……………… 156

第二节　完善和修订我国货币与金融统计体系的建议 ……………… 169

第三节　案例框架设计 ……………………………… 173

本章小结 ……………………………………………… 186

第九章　结论 ……………………………………… 187

参考文献 ………………………………………… 191

附　录 ………………………………………… 197

附录 A　本书使用的资产负债 ……………………… 197

附录 B　本书使用的概览的合并调整 ………………… 261

附录 C　本书使用的概览 …………………………… 269

第一章 引言

一 研究背景

政府分析、评价和管理经济活动的主要依据是国民经济核算体系、政府财政统计、货币与金融统计和国际收支平衡表等。"国民经济核算体系"（A System of National Accounting，SNA）是联合国等制定的，用于综合反映国家经济总体运行状况的宏观经济统计体系。它以经济体中所有参与经济活动的机构单位为核算主体，利用生产账户、分配和再分配账户、资本账户和金融交易账户及资产负债表，详细核算社会再生产过程中生产、分配和再分配、资本形成及金融交易等经济活动形成的经济流量与存量。为适应社会发展，准确核算整个经济体的生产、分配、流通和使用状况，国际货币基金组织等部门不断修订和完善国民经济账户体系，分别于1968年、1993年和2008年发布了不同版本，这些不同版本都涉及相关金融交易的核算，并研究了金融资产和负债的类型、金融存流量的核算原则和方法、账户体系等，但这些核算内容并没有体现金融性公司作为金融中介机构在金融交易过程中的功能。为实现这一目的，国际货币基金组织在1984年出版了《货币与银行统计指南》，该指南一直指导各成员编制货币与金融统计准则，但它并不是编制和表述金融统计数据的正式准则。

1994年末墨西哥金融危机和1997年东南亚金融危机，使国际货币基金组织意识到，经济缺乏透明度是新兴市场经济国家发生金融危机的重要原因，只有在信息充分、制度健全、执法严格的情况下，市场经济才能更好地运转。在总结经验教训的基础上，国际货币基金组织认为在新的经济、金融形势下，必须制定统一的数据发布标准，使成员按照统一标准提供全面、准确的经济金融信息。

由于各成员的发展不平衡，国际货币基金组织制定了两套数据公布标准：一套是为参与或正在参与国际金融市场的成员制定的，称为"特殊数据公布标准"（Special Data Dissemination Standard，SDDS）；另一套是为尚未达到 SDDS 要求的成员制定的，称为"数据公布通用系统"（General Data Dissemination System，GDDS）。两套数据公布标准总体要求基本一致，在内容上都囊括了实际部门、财政部门、金融部门、非常住单位和社会人口五大宏观经济部门的数据。在数据质量、范围、频率和及时性、完整性、公众可获性等方面提出了具体的较为严格的要求。

GDDS 和 SDDS 包括货币与金融统计有关新准则，这对国际货币基金组织修订货币与金融统计标准提出了新的要求。为了适应经济和金融市场发展的需要，2000 年国际货币基金组织出版了《货币与金融统计手册》（*Monetary and Financial Statistics Manual*，2000 MFSM），2000 MFSM 界定了货币与金融统计的范围，规范了广义货币、基础货币、信贷和债务等金融总量指标和核算原则，建立了货币与金融统计框架。该手册对于金融数据的来源和处理、编制过程、数据公布和频率等都没有做出具体的规定。

为了适应金融发展的需要，进一步规范货币与金融统计标准及其发布标准，国际货币基金组织在 2000 MFSM 基础上，于 2008 年正式出版了《货币与金融统计编制指南》（*Monetary and Financial Statistics：Compilation Guide*，2008 MFSCG），进一步讨论了金融数据的来源和处理、编制过程、数据公布和频率等内容。2000 MFSM 和 2008 MFSCG 共同构成了国际货币基金组织货币和金融统计体系的核心内容。由于作为货币与金融统计基础性框架的《2008 年国民账户体系》（System of National Accounts，2008 SNA）和《国际收支与国际投资头寸手册 第六版》（*Balance of Payments Manual 6th*，BPM 6）等相继修订出版，且 2008 年国际金融危机暴露出现行货币与金融统计体系存在一些缺陷，国际货币基金组织于 2011 年 11 月正式启动了对 2000 MFSM 与 2008 MFSCG 的全面修订。2016 年国际货币基金组织完成了 2008 MFSCG 与 2000 MFSM 合并的修改版的草稿《货币与金融统计手册及编制指南》（*Monetary and Financial Statistics Manual and Compilation Guide*，2016 MFSMCG），现已公布在国际货币基金组织网站上，正在征求大家的意见。

随着经济全球化，我国的金融统计数据要对国内社会公众、国外和国际组织公布，这就要求我国的金融统计信息必须符合国际惯例，更多地采纳国际标准。2002 年我国经济统计加入了 GDDS 和 SDDS，这说明我国货币与金融统计正在向国际准则靠拢。2015 年我国正式采纳国际货币基金组织特殊数据公布标准（SDDS）。

根据 2008 SNA，国家统计局依据我国经济发展环境和国民经济核算状况，修订、完善我国国民经济核算体系，于 2016 年建立中国国民经济核算体系（China System of National Accounts 2016，CSNA – 2016），在 CSNA – 2016 中引入了新的概念，拓展了核算范围，细化了基本分类，修订了基本核算指标，改进了基本核算方法，使之与新的国际标准相衔接。国际收支统计基本上实现了与第六版的《国际收支统计手册》的接轨，政府财政统计与国际政府财政统计的接轨也处于研究之中。尽管中国人民银行参照 2000 MFSM 对我国货币与金融统计进行了修订，建立了新的货币与金融统计框架，但是我国货币与金融统计在核算范围、分类以及统计框架等方面与 2008 MFSCG 和 2016 MFSMCG 的要求存在一定差距。

国内关于货币与金融统计核算体系的研究比较薄弱，研究成果较少，目前一部分研究成果集中在对《货币与金融统计手册》的研究上：庞皓等（2003）；杜金富（2003）；许涤龙（2006）；杨凤娟（2009，2010）。另一部分是关于 2008 MFSCG 和 2016 MFSMCG 的研究：聂富强等（2009，2010）；陈梦根和张唯婧（2014）；王梓楠（2017）。

综上所述，就国内外关于货币与金融统计的研究而言，其都是在货币金融统计建立的逻辑思路的基础上，来研究参与金融交易的机构单位、金融工具的分类、流量与存量的核算原则、核算方法及核算框架。对于 2008 MFSCG 和 2016 MFSMCG 核算原理、核算的微观基础及与 2008 SNA 的协调等的研究欠缺。

本书首先基于对 2000 MFSM、2008 MFSCG 和 2016 MFSMCG 的系统研究确立"货币与金融统计核算体系"（MFS）的核算原理、发展历程、微观基础及与 2008 SNA 协调。

其次研究了我国货币与金融统计核算现状，参照 2008 MFSCG 和 2016 MFSMCG，指出我国货币与金融统计存在的差别，结合 CSNA – 2016，提出修订我国货币与金融统计框架的思路，并模拟编制了案例框架。

二 研究方法

货币与金融统计核算不仅是一个理论问题，也是一个实践问题。

首先，本书采用宏观经济统计核算的研究方法，利用宏观经济核算的逻辑思路，研究了货币与金融统计核算体系的核算对象、核算范围、核算原则、核算方法、账户体系、总量指标及核算框架。

其次，本书采用规范分析与实证分析相结合、定性研究与定量分析相结合、比较研究与综合分析相结合、具体分析与抽象分析相结合、历史分析和现实相结合、原理和实务相结合等多种研究方法。本书采用历史和现实的方法，研究货币与金融统计的发展历史及统计实践；采用比较研究与综合分析的方法，研究了 2000 MFSM、2008 MFSCG、2016 MFSMCG、2008 SNA、BPM 6 和《国际财务报告标准（2016）》（*International Financial Reporting Standards*，2016 IFRS）等的区别和联系；采用原理和实务相结合的方法，研究了我国货币与金融统计和 2016 MFSMCG 的差别，并研究了统计实践案例。

最后，采用学科交叉的方法，分别从统计、会计角度分析了金融流量与存量的分类、核算原则、计量原则、核算方法，同时分析了货币与金融统计核算和国际金融会计的异同，建立了关于金融存流量从金融会计到统计的协调框架。

三 理论意义和实用价值

宏观经济核算体系为政府管理人员和经济研究人员研究一国经济现实问题、经济的发展过程及经济自身规律提供了重要的统计资料；同时也是政府进行经济预测、编制经济计划和制定各项经济政策的重要依据。国际货币基金组织制定的货币与金融统计准则是宏观经济核算的重要组成部分，并以金融活动为核算对象，反映金融运行过程、运行规律，为政府分析、判断、预测金融的发展变化趋势，制定和实施相应的货币政策以及进行宏观经济分析和管理提供可靠的统计信息资料。

然而，我国货币与金融统计核算体系和国际货币基金组织要求的货币与金融统计准则有一定的差距，并且国内研究货币与金融统计核算体系的成果比较少。

研究货币与金融统计最新国际准则及实践具有重要的理论意义和实用价值。

理论意义体现在：有利于对货币与金融统计最新国际准则及实践的深入研究，对深刻理解货币与金融统计的核算理论，准确把握货币与金融统计核算体系的特点，正确认识金融统计核算理论与整个宏观核算理论体系的协调关系，均具有重要的理论价值。

实用价值体现在：有利于对货币与金融统计最新国际准则及实践的深入研究，为我国货币与金融统计改革及科研工作者提供参考资料，为我国货币与金融统计和国际接轨提供统计实物样板，促使我国货币与金融统计数据成为国际标准语言。

四　研究思路和章节内容

本书从理论到方法、从内涵到功能、从历史到现实、从原理到实务，全面系统地研究货币与金融统计核算原理，以及我国的货币与金融统计核算体系现状和存在的问题。本书采用宏观经济统计核算的规范分析方法，首先，研究 2016 MFSMCG 的核算目的、核算对象、核算范围、分类、流量存量的核算方法、核算原则及货币与金融统计核算框架；其次，基于 2016 MFSMCG 和 2016 IFRS 分析了货币与金融统计的微观基础，构建了金融会计和统计的协调框架；再次，基于 2016 MFSMCG 和 2008 SNA 讨论了二者关于核算方法、金融机构和金融资产分类的异同，建立了关于金融存流量从 2016 MFSMCG 到 2008 SNA 的衔接框架；最后，研究我国货币与金融核算的现状，全面剖析当今我国货币与金融统计核算体系的弊端，以及与 2008 MFSCG 和 2016 MFSMCG 的差距，提出了修订、完善与国际接轨的我国货币与金融统计体系的核算范围、分类以及框架结构的建议。本书研究内容如下安排。

第一章　引言。本章说明本书选题背景、理论意义与实用价值，阐明目前经济全球化的背景下，研究货币与金融统计核算原理的必要性、迫切性和可行性，最后说明本书的研究思路和框架结构。

第二章　货币与金融统计核算基本问题研究。1993 SNA 给出一个宏观经济核算体系，主要是解决"谁""与何人""用什么""做什么""为什么"等问题。基于上述问题，本章结合货币与金融统计的"谁""与何人""用什么""做什么""为什么"等问题，研究了其核算目的、核算对象、核算范围、核算原则、机构部门分类和金融工具分类等，其研究内容为构建货币与金融统计框架提供支撑。

第三章 流量与存量分类核算问题研究。基于货币与金融统计核算体系分析"谁""干什么""结果是什么"之后，本章结合存流量之间的关系，即期末存量＝期初存量＋交易＋估值变化＋资产数量其他变化，以金融性公司为例，先讨论了每类金融资产和负债的存量与流量核算方法；然后，以外币存款/贷款为例，分析了其流量核算，又以远期合约为例，详细论述了其每期存量与流量核算。

第四章 货币统计的理论与框架。基于货币与金融统计核算体系分析"谁""干什么""结果是什么"之后，本章把这些零散的分析整合成一个有机整体，其目的是建立货币统计框架，为测度金融性公司从事金融交易活动形成的金融资产和负债存流量服务。为建立合理的货币统计框架，本章首先阐述了测度货币总量的金融理论，以此理论为基础，从三个维度来测度基础货币、广义货币、信贷和债务等；其次，为了从三个维度统计货币总量指标，剖析了货币统计框架中的部门资产负债表及各个层次概览的构成；最后，给出货币统计的编制原则和汇总原则。

第五章 金融统计的基本问题和框架。由于货币统计仅仅涵盖了金融性公司金融资产和负债的存流量数据，参与金融交易的主体有金融性公司、非金融性公司、一般政府、住户、为住户服务的非营利组织以及非常住单位，因此为了反映这些交易主体参与金融活动所产生的金融存流量，本章以金融流量和存量的产生机理作为建立金融统计框架的理论基础，研究了金融统计核算范围、分类，二维和三维资金流量表的构建基础和框架结构，以及二维和三维资金流量表的源数据和编制方法。

第六章 金融存流量的源数据与统计数据的转换研究。金融交易产生的金融存量和流量核算分为微观核算和宏观核算。其中，微观核算服务于机构单位监测资金的收入、支出、资产负债情况；宏观核算服务于政府监测的整个经济体金融活动情况。二者核算目的不同导致在金融交易数据分类、核算原则等方面存在差异，这导致货币与金融统计的源数据不能被直接汇总为统计数据，因此，需要对二者的协调性进行分析。本章首先分析微观核算和宏观核算国际准则在分类和核算原则上的差异，其次建立了二者关于金融资产和负债流量与存量的协调框架。

第七章　2008 SNA 与 2016 MFSMCG 关于金融存流量的协调性。2008 SNA 与 2016 MFSMCG 是政府管理评价经济的两大工具，二者对金融存量和流量都进行核算，并且采用一致的定价原则、核算方法、核算主体、基本概念等，但是二者在核算目的、理论基础、指标体系、核算内容、核算主体及其他处理等方面有差异。本章结合二者的一致性和差异，分析金融资产和负债的有关转换方式。其意义是可以澄清两个测算结果之间令人混淆的关系；可以为从同一基本来源收集数据编制的 2008 SNA 和 2016 MF-SMCG 提供交叉检验；研究 2016 MFSMCG 和 2008 SNA 之间的转换框架，可以实现两套核算体系数据的相互转换；可以减轻因从同一来源收集数据而发生的重复劳动。

第八章　我国货币与金融统计现状及修订完善建议。本章研究我国货币与金融统计体系的现状，指出在总量指标、框架结构等方面存在的问题。参照 2016 MFSMCG 和 CSNA – 2016，结合我国金融市场及我国货币与金融统计实际，提出修订、完善我国货币与金融统计核算体系的建议。基于完善后的统计体系，构建了货币与金融统计案例框架。

第九章　结论。本章总结本书的研究结论、本书的创新点、研究的局限性，指出货币与金融统计今后研究的发展方向。

第二章　货币与金融统计核算基本问题研究

——基于 2016 MFSMCG

1993 SNA 指出一个宏观经济核算体系的建立，主要是解决"谁""与何人""用什么""做什么""为什么"等问题。为回答这些问题，SNA 以交易作为分析的逻辑起点，界定了交易主体是"谁"、交易内容"做什么"、交易结果"是什么"、交易结果"怎么测度"。2016 MFSMCG 遵循 SNA 的逻辑思路，依据金融交易的上述相关问题，依次研究了它的核算目的、核算对象、核算范围、核算原则、机构部门分类和金融工具分类等，它们为构建 2016 MFSMCG 体系提供支撑。

第一节　建立货币与金融统计核算体系的目的

每一个核算体系的产生，都依赖于合理的核算目的。只有对一个核算体系所要达到的目的或者需要发挥的作用有了深刻、全面的认识后，我们才能更好地理解整个核算体系中所运用的概念、结构、原则和方法。在经济统计活动中，明确一个统计体系的核算目的无疑是我们构建相关核算体系的出发点，也是一个统计核算体系能否确立的前提。

一　从整个宏观经济统计体系完整性来看

出于对国民经济宏观管理的需要，国际货币基金组织、世界银行等国际组织分别设置了一系列相互联系、各有侧重的统计核算规范。在国际组织所制定的各种统计规范中，最为重要的是："国民经济账户体系"、"国

际收支统计准则 "、"货币与金融统计准则" 和 "政府财政统计准则"。不同的统计准则在一国经济统计体系中起到不同作用，下面从整个宏观经济体系的完整性来分析它们的不同作用①。

首先来看国民经济账户体系。国民经济账户体系的对象是经济活动，主要核算生产、分配、流通、使用等环节的价值信息。最新的 2008 SNA确立了严格的核算概念、核算分类、核算规则以及核算方法，并形成了一套逻辑严密、协调一致的国民经济账户体系，通过国民经济账户体系，可以详细而全面地记录连续不断的经济活动。它已经成为世界各国宏观经济统计的基本标准，为收集、报告宏观经济统计数据提供了全面、系统的表述方法，同时成为经济核算的中心框架，为建立其他相关统计准则提供参照标准。

2008 SNA 以各机构部门资本账户的 "平衡项" 为起点，建立了金融交易账户。为了说明，金融交易账户中记录金融交易的内容，一方面界定了金融交易、金融资产和存款性公司等基本概念，明确了金融资产与其他资产、存款性公司和其他金融性公司的区别，给出了存流量的记录方法和核算原则；另一方面对金融资产和金融交易做了分类，设置了资金流量账户。但是它过于综合，不能详细全面反映金融运行状况和金融机构部门的资产负债结构以及金融活动对整个经济活动的影响，不能为政府制定货币金融政策提供全面的数据信息。

其次再看政府财政统计准则。2014 版政府财政统计准则涉及政府部门有关金融交易所形成的金融资产和负债存流量的统计，仅仅反映政府部门关于资金的筹集和使用情况，但不能反映出整个经济体中各个部门关于金融交易形成的流量和存量。

最后看国际收支统计准则。《国际收支与国际投资头寸　第六版》是国际货币基金组织为各成员制定的，用于编制国际收支和投资头寸有关数据的国际指导原则。它为各国编制国际收支（流量）和投资头寸（存量）提供了统计概念、分类和国际惯例标准。尽管国际收支统计涉及国际有关金融交易情况，对国外部门的金融交易形成的流量与存量进行统计，但是其最终目的是为系统地收集、汇总国际收支和国际投资头寸的统计数据提

---

① 不同作用是指不同的核算体系为经济分析提供不同的工具。

供准则。

通过上述分析，三个统计准则尽管都包括了有关金融统计的内容，但是内容都不全。货币与金融统计核算体系是在国民经济核算体系的基础上，对整个经济体所有机构单位关于金融活动形成的金融流量与存量统计的细化和补充。货币与金融统计核算体系的形成使得整个宏观经济统计体系更为完整，形成了以国民经济核算体系为核心，以货币与金融统计体系、国际收支统计和政府财政统计为分支的体系。整个宏观经济统计在核算概念、核算原则上相互协调，共同为经济管理提供统计信息资料。

二　从货币与金融统计体系的内容来看

货币与金融统计核算的作用不仅在于完善整个宏观经济统计体系，更重要的还是统计核算本身应发挥的作用。国际货币基金组织 2000 年出版的 MFSM 在其简介中就有几处阐述了货币与金融统计的目的和作用，第一处这样阐述："编制《货币与金融统计手册》的目的是为货币与金融统计的表述提供准则。除了协助货币政策制定和监管外，本手册所讨论的统计还为建立评估金融部门稳定性的统计框架提供基础。"[1] 第二处："《货币与金融统计手册》首先介绍一套用来识别、划分和登录金融资产及负债的存量与流量的工具，接着描述表述统计数据的标准框架，并找出框架中一套有用的分析总量。"[2] 第三处："国际货币基金组织设计手册的目的主要是为货币与金融统计数据的编制人员提供帮助，手册对那些编制或更新国内统计数据的新老统计人员都适用，它还可以帮助其他宏观经济统计数据的编制人员和用户理解各种宏观统计数据之间的关系"。[3] 第四处："本手册将与其他手册（《国际收支与国际投资头寸手册》和《政府财政统计手册》）一起发挥作用"。[4] 第五处："本手册与《1993 年国民账户体系》相一致。

---

[1] 国际货币基金组织：《货币与金融统计手册》（2000 MFSM），国际货币基金组织语音局译，第 1 页，http://www.imf.org/External/pubs/ft/mfs/manual/chi/pdf/chapter1.pdf。

[2] 国际货币基金组织：《货币与金融统计手册》（2000 MFSM），国际货币基金组织语音局译，第 1 页，http://www.imf.org/External/pubs/ft/mfs/manual/chi/pdf/chapter1.pdf。

[3] 国际货币基金组织：《货币与金融统计手册》（2000 MFSM），国际货币基金组织语音局译，第 1 页，http://www.imf.org/External/pubs/ft/mfs/manual/chi/pdf/chapter1.pdf。

[4] 国际货币基金组织：《货币与金融统计手册》（2000 MFSM），国际货币基金组织语音局译，第 1 页，http://www.imf.org/External/pubs/ft/mfs/manual/chi/pdf/chapter1.pdf。

1993 SNA 为识别、划分和登录与生产、收入分配、再分配有关的存量与流量提供了一套相互关联的账户体系，它能够促进一国之内和国与国之间主要宏观统计数据的对比，这种对比又能提高数据编制效率，增加各类宏观统计数据的分析威力，在国内和国与国之间促进对统计数据的了解。"①

2008 MFSCG 进一步阐明了货币与金融统计核算的目的，指出"编制货币与金融统计指南的目的是给负责执行 2000 MFSM 的方法和统计框架的人员提供直接帮助。像 2000 MFSM 一样，2008 MFSCG 对从事其他宏观统计的人员，以及那些正在分析货币和金融数据来源和计算方法的人员都是有用的"②。从宏观经济统计的协调性分析，2008 MFSCG 进一步指出"货币统计为其他宏观经济系统提供数据来源，可以作为国际收支统计、政府财政统计、国民经济统计有关金融数据的来源"③。同时可以利用金融账户分析国际收支和国际投资头寸，分析对外债务数据、国际储备及外汇流动性，也可以利用金融交易账户分析政府有关金融活动的情况。2016 MF-SMCG 的目的是"让其他宏观经济统计数据的编制者和用户了解各种宏观经济数据集之间的关系，结合并更新了 2000 MFSM 和 2008 MFSCG 中的概念和建议"④。手册进一步提出一套用于识别、分类和记录金融资产和负债存量与流量的工具。

通过上述分析可以看出，货币与金融统计体系建立的目的是：在核算金融交易流量和存量基础之上，综合考虑其他经济核算体系的主要功能与目的，同时又注意货币与金融统计核算体系自身的独立性，及与其他经济核算体系的协调关系。其核算目的可概括为以下几个方面。

首先，将货币与金融统计体系的目的界定为收集、整理金融活动形成的金融流量与存量的统计工具。从核算角度看，应该界定有关货币与金融统计的概念、分类，构建货币与金融统计框架，建立统计指标体系（如货

---

① 国际货币基金组织：《货币与金融统计手册》（2000 MFSM），国际货币基金组织语音局译，第 1 页，http://www.imf.org/External/pubs/ft/mfs/manual/chi/pdf/chapter1.pdf。

② 国际货币基金组织：《货币与金融统计手册》（2000 MFSM），国际货币基金组织语音局译，http://www.imf.org/external/pubs/ft/mfs/manual/index.htm。

③ IMF, *Monetary and Financial Statistics Compilation Guide*, April 2008, Overview, p. 4, http://www.imf.org/external/pubs/ft/cgmfs/eng/index.htm.

④ IMF, Monetary and Financial Statistics Manual and Compilation Guide (Prepublication Draft) Introduction, p. 1, http://www.imf.org/en/data, 2016.

币供应量、基础货币、信贷与债务等），为政府评价货币政策提供依据。

其次，由于货币与金融统计核算体系和国民经济核算体系、政府财政统计体系在核算原则、核算概念等方面协调一致，因此它为编制国民经济核算体系、政府财政核算体系和国际收支统计标准提供金融存量与流量数据。

最后，货币与金融统计体系为研究货币与金融统计提供灵活的、可持续性的研究框架。在保持货币与金融统计基本概念、核算原则不变的前提下，国际货币基金组织还要不断修订货币与金融核算准则，充实核算内容，使其适应连续不断的金融创新和不断变化的金融市场，例如针对新出现的金融工具，在总体框架不变的基础上，可以按照指导性原则对其进行具体分类，并根据市场的变化，调整原有的金融工具分类。在保持总体框架不变的情况下，各国根据本国金融发展状况设计其统计内容。

第二节　货币与金融统计核算体系的核算对象和范围

在明确了货币与金融核算体系的目的之后，接下来依据宏观经济体系建立的逻辑思路，分析金融交易及其范围，只有弄清金融交易及其核算范围，才能知道要核算什么、在什么范围核算，所以分析金融交易及其核算范围是建立一个宏观经济核算体系的首要工作。

一　货币与金融统计核算体系的核算对象

在货币经济社会中，商品交易的资金来源主要是现金和贷款，企业生产资金的主要来源有贷款、发行债券和股票。从而看出，经济社会中的商品交易和企业生产都离不开金融活动，并且金融交易量的规模影响商品交易、企业生产、货币政策、金融服务、就业和价格等实际经济问题，因此，对经济发展、货币政策、经济景气等经济问题的评价分析离不开金融活动统计信息，故货币与金融统计核算体系的核算对象是金融活动的价值量，而不是生产情况、就业和物价问题。金融活动的价值量分为两类：一类是具有时间维度，按一定时期测度的总量，它们是一定时期内累计发生的数量，这种总量就是金融流量；另一类是不具有时间维度，在一定时点上测度的总量，称为金融存量。

（一）金融流量

金融流量反映金融工具的创造、转换、交换、转移或消失，涉及一个机构单位资产和负债净值的数量、构成或价值的变化。反映金融流量的形式是多种多样的，例如存款、贷款、发行债券、偿还债务、发行股票、支付利息、冲销债务、提取坏账准备金、预付款和应收账款等。金融流量反映了机构单位的资产和负债的变化方式。金融流量有两大类型：一是金融交易产生的流量；二是非金融交易产生的流量，称为其他流量。其他流量又分为重估、资产数量的其他变化。

1. 金融交易流量。金融交易流量是由于金融交易而形成的金融资产和负债流量。什么是金融交易？金融交易是机构单位之间按照金融协议而进行的金融活动。常见的金融交易主要类型如下。

（1）所有权变动，即一个机构单位获取或更改对另一个机构单位的所有权。

（2）在货物与服务中的经常性交易而产生的金融资产构成中的变化，例如，支付不与货物与服务的交付同步，或者在货物与服务交付之前进行了预付，都会在商品交易中产生贸易债权债务。

（3）不同机构部门之间金融资产的变更，或者资产和负债的同时冲抵。

（4）各种债权债务的应计额，例如应计的红利/利息，或其他费用。

（5）本金的全部偿还或部分偿还。

（6）某种金融工具在二级市场上的转售。

（7）某种金融工具的期限终止，等等。

金融交易双方可能按照以上形式进行交易，结果形成了债权与债务关系，例如就存款、证券和贷款这一类标准金融交易来讲，债权人具有无条件的收取财产收入和收回本金的权利，而债务人则有对称的无条件支付财产收入和支付本金的义务，所以，金融交易一方面涉及债权人金融资产的所有权变化，包括金融债权的产生、交换和清除；另一方面涉及债务人负债的产生、交换和清除。金融交易的结果引起交易双方金融资产和负债的流量发生变化，也就是说，引起一方资产流量的增加或减少，另一方负债流量的减少或增加。

有些金融流量的发生只涉及单方，这时要涉及虚拟交易方，例如货币与金融统计中的货币黄金、国际组织的特别提款权、公司股票和某些派生金融手段，在这些金融交易活动进行时，货币黄金和特别提款权就没有对应的负债方，在记录这种金融活动时，中央银行的负债方虚拟为非居民单位。

从分析可以看出，金融交易引起交易双方金融资产和负债的变化，所以可以根据金融性公司的金融资产和负债类型，对金融交易进行分类，具体分类内容如表 2.1 所示。

表 2.1　金融性公司的金融资产/负债类别的主要交易

资产/负债	交易
货币黄金（中央银行资产）	购买减去销售（仅在货币当局和国际金融机构之间）加上有权要求交付黄金非居民的未分配黄金账户的应计利息
特别提款权持有（中央银行资产）	新的 SDR 分配减去 SDR 撤销 SDR 购买减去 SDR 销售 加上 SDR 控股的应计利息 加上国际货币基金组织在特别提款权储备金头寸的特别提款权中的报酬收入 加上 IMF 的采购和在特别提款权的贷款收入 加上特别提款权对 IMF 的利息收入 减去 IMF 回购和 SDR 中的贷款还款 减去对特别提款权向国际货币基金组织支付的费用
特别提款权分配（中央银行负债）	新的 SDR 分配减去 SDR 撤销 加上 SDR 分配的应计利息（费用）
本币持有（中央银行除外）	通货的净获得
本币（中央银行负债）	流通中的变动
外币持有	购买减去销售
存款 - 资产/负债	存款/收据减去取款 加上其间的应计利息
债务证券 - 资产	购买减去销售、赎回和利息支付 加上其间的应计利息
债务证券 - 负债	发行减去赎回、自有债务证券的购买和利息支付 加上其间的应计利息
贷款 - 资产	贷款延期减去贷款本金和利息支付 加上其间的应计利息

续表

资产/负债	交易
贷款－负债	贷款收入减去贷款本金和利息支付 加上其间的应计利息
股权和投资基金份额－资产	购买和新捐款减去销售和资本提取
股权－负债	所有者所持有的新资金减去除去股利和提取资本的股利流出 加/减外国直接投资企业留存收益的流入或流出 加/减相应交易的损益
投资基金份额－负债	销售减去赎回和/或回购
保险、养老金和标准化 担保计划－资产	预付保险费和标准化担保的净费用 加/减养老金经理人的养老基金债权的减少/增加
保险、养老金和标准化 担保计划－负债	其间对受益人和持有人的应计预计债务金额减从储备金和提取 的损失准备金提供给受益人的款项
金融衍生品－资产	购买减销售和结算 减不可兑现保证金
金融衍生工具和雇员 股票期权－负债	销售减结算 减不可偿还的利润支付
其他应收/应付款	贸易信贷和预付款等交易

资料来源：IMF, Monetary and Financial Statistics Manual and Compilation Guide（Prepublication Draft）2016（2016 MFSMCG），pp. 110 – 111。

2. 什么是重估？重估是由价格变化引起的，价格变化分为金融资产和负债的价格变化、以外币标价的金融资产和负债因汇率变化而产生的价值量变化。重估可以在报告期内任何时间持有的几乎所有经济资产中产生，可以是实现的，也可以是未实现的。未实现的重估是指仍然拥有的资产或在报告期末仍未偿还的负债，期末资产负债表中的资产和负债的价值包括未实现的重估；当资产被出售、赎回、使用或以其他方式处置时，或者包含重估价值的负债被偿还时，实现重新估值。交易的价值包括实现重估的价值，换句话说，当交易发生时，实现其未实现的持有收益。以金融性公司的金融资产和负债为例，重估产生的具体类型如表 2.2 所示。

表 2.2　金融性公司金融资产/负债类别的重估

资产/负债	汇率变化	价格变化
货币黄金（中央银行资产）	√	√
特别提款权（中央银行资产）	√	

续表

资产/负债	汇率变化	价格变化
本币		
外币	√	
存款		
本币		√
外币	√	√
债务证券		
本币		√
外币	√	√
贷款		
本币		√
外币	√	√
股权和投资基金份额（资产）		
本币		√
外币	√	√
股权（负债）		√
投资基金份额（负债）		
本币		√
外币	√	√
保险、养老金和标准化担保计划 - 资产	√	√
保险、养老金和标准化担保计划 - 负债	√	√
金融衍生工具和雇员股票期权		
本币		√
外币	√	√
其他应收/应付款	√	

资料来源：IMF, Monetary and Financial Statistics Manual and Compilation Guide（Prepublication Draft）2016（2016 MFSMCG），p. 112。

3. 什么是资产数量的其他变化？资产数量的其他变化不是由金融交易引起的金融资产和负债的数量变化，它主要是由以下三个类别引起和产生的，第一种类别是资产和负债经济形态的出现和消失；第二种类别是灾难性损失；第三种类别是无补偿性扣押。以金融性公司的金融资产和负债为例，金融资产和负债的资产数量的其他变化的类型如表 2.3 所示。

表 2.3　金融资产/负债类别资产数量的其他变化

资产/负债	资产、灾难性损失（仅资产）和无补偿的扣押（仅资产）的经济表现	OCVA 不在其他分类，包括准备金和会计分录	分类的变化
货币黄金（中央银行资产）	√		√
SDRs（中央银行）			
本币	√		√
外币	√		√
债务证券	√		√
存款	√		√
贷款	√		√
股权和投资基金份额（资产）	√		√
股权和投资基金份额（负债）		√	√
保险、养老金和标准化担保计划－资产	√	√	
保险、养老金和标准化担保计划－负债	√	√	
金融衍生工具和雇员股票期权			
其他应收/应付款	√	√	√

资料来源：IMF, Monetary and Financial Statistics Manual and Compilation Guide（Prepublication Draft）2016（2016 MFSMCG），p. 113。

（二）金融存量

金融存量记录某一时点的资产和负债情况。存量与流量有关，它们来源于以前的交易和其他流量的累积，伴随核算期的交易和其他流量而变化。金融存量分为期初存量和期末存量，期初存量是某类金融资产或负债开始时的总存量价值，期末存量是某类金融资产或负债结束时的总存量价值。

流量和存量之间存在平衡关系，即在某一时期有：

期初存量＋本期流量的净变化＝期末存量

这个平衡关系说明流量与存量的统一关系，期末存量的变化由流量的变化引起，所有存量实际是流量的累积。流量与存量的统一关系对于每一类资产和负债也同样适用，例如存款：

存款期末存量＝期初存款存量＋存款流量变化

对于每个机构部门，每类金融资产和负债的存流量加总要求满足表 2.4。

表 2.4　存量和流量数据：加总要求

项目	OS	T	VC	OCVA	CS	CS – OS = T – VC – OCVA
资产						
资产 1						0
资产 2						0
……						……
资产 m						0
总资产（TA）						0
负债，包括股本						
负债 1						0
负债 2						0
……						……
负债 n						0
总负债（TL）						0
垂直检查：TA – TL	0	0	0	0	0	0

资料来源：IMF，Monetary and Financial Statistics Manual and Compilation Guide（Prepublication Draft）2016（2016 MFSMCG），p. 109。

二　货币与金融统计核算体系的核算范围

科学地确定核算范围是任何一种统计核算的基本出发点，在货币与金融统计核算对象确定以后，就要有与其相对应的核算范围。一个经济体的核算范围依赖于经济领土、机构单位的常住性等基本核算概念。

经济领土是指任何有统计需求的地理区域或管辖区域。最普遍的经济领土概念是指处于单一政府有效经济控制下的区域，它包括特殊区域。某实体与某一确定的经济领土的联系，取决于该实体的自然存在地点是否受该领土上政府管辖等因素影响。不过，经济领土的含义可能会大于或小于这一概念，比如它可以是一个货币或经济同盟，也可以是国家的一部分或世界的一部分。经济领土包括：①陆地；②天空；③水域，包括对捕鱼权和燃料或矿物开采权的管辖地区；④属于该领土的领海、岛屿；⑤世界其他地区的领土、飞地，如大使馆、领事馆、军事基地、科学站、信息和移民局、援助机构和具有外交地位的中央银行代表处。

一个机构单位在且仅在一个经济领土上常住，这是根据它在该经济领土上具有显著经济利益中心确定的。如果一个机构单位使用一个经济领土内的一些地点、住宅、生产场地或其他活动场所从事而且有意持续（无限期或者相当长期限）从事具有显著规模的经济活动或交易，则称该机构单位在该经济领土上具有显著的经济利益中心。判定常住性的操作化定义是，事实上或意向上居住在一地的时间在一年或一年以上。

经济领土和常住性概念的设计是为了保证每一个单位是唯一一个经济领土上的常住者，这是由显著经济利益中心决定的。

如果一个机构单位使用一个经济领土内的一些地点、住宅、生产场地或其他活动场所，从事而且有意持续（无限期或者相当长期限）从事具有显著规模的经济活动或交易，那么就说这个机构单位是该经济领土上的常住单位。

在确定了经济领土、显著经济利益中心和常住单位以后，根据国民经济核算的研究思路，可以确定货币与金融核算体系的核算范围。核算范围的确定依据"谁""干什么""结果是什么"。这三个因素中"谁"指的是经济体中参与金融交易的机构单位，"干什么"指的是金融交易活动，"结果是什么"指的是金融存量和流量。

依据这三个因素，国际货币基金组织于2000年发布《货币与金融统计手册》，其核算范围是："统计经济体中所有机构单位关于金融活动形成的流量与存量数据，并以金融性公司部门的金融流量与存量数据为核心。"[①]

2016 MFSMCG 沿用 2000 MFSM 的核算范围的确定办法，首先确定参与金融交易主体的范围，其次来确定金融交易的内容。

从交易主体来看，经济体中参与金融活动的机构单位由常住单位和非常住单位构成，其中常住单位可以分为住户、公司、非营利机构和政府单位。根据其在经济活动中的功能不同，机构单位划分为六个部门：金融性公司、非金融性公司、一般政府、为住户服务的非营利部门、住户和非常住单位。

从交易内容来看，金融交易内容不断增加。金融活动可以分为货币黄金和特别提款权，通货与存款，债务证券，贷款，股权和投资基金份额，

---

① 国际货币基金组织：《货币与金融统计手册》（2000 MFSM），国际货币基金组织语音局译，第3页，http://www.imf.org/External/pubs/ft/mfs/manual/chi/pdf/chapter1.pdf。

金融衍生产品和雇员股票期权，保险、养老金和标准化担保计划，其他应收/应付账款八种类型，并且每一类型的金融活动都包含了丰富的内容。每一类型金融活动的详细内容可以在金融资产分类这一节中看到，这里不再赘述。

从上面分析可以看出，货币与金融统计覆盖经济中所有机构单位的所有金融资产和负债的存量与流量数据，但是不统计或有性质的金融工具。

第三节 机构单位和机构单位的部门划分

依据国民经济核算的思路，货币与金融统计核算体系确定了"谁""干什么""结果是什么"之后，现在就需要对"谁""干什么"进行分类以及对"结果是什么"进行测度，有关分类研究为构建货币与金融统计核算体系的框架奠定基础，因此，本节研究"谁"的分类，即机构单位的分类及机构部门划分。

一 货币与金融统计的基本统计单位

SNA 在对参与经济活动主体进行分类时，采用了两种基本的统计单位，一种是基层单位，另一种是机构单位。基层单位的分类是根据生产活动的同质性，按照级、组、类和部四级对参与经济活动的主体逐一归类。按照国际标准产业分类（ISIC），参与金融活动的单位有农业、制造业、建筑业、教育、金融中介、运输、研究与开发等共 99 种。要利用如此之多的部门分析金融活动显然很复杂，故货币与金融统计采用的基本统计单位是机构单位，而不是基层单位。

2016 MFSMCG 这样定义机构单位，它"是指能够以自己的名义拥有资产、发生负债、从事经济活动并与其他实体进行交易的经济实体"[1]。

机构单位的主要属性如下：一是机构单位有权以自己的名义拥有货物或资产，并因此能通过与其他机构单位的交易变更对货物或资产的所有

---

① IMF, Monetary and Financial Statistics Manual and Compilation Guide (Prepublication Draft) Institutional Units and Sectors, p. 21, http://www. imf. org/en/data, 2016.

权；二是机构单位能够做出经济决策，从事经济活动，并以自己的名义在法律上承担相应的直接责任；三是机构单位能够代表自己发生负债，或承担其他的义务、承诺，签订合同等；四是机构单位有一套包括资产负债表在内的账户，或者根据需要，有可能编制出在经济和法律上有意义的一整套账户。

货币和金融统计的机构单位包含金融资产所有者和负债发行人，其拥有金融资产和承担负债。在现实社会中，具备成为机构单位条件的单位主要有两类：一类是以住户形式出现的个人或一群人，另一类是法律或社会实体。

二 机构单位分类标志的选择和机构单位的部门划分

在货币与金融统计中，为了详细反映常住单位之间，以及常住单位与非常住单位之间的金融活动情况，下面对常住单位进行分类。在对常住单位划分时，2016 MFSMCG 采用了 1993 SNA 的分类标志：市场生产者和非市场生产者、有法律身份和没有法律身份、金融性公司和非金融性公司、营利与非营利、生产者和最终消费者。把经济体中形形色色的常住单位归为互不重叠的五个机构部门：金融性公司、非金融性公司、一般政府、住户和为住户服务的非营利机构。

（一）金融性公司

1. 金融性公司的内涵和外延

金融性公司包括所有的主要从事向其他机构单位提供金融服务活动（包括保险、养老基金服务等）的常住公司（包括准公司），主要提供本质上与其他类型的生产活动不同的金融服务（包括金融中介）。金融中介涉及在市场上以获得金融资产为目的从事金融交易而发生负债的活动，其特征包括：为贷款筹集资金发生的负债；金融工具在到期日、利率和计价货币等方面的转换；信贷和金融风险的收购。一个实体确定为金融性公司一部分的关键因素有：信用和金融风险的发生，存在一套金融中介活动独立的账户以及在单位生产货物和服务中主要提供金融服务。

2. 金融性公司的类别

2016 MFSMCG 以从事金融活动的类别为分类标志，把金融性公司分为存款性公司和其他金融性公司。存款性公司包括中央银行和其他存款性公司，其他金融性公司包括非 MMF 投资基金、除保险公司和养老基金以外的其他金融中介、金融辅助机构、专属金融机构和贷款人、保险公司、养老基金。具体见表 2.5。

表 2.5　金融性公司的主要部门和子部门

存款性公司：中央银行
其他存款性公司
除中央银行以外的接受存款性公司
货币市场基金
其他金融性公司：非 MMF 投资基金
除保险公司和养老基金以外的其他金融中介
金融辅助机构
专属金融机构和贷款人
保险公司
养老基金

资料来源：IMF，Monetary and Financial Statistics Manual and Compilation Guide（Prepublication Draft）2016（2016 MFSMCG），p. 32。

（1）存款性公司，是指从事金融中介活动的金融性公司，包括中央银行和其他存款性公司[①]，其发行的负债包含在该国广义货币中。

中央银行，是对金融系统的关键方面实施控制的国家金融机构。中央银行的职能通常包括：①发行货币；②执行货币政策，包括调节货币供应和信贷；③管理国际储备；④与 IMF 交易；⑤向 ODCs 提供信贷；⑥通常作为政府、银行家持有中央政府存款，并以透支、预付款和购买债务证券的形式提供信贷。一些国家的中央银行也接受非金融性公司、住户和 NPISHs 的存款或向其提供信贷。

中央银行子部门包括以下部门：①中央银行，在大多数国家是具有不同程度政府控制的独立可识别机构单位，有各种名称，如中央银行、储备银行、货币当局、国家银行等；②货币委员会或独立货币当局，用来发行

[①]　其他存款性公司（Other Depository Corporations）包括除中央银行以外的接受存款性公司和货币市场基金。

完全由外汇储备支持的本币；③政府附属机构，作为独立机构单位并主要履行中央银行职能，但专门从事监管金融系统的机构除外。

其他存款性公司，即除中央银行外的所有承担包括广义货币在内的负债的金融性公司。

除中央银行以外的接受存款性公司[①]的主要业务是金融中介活动。为此，它们通过接受存款或近似替代存款的其他金融工具（例如短期存款凭证）来获得资金。除中央银行以外的接受存款性公司也可以发行票据、债券、其他债务证券或其他金融工具。它主要包括商业银行[②]、其他接受存款性公司、离岸银行和清算银行。可归类为其他接受存款性公司的公司和准公司如下：①商人银行[③]；②储蓄与贷款协会、建房互助协会和抵押银行；③信用合作社和信贷银行；④市级信用机构；⑤农村银行和农业银行；⑥贴现行；⑦主要从事金融活动的旅行支票公司；⑧邮政直接转账机构；⑨电子货币机构。

货币市场基金（MMF）作为共同投资计划，通过向社会发行股份或权益单位来融资，所得款项主要投资于货币市场工具、MMF 股份或权益单位、距到期时间不超过一年的可转让债务工具、银行存款和追求回报率接近于货币市场工具利率的工具。认定为 MMF 的投资基金需要满足：①一定程度的资本确定性（名义价值的储藏）；②立即或在短时间内提取资金的可能性。如果不满足上述条件，则该机构不属于 MMF，而被归到非 MMF 投资基金。通过可支付给第三方的支票或其他直接支付方式，有些 MMF 可方便从股东账户提取资金，这些向第三方支付的款项可能会被限制在指定期间写入，同时被限制支取最低、最高金额。

由于 MMF 股份和单位（不论有或没有第三方支付功能）高流动的特性，可将其视为可转让和其他存款的近似替代品，因此 MMF 股份和单位

---

① 除中央银行以外的接受存款性公司，即 Deposit-taking Corporations Except the Central Bank，本书中将 Deposit-taking Corporations 翻译为接受存款性公司，将 Depository Corporations 翻译为存款性公司，以示区别。

② 商业银行（Commercial Banks）提供的最常见的服务是接收存款和提供商业和个人贷款。在许多国家，它们必须在中央银行按照其存款负债的一定比例存放准备金。

③ 商人银行（Merchant Banks）专门从事促进贸易和商业发展的金融活动，通常涉及国际融资、长期贷款和证券承销。它们还与跨国公司和其他大型公司有银行业务关系，但通常不向公众提供银行服务。

包含在广义货币中，并且满足上述条件的所有 MMF 都被归类为 ODCs。

（2）其他金融性公司包括以下 2008 SNA 子部门：非 MMF 投资基金、除保险公司和养老基金（ICPFs）以外的其他金融中介、金融辅助机构、专属金融机构和贷款人、保险公司和养老基金。

非 MMF 投资基金是通过公开发行股份或权益单位来融资的共同投资计划，所得款项主要投资于长期金融资产，如权益股份、债券和抵押贷款以及非金融资产。非 MMF 投资基金也可将其总资产的一小部分投资于高流动性的短期金融工具，以确保兑现股份或单位的请求能够毫不拖延地得到满足。它们可以在多个名称下运作，例如共同基金、投资基金、投资信托、单位信托基金或集体投资机构。非 MMF 投资基金发行的股份或单位不是存款的近似替代品，原因为：①不能通过支票或第三方支付的其他方式转让；②它们的价格可以根据市场条件波动，因此它们不是可靠的名义价值存储。

除保险公司和养老基金以外的其他金融中介是指以下述方式提供金融服务的金融性公司：以自己的名义发生负债——负债的形式不包括通货、存款、存款的近似替代物，进而试图在市场上从事金融交易来获得金融资产。此类金融中介的一个特点是：其资产负债表两边的交易项目都是在公开市场上进行的。它的主要类型有金融租赁公司、中央对手方清算机构（CCPs）和投资银行等。

金融辅助机构是指这样一些金融性公司：主要从事与金融资产和负债交易相关联的活动，或与对这些交易进行监管相关联的活动，但在交易过程中并不获得所交易的金融资产和负债的所有权。金融辅助机构不是中介机构，较常见的金融辅助机构类型有：公共交易所、证券市场、清算所、经纪人和代理人、外汇公司或货币兑换处、金融衍生公司、保险和养老金辅助机构等。

专属金融机构和贷款人是指具有这样一些特征的机构单位：提供除保险以外的金融服务，其大部分资产或负债不在公开市场上交易。它包括仅在成员有限的单位组（如子公司）内部进行交易的实体，或同属于一个控股公司的子公司，或用来源于单一赞助者的资金或自有资金发放贷款的实体。

专属金融机构是公司的附属机构，作为其母公司的金融代理人为其母公司贷款筹集资金或购买母公司应收账款。专属金融机构出于参与专门活动或监管原因，由接受存款性公司操作。它们如果不能被视为独立于其母公司的单位，则被纳入母公司的资产负债表内，除非它们与母公司处于不同的经济体中；它们如果可以作为单独的机构单位处理，则被归在 OFCs 子部门。

贷款人指：①以高利率提供小额个人贷款的贷款人（个人或团体）；②用从政府单位或非营利机构等赞助机构收到的资金从事贷款（例如，学生贷款、进出口贷款）业务的公司；③向使用个人财产做抵押的个人提供贷款的当铺或典当行。

保险公司可以是法人、共同公司和其他形式的实体，其主要功能是向个体机构单位或团体单位提供人寿、意外事故、健康、火灾或其他险种的保险服务，或向其他保险公司提供再保险服务。仅为其所有者服务的保险公司，即专属保险公司，与再保险公司也包括在这一子部门中。它包括的主要类型有：人寿保险公司、专属保险子公司、再保险公司和金融担保公司等。

养老金子部门由自主的养老基金构成，即这些基金是为特定个人、群体提供退休福利而设立的，有自己独立的养老基金资产和负债，对缴款者有特定的义务。养老金计划可以在自愿的基础上设立，也可以是雇员、雇主或两者强制性缴款的反映。其管理组织有：单独设立的养老基金组织和雇主经营的基金组织。政府有时还为其雇员制定独立于社会保障制度的养老金计划。

（二）非金融性公司

非金融性公司是指那些以生产市场性货物或非金融服务为主要活动的公司和准公司，由以下常住单位组成：①所有常住非金融性公司，无论其股东的常住性如何；②非常住单位在该经济领土内长期从事非金融性生产的分支机构；③作为货物或非金融性服务市场生产者的所有常住 NPI。

2016 MFSMCG 采用 2008 SNA 控制权的分类方法，但是与 2008 SNA 不同的是，2016 MFSMCG 将本国私营非金融性公司和国外控制的非金融性公司合并为其他非金融性公司。由此，非金融性公司分为公营非金融性公司和其他非金融性公司。

（三）一般政府

政府单位是唯一一类通过政治程序设立的，在特定区域内对其他机构单位拥有立法、司法或行政权的法律实体。政府单位的主要职能是以非市场为基础承担向社会或个人住户提供货物和服务的责任、通过转移手段进行收入和财产的再分配、从事非市场生产、通过税收或其他强制转移为其活动提供资金。

《2008 年国民账户体系》和《2014 年政府财政统计手册》提供了划定一般政府子部门的两种方法。第一种方法将一般政府分为：①中央政府，②州、省或区域政府，③地方政府，④社会保障基金机构。第二种方法将社会保障基金机构归入一般政府子部门——中央，州、省或区域政府，地方政府中（社会保障基金在其中运作）。2016 MFSMCG 采用第二种分类方法，但在货币统计中一般政府分为两个子部门：中央政府，州和地方政府。

（四）住户

住户是指这样的一群人：他们共用生活设施，把成员的部分或全部收入或财产汇聚起来使用，集体性地消费某些货物和服务 —— 主要是住房和食物。一个住户可以由一个人或多个人组成。

（五）为住户服务的非营利机构

NPI 如果从事市场生产，则应将其归入金融性公司或非金融性公司部门；如果它们处于同一经济体，从事非市场生产且受政府控制，则应被归入一般政府部门。如果 NPI 向其成员、其他住户或整个社会以免费或不具有显著经济意义的价格（或费用）提供货物或服务，则其是非市场生产者。不受政府单位资助和控制的非市场非营利机构称为 NPISH，构成一个独立机构部门。

NPISH 主要由缴款、会员费、捐赠、转移和其持有的金融性和非金融性资产的收益提供资金。NPISH 部门包括两大类：①工会、专业或学术团体、消费者协会、政党（单一政党除外）、教会或宗教团体（包括由政府资助的团体）以及社会、文化、娱乐和体育等方面的俱乐部；②由其他机构单位自愿转移（现金或实物）资助的慈善、救济或援助组织。

根据上述机构单位的分类办法，货币与金融统计体系将成千上万个从事金融活动的机构单位根据相同性和差异性归为不同类别，根据差异性使每一机构单位都有归属。从货币与金融统计核算来看，机构部门分类的作用表现在：有利于划分货币持有部门和发行部门，有利于分析部门之间的资金流量，有利于统计金融总量指标，有利于建立货币与金融统计框架。

第四节　金融资产分类

在研究了"谁"的分类之后，接下来研究"干什么"的分类。"干什么"的分类就是对金融交易的分类，金融交易的载体是金融工具，不同金融工具表现为不同类型的金融资产和负债，因此对"干什么"的分类就是对金融资产和负债的分类。由于金融资产和负债的对称性，只需研究金融资产的分类。对金融资产分类，首先要界定金融资产的范围，然后才能对其进行科学合理的分类。

一　金融资产的范围

什么是资产？金融资产的特性又是什么？

2008 SNA 界定"资产是一种价值储备，代表经济所有者在一定时期内通过持有或使用某实体所产生的一次性或连续性经济利益。它是价值从一个核算期向另一个核算期结转的载体"[1]。2016 MFSMCG[2] 界定"资产是一种价值储藏手段，机构单位对其行使所有权，在一定时期内持有或使用资产会给它们带来经济收益"。从 2008 SNA 和 2016 MFSMCG 的界定可以看出，每一经济资产的价值体现在持有它或使用它而获得的经济利益总量上。不同的经济资产实现经济利益的方式不同，有些资产利益通过在生产中使用而获得，诸如建筑物和机器设备等；有些资产利益由财产收入而得

---

[1]　联合国、欧盟委员会、经济合作与发展组织、国际货币基金组织、世界银行编《2008 年国民账户体系》，中国国家统计局国民经济核算司、中国人民大学国民经济核算研究所译，中国统计出版社，2008，第 34 页。

[2]　IMF, Monetary and Financial Statistics Manual and Compilation Guide (Prepublication Draft) 2016 (2016 MFSMCG), p. 55.

到，如金融资产和土地等。

2008 SNA 界定的经济资产必须是所有权确立的资产，没有确定所有权的资产不属于宏观经济统计的范围，例如，空气或海洋就不能确定其所有权，再如非培育的森林以及未开发的矿藏等，这些都不属于宏观经济统计的范围。

经济资产分为金融资产和非金融资产，非金融资产分为生产资产和非生产资产，生产资产是 SNA 生产范围内作为生产过程的产出而形成的非金融资产。非生产资产是通过生产过程以外的方式形成的非金融资产。

2016 MFSMCG 界定：金融资产是经济资产的一部分，属于金融工具。多数金融资产是当一个机构单位通过契约关系向另一个机构单位提供资金和其他资源时产生的金融债权。金融债权是一种资产，通常使债权人在负债的条款下有权从债务人那里收到资金或其他资源。金融资产包括所有的金融债权（包括公司的股票或其他股权）和货币当局作为储备资产持有的黄金。

金融资产的经济利益体现在可以进行交易，可以获得财产收入、储藏价值等。例如，利用货币和可转让存款可以获得货物、服务和其他资产；利用贷款和购买债券可以获得财产收入。

金融资产是由金融交易契约通过金融工具这个载体来实现的，金融工具的表现形式有存款、贷款、股票和债券等，因此金融资产有和金融工具相对应的形式。有些类型的金融契约引起实际资产的支付，例如，存款、贷款、股票和债券等；有些金融契约不会引起支付或提供其他价值物品的无条件要求，且契约本身也没有可转让的经济价值，该种金融契约称为或有资产，例如，第三方付款担保和信贷额度①。2008 SNA 规定金融资产的分类不包括或有资产，有关或有资产的数据只是作为辅助数据，与或有资产协议有关的费用视为服务费。

2016 MFSMCG 采用 2008 SNA 金融资产的统计范围，引起实际支付的金融资产属于货币与金融统计的范围，或有金融资产不属于其统计范围。

---

① 第三方付款担保是或有资产，因为只有当主债务人违约时，才能要求第三方支付。信贷额度也是或有资产，虽然其提供了可得资金的担保，但在资金实际预付之前，金融资产是不存在的。

二　2016 MFSMCG 对金融资产的分类

在分析了金融资产范围之后，要对金融市场复杂多样的金融资产进行分类，只有建立科学合理的金融资产分类体系，才能为建立货币与金融统计框架奠定坚实的基础。要想进行合理的分类，必须研究金融资产的特征，根据其特征选择合理的分类标志。

（一）金融资产的分类标志

金融资产具有诸多不同的性质，例如，债权人/债务人法律关系、流动性、应收/应付、债权和股权、期限、持有人和发行人、有息和无息及币种等。在金融资产如此之多特性中，选取什么特征作为金融资产的分类标志呢？

不管选取什么作为分类标志，分类应遵循一般原则：一是在选择分类标志时注意分类的稳定性与变异性，稳定性就是选择的标准要有利于金融工具的归属相对稳定，变异性就是不同的类型要有不同的特征，以便于金融资产的归类；二是金融资产分类要服务于货币与金融统计，具体来讲就是要满足货币与金融统计中的广义货币、流动性总量、基础货币、信贷和债务金融总量指标的统计，有利于反映机构部门之间的资金流动方向。

2016 MFSMCG 使用 2008 SNA 的分类方法对金融资产进行分类。一级分类主要依据的是资产的流动性，它细分为其他更具体的特性，如可流通性、可转让性、适销性、可兑换性以及可分性。在一级分类的基础上，2016 MFSMCG 又采用了债权人/债务人关系形式的法律特征（或机构部门）、计价货币、到期日和利率等多种分类标志，对每种资产进行交叉分类。从上述内容可以看出，2016 MFSMCG 对金融资产的分类不仅采用单一分类标志，而且采用复合分类标志。

（二）金融资产的主要类型

1. 以金融资产流动性为一级分类标志

按照金融工具的流动性，2016 MFSMCG 把金融资产分为：货币黄金和特别提款权，通货和存款，债务证券，贷款，股权和投资基金份额，保险、养老金和标准化担保计划，金融衍生产品和雇员股票期权，其他应收/应付款。

2. 以债权人/债务人关系的法律特征为交叉分类标志

一个核算体系不仅要核算"结果是什么"，还要核算这个"结果是怎么产生的"，核算这个"结果是怎么产生的"，就需要界定"谁"与"谁"的交易。就金融交易而言，研究"谁"与"谁"的交易就是研究债权人和债务人之间的关系，因此，2016 MFSMCG 以债权人/债务人关系的法律特征为分类标志，按照持有或发行部门对金融资产进行分类。参与金融交易活动的主体有住户、非金融性公司、金融性公司、政府、为住户服务的非营利机构部门和非常住单位，这些交易主体对于同一种金融工具有时既是发行部门，又是持有部门。比如就股票和债券这两种金融工具而言，非金融性公司既发行股票和债券，同时又购买其他机构部门的股票和债券，因此它既可能是债权人也可能是债务人；就存款和贷款而言，金融性公司可以接受住户、非金融性公司、政府等单位的存款，充当存款的债务人，同时它还可以充当贷款的债权人向这些部门发放贷款。考虑到为住户服务的非营利机构的目的就是为住户服务，在货币统计中，住户和为住户服务的非营利机构合并成一个机构部门。

尽管货币统计和金融统计的核算对象都是金融交易的结果，即金融存流量，但货币统计的目的是核算金融性公司广义货币、基础货币等负债总量指标，因此相对于其他常住单位和非常住单位，它更侧重于金融性公司部门金融资产和负债的流量和存量。上述分析的交叉分类应重点关注金融性公司账户。首先，按照机构部门的常住性将金融性公司部门资产和负债划分为国外/国内，来突出显示一个经济体与非常住单位的债权债务关系；其次，将常住单位划分为机构部门和机构子部门，以显示金融性公司对国内不同经济部门的债权和债务情况。

3. 以计价货币为交叉分类标志

为更好地了解货币和信贷总量的增长以及汇率变动的脆弱性，将金融性公司的资产和负债进行交叉分类，进一步细分本币/外币。为便于分析，还可以对以外币计价的金融资产和负债依据币种进一步划分。

金融资产和负债的货币组成由其计价货币的特征决定。外币工具是以本币以外的货币计价的工具；与外币挂钩的工具是以本国货币支付的，但支付金额与外币挂钩的工具，因此被视为以外币计价。本币工具是以本币计价且不与外币挂钩的工具；与本币挂钩的工具是以外币支付，但支付金额与本币挂钩的工具。出于货币统计的目的，与本币挂钩的工具按惯例以外币计价分类，而不是按本币划分。对于用外币（而不是主要以本币）计价应付利息的债务工具，只有以外币计价的应付金额现值按外币工具划分，反之亦然。

满足下列两个条件的经济体为特殊情况：①不发行本国货币；②将另一经济体货币当局发行的货币（如美元）或不属于本经济体的共同货币区域发行的货币（如欧元）用作法定货币。例如：对于美元化的经济体，在货币统计编制部门资产负债表时，使用外币作为法定货币的单位按本币单位划分。在这些国家的金融性公司子部门资产负债表中，对常住对应方的所有金融资产和负债进行进一步区分，将其区分为本币单位（即经济体中用作法定货币的外币）和外币单位（除用作法定货币的外币）。

4. 以纳入基础货币和广义货币为交叉分类标志

为了界定基础货币和广义货币，在上述对金融资产和负债分类的基础上，对中央银行和其他存款性公司部门资产负债表负债方的存款（可转让和其他）和债务证券进行交叉分类，将其进一步区分为纳入/不纳入基础货币（仅适用于中央银行部门资产负债表/标准报告形式）和广义货币。

5. 以到期日、利率等为交叉分类标志的补充分类

通过研究金融资产和负债的流动性（例如，估计短期内到期的负债的价值）以及金融资产/负债不匹配性（例如，估计利率变化对盈利能力的影响），可以分析金融性公司的金融脆弱性，因此，债务金融资产和负债[1]可以按到期日进一步分为短期/长期：短期被定义为即期支付[2]，少于或等于一年到期；长期被定义为到期期限超过一年或没有规定期限（除了包含在短期里的即期）。例如，通货归入短期；当到期日未知时，所有公司间贷款按照惯例归类为长期；保险、养老金和标准化担保准备金可以按到期日分类。

考虑到市场条件变化时，浮动利率工具会因收入流量的变动而波动，

---

[1] 该分类是为了在部门资产负债表/SRF 的备忘项目中，确定原始到期期限为一年或少于一年的债务证券和贷款。

[2] 即期支付由债权人决定；债务人可以在任何时候偿还的工具可能是短期的，也可能是长期的。

而固定利率证券更多地受价格变化而波动，因此可以将金融资产和负债按照利率类别进行补充分类，划分为浮动利率债务工具、固定利率债务工具。浮动利率①债务工具是利息与参考指数（例如，伦敦同业拆借利率 LIBOR）或特定商品价格，或特定金融工具价格（根据市场情况随时变动）挂钩，并且参考指数或价格超过特定阈值的工具②。除上述之外的债务工具应按固定利率划分。

一般情况下，与参考价格指数挂钩的债务利息应被归类为浮动利率，因为以参考指数为基础的价格是由市场决定的；与借款人的信用评级相关的债务利息应被归类为固定利率，因为信用评级不会因市场情况而持续变化。

按利率种类进行的分类可能随时间变化，例如，金融工具从固定利率转换为浮动利率。在使用固定利率期间，金融工具应按固定利率归类；在利率切换到可变利率后，金融工具按浮动利率归类。

由于保险准备金和定额缴款养老金负债是基于投资资金回报率的，而定额福利养老金负债和标准化担保代偿准备金是以用于计算承诺收益或预期要求的贴现率为基础的，故将该类视为浮动利率工具。

为了一些分析需要，还可以对金融资产和负债进行额外交叉分类。这类分类主要包括：①按行业部门对贷款的分类；②按目的对住户贷款的分类（例如抵押、教育、车辆或其他耐用品）；③按管辖区对非常住单位贷款（包括个别国家或地区）的分类；④按上市公司与非上市公司对债务和股权证券的分类；⑤按上市与非上市公司对投资基金份额的分类；⑥按资产组成（债务证券、股权、与商品挂钩的投资、房地产、其他投资基金份额和结构性资产）对投资基金的分类。

第五节　货币与金融统计的核算原则研究

货币与金融统计核算体系在分析了"谁""干什么"的分类之后，需

---

① 利率被调整的时间间隔等于或者低于一年的称为浮动利率，时间间隔超过一年的称为固定利率。

② 参考指数或价格有设定的阈值，利率的波动如果在阈值之内则称为固定利率，超出这个阈值，则称为浮动利率。

对"结果是什么"进行规定。对"结果是什么"的研究涉及交易量、交易时间的确定、价格以及数据的整理等问题，如果这些问题在核算上没有统一的要求，每个人在核算时就只能按照各自的理解、经验进行操作，即使在相同的概念、范畴、指标下，也可能包含完全不同的内容，因此，对货币与金融统计交易时间的确定、价格以及数据的整理有一个统一的界定，该界定就是金融存流量核算原则。

一　时间原则

国际会计准则规定企业经济流量的发生、转移和消失按权责发生制记录。企业的会计记录数据为宏观经济统计数据提供源数据，故 2016 MF-SMCG 遵循国际会计准则的时间记录原则，采用权责发生制。

权责发生制作为一般原则用于宏观经济统计，来记录在创造、转换、交换、转移或终止经济价值时流量和相应存量的变化，这意味着流量和存量在发生经济所有权变化时记录，而不是在收付实现时记录。原则上，交易双方应在同一时间记录。然而，在实践中，并不总是可以确定经济所有权发生变化的确切时间，这导致各方在不同时间记录相同的交易。例如，邮件递送延迟、双方运营所在时区不同以及记录时间惯例不同，都会导致双方记录时间有所差异，因此，在发生主要差异时，需要进行时间调整，尽可能使用最符合权责发生制核算要求的源数据。

金融资产交易在交易日（即金融资产所有权变更时）记录，而不是在结算日（即金融资产交割时）记录。如果在所有权变更后发生金融交易的结算，则产生应收/应付款。具体来说，当交易日期在一个报告期间，而结算日期在下一个报告期间时，资产购买的记录项目如下。

第一个报告期：资产购买包括在交易（T）中，资产从交易日至第一个报告期末的任何重估包括在估值变化（VC）中。应付款由于交易和结算日期之间的时间滞后而记录。

第二个报告期：当结算时，应付款消失，与此同时，货币和存款相应减少。

对于以结算日为基础记录，但在下一个报告期之前不进行结算的交易，应按交易日基准进行调整。

二 交易成本和金融服务费

金融资产和负债的交易应以买卖价格记录，不包括服务费、佣金和税费等任何交易成本。由于债务人和债权人应在金融资产/负债中对同一交易记录相同的金额，故交易成本应与金融资产和负债的买卖价格分开记录。

交易成本可以分为显式和隐式交易成本：显式交易成本表示为每次交易的固定费用或占资产购买、销售价值的百分比，例如服务费、佣金和国内税等；隐式交易成本如建立在金融资产买卖价差中的交易成本。当源数据包括资产购买或销售金额中的部分或所有类型的交易成本时，应从买卖价中排除显式和隐式交易成本。

三 估价原则

（一）一般估价原则

2016 MFSMCG 采用与《2008 年国民账户体系》和其他统计手册相一致的一般估值原则，以市场价格来计量金融资产和负债的存流量。

市场价格是指当前交换价值，即非金融和金融资产交换的价值量或以现金（通货或可转让存款）兑换的价值。存量应参照资产负债表报告日的市场交易价格估值。许多金融资产在市场上定期交易，可以通过使用这些市场的报价估值。如果金融市场在资产负债表日关闭，则估值中应使用市场开市时最接近日期的市场价格。

存款、贷款和其他应收/应付账款的市场价格就是名义价值，其要求将应计利息计入基础工具的未偿还金额中，而不是作为其他资产/负债的一部分。

在货币统计中，股权负债的估值以账面价值记录。

在源数据中，由于商业、监督、税务或其他会计准则并不能完全反映市场价值，故源数据存量的估值与市场价值存在一定偏差，这时应调整源数据以尽可能反映金融资产和负债的市场价值（以名义价值或账面价值记录除外）。这时的估值调整应反映在货币统计的股权负债中。

（二）公允价值

尽管 2016 MFSMCG 对金融资产和负债的存流量按照市场价格估价，但并不是所有的金融资产和负债都有市场价格，针对非贸易或不常见交易的金融资产和负债，应该采用公允价值进行估值。

公允价值的估值方法包括相对估值和绝对估值。相对估值即用类似市场交易的金融工具的市场价格，来估计非交易或不常见交易的金融资产和负债的价值，例如，具有五年剩余期限的不常见交易债券的价格可用具有可比风险的上市交易的五年期债券的市场价格来计价。绝对估值包括根据未来现金流量的现值或时间贴现值对金融资产和负债进行估值。

绝对估值涉及未来现金流、时间和利率，又因为利率分为固定利率和浮动利率，所以绝对估值有两种计算方法。

1. 以固定利率计算

$$FairValue = \sum_{t=1}^{n} \frac{(cashflow)_t}{(1+i)^t} \tag{2.1}$$

其中 $(cashflow)_t$ 表示未来期间 t 的现金流量，n 表示预期现金流量的未来期数，i 表示用于折现 t 期未来现金流量的贴现率。

2. 以浮动利率计算

该方法应用时变的折现率来代替不变折现率对未来现金流贴现，也就是下述公式：

$$FairValue = \sum_{t=1}^{n} \frac{(cashflow)_t}{(1+i_t)^t} \tag{2.2}$$

其中 i_t 表示期间 t 中的贴现率，其通常可以不同于其他时间段中的贴现率。

（三）其他情况

1. 以外币计值的工具

货币和金融统计账户的标准单位是本币，因此，有必要使用市场汇率[①]

---

① 买卖汇率的中点，即中点汇率。

将所有以外币计价的存量和流量转换为本币。以外币计值的流量使用流量发生时的市场汇率转换为本币，以外币计值的存量应按资产负债表日的市场汇率折算为本币金额。

2. 指数化金融工具

指数化金融工具是指票息金额（利息）或未偿付本金或两者同时与一般价格指数、特定价格指数、某种商品的价格指数或汇率指数相关联的金融工具。2016 MFSMCG 沿用 2008 SNA 的估值方法对其估价，在此不再赘述。

四 汇总、合并与总值和净值记录

货币统计数据是对金融性机构单位记录金融资产和负债的归并和整合，常常采用汇总、总值和净值记录、合并。

（一）汇总

汇总指的是将某一部门或分支部门中所有机构单位的存量或流量数据进行加总，或将某一类别中的所有资产负债进行加总。将某一部门或分支部门中所有机构单位的数据汇总能够保留这一部门或分支部门中机构单位之间债权和债务数据。例如，中央银行、其他存款性公司以及金融性公司资产负债表就是金融性公司子部门的各种资产和负债的汇总。

在货币与金融统计过程中，汇总有时进行分类汇总，例如对部门和分支部门来说，有关金融资产和负债的数据通常被汇总列入主要分类，例如按债务人部门划分的贷款和按债权人部门划分的存款。在编制主要的金融资产和负债类别时，需要进行进一步的汇总，例如将主要类别的货币资产综合起来形成货币总量，或将不同部门的主要债权进行加总，编制信贷总量数据。

（二）总值和净值记录

一个单位拥有相同类型金融工具的资产和负债，当汇总时以资产和负债的全部价值分别显示，称为总值记录。2016 MFSMCG 与《2008 年国民账户体系》和其他统计手册相协调，在编制资产负债表时遵循总值记录。具体来说，对特定机构单位的债权不应与该单位的负债相抵。例如，存款性公司可能有一个未偿还贷款的客户，并且其也是存款人。存款性公司的资产（即贷款债权）不应与负债（即借款人的存款）相抵。

资产负债表中交易这一列以净值（即购买减去出售）记录，例如，特定类别的存款应当被定义为新存款数额减同期提款数额。同样，证券交易应当被定义为购入证券数额减去兑换或出售的证券数额。

在概览中，由资产负债表衍生出来的测量指标应以净值形式提供，同时还要分别提供资产和负债的总值。例如，存款性公司概览不仅显示了净国外资产，同时还分别显示了对国外的债权和债务。

（三）合并

把许多单位数据汇总为一个单位数据的统计方法，称为合并。合并消除了归入同一部门或子部门的机构单位之间的存量和流量。在合并时，特定概览所涵盖的金融部门或子部门内机构单位之间的金融债权和相应负债需要冲销。

由同一经济体内的总部和分支机构组成的机构单位应报告该机构单位内所有常住实体合并后的存量和流量数据。在货币与金融统计中，机构单位之间的金融流量和头寸应以总值记录。对于部门和子部门，按照一般原则不应在数据汇编和报告层次上合并各组成单位之间的流量和存量。金融性公司子部门和金融性公司的部门资产负债表基于汇总数据，而不是合并数据。

金融性公司子部门及金融性公司概览中的统计数据，是合并部门资产负债表之后的数据。金融性公司子部门的概览合并了该子部门内部的头寸，而金融性公司概览合并的是子部门之间的头寸，因此，存款性公司概览是通过冲销存款性公司之间的所有金融流量和债权与债务余额而获得的，所提供的数据为：①除存款性公司子部门以外的金融性公司子部门，②其他国内部门，③非常住单位的债权和债务的所有存量和流量数据。

本章小结

本章基于宏观经济核算的逻辑思路，首先研究了货币与金融统计核算体系的核算目的，其次研究了核算对象与核算范围，再次对机构部门分类和金融工具分类进行分析，最后讨论了其核算原则。总而言之，本章为货币与金融统计框架的构建提供了基础，以便后续研究。

第三章　流量与存量分类核算问题研究

——基于 2016 MFSMCG

前面根据货币与金融统计核算体系建立的逻辑思路，分析了"谁""干什么"的分类及"结果是什么"，那下面自然而然需要讨论"结果的分类测度"。

按照这样的思路，因为流量由交易、估值变化、资产数量其他变化组成，存量分为期初和期末存量，基于它们之间的关系（期末存量＝期初存量＋交易＋估值变化＋资产数量其他变化），参与金融交易活动的机构单位的存量、流量数据可以按每类金融资产和负债来整理、估算。考虑到每类机构单位的存量与流量处理方法基本相同，因此本章就金融性公司而言，讨论每类金融资产和负债的存量与流量核算。

第一节　货币黄金和特别提款权核算问题

一　货币黄金的核算

（一）基本概念

黄金在没有作为货币时，是一种普通的金属，只有作为货币时才和普通的黄金不同，那么哪些黄金可以作为货币呢？货币黄金是中央银行（或由货币当局有效控制的其他单位）作为官方储备而持有的黄金，包括金块（包含在已分配黄金账户中的黄金）和非本国居民有权利要求交割的未分配的黄金账户。所有的货币黄金包含在储备资产中或由国际金融机构持有。不是作为官方储备持有的黄金被归类为非金融资产。

（二）核算原则

货币黄金流量分为货币黄金交易和其他流量。交易量等于交易的物量乘以价格。货币黄金价格采用市场定价，如果市场价格不以本币表示，则要利用交易时的市场汇率换算为本币价格。货币黄金的其他流量产生于黄金货币化和黄金非货币化。

当中央银行从其之外的机构单位或国际金融机构购买金条以纳入储备资产时，则黄金货币化，这导致金块从非金融资产被重新归类到金融资产（货币黄金）。如果中央银行将作为储备资产的金条一部分出售给除中央银行以外的机构单位或国际金融机构，则黄金非货币化，从而导致金条在记录非金融资产交易之前从金融资产重新划分到非金融资产。

货币和非货币黄金（非金融资产）的持有应根据资产负债表编制当日的黄金市场价格进行估值，重估应反映货币和非货币黄金价值的变化。货币黄金以有组织的黄金市场的价格估值，在世界市场上，黄金以金衡制盎司定价，建议使用伦敦黄金市场的买卖价之间的中间价来估计当天黄金的价格。以美元或其他主要货币报价的黄金价格应该使用市场汇率的买卖价差的中间汇率转换为本国货币单位。由于货币黄金的价格通常以美元或其他主要货币报价，其价格受到汇率和黄金价格的影响，从而引起持有收益和损失的变动。

货币黄金交易应按照买入或卖出黄金的实际价格定值。中央银行向另一家中央银行（或国际金融机构，如国际货币基金组织）出售（购买）货币黄金时，双方都按货币黄金交易记录。金条交易（不包括中央银行和国际金融机构）被视为非金融资产（非货币黄金）交易。在中央银行的账户中，购买（出售）货币黄金记录为金融资产的增加（减少），对应的则是世界其他地方的资产减少（增加）。

货币黄金存量是中央银行资产负债表上记录的黄金资产和负债的量。

二　特别提款权的核算

（一）基本概念

特别提款权由国际货币基金组织创造，是用来补充成员现有官方储备的国际储备资产。参与特别提款权部门的成员（中央银行或中央政府）持有特别提款权，特别提款权的其他持有人包括国际货币基金组织、国际货币基金组织规定的国际组织和货币机构。特别提款权可以在特别提款权部门参与者、指定持有人和货币基金组织的一般资源账户之间转让，其代表有保证地、无条件地获得免费可用通货的权利。

特别提款权代表的是特别提款权部门参与者共同的债权，而不是国际货币基金组织本身的债权。特别提款权的持有者可以向另一个参与者或持有人出售其部分或全部特别提款权以获得免费可用的通货。

（二）核算原则

特别提款权创立（称作特别提款权的分配）和消失（称作特别提款权的取消）的过程被视为交易。这些交易按分配总额记录，一方面记入一个参与国货币当局的金融账户，另一方面记入代表参与的非常住单位的金融账户。[①]

《国际收支与国际投资头寸手册 第六版》规定：国际货币基金组织分配特别提款权时，接收国应将之列为其他投资特别提款权项下的负债（因为在某些情况下，需要偿还所分配的特别提款权，还需要支付应计的利息），同时在储备资产的特别提款权项下有一个对应分录。因此，当国际货币基金组织向其成员分配 SDR 时，成员的资产负债同时增加。值得注意的是，特别提款权的其他获得和出售作为储备资产交易列示。

如何将特别提款权持有/分配的存流量转换为本币价值？首先使用特别提款权率将特别提款权金额转换为美元金额，然后再使用报告期末和交易日的美元市场汇率转换为本币金额。

特别提款权（持有和/或分配）的主要交易来自：①特别提款权在有资格的 SDR 持有人之间的购买和出售；②国际货币基金组织对特别提款权进行新的分配或取消——一个十分罕见的事件；③由特别提款权持有/分配而产生的应收/应付利息；④成员使用特别提款权向国际货币基金组织

[①] 联合国、欧盟委员会、经济合作与发展组织、国际货币基金组织、世界银行编《国民账户体系 2008》，中国国家统计局国民经济核算司、中国人民大学国民经济核算研究所译，第 258~260 页。

支付费用；⑤国际货币基金组织在准备金头寸中使用特别提款权支付的报酬收入；⑥国际货币基金组织使用特别提款权的购买/回购和贷款收入/偿还；⑦国际货币基金组织使用特别提款权偿还的贷款利息。特别提款权持有/分配的存量和交易数据可从中央银行的核算部门（如果中央银行是指定的财政机构）获得，并需要转换为本国核算单位。

特别提款权持有/分配的估值变化可以从期初、期末存量和交易的数据中得出，且其持有和分配应显示总额，而不是净额。

第二节　通货和存款核算问题

一　通货的核算

（一）基本概念

通货包括中央银行或中央政府发行或授权的具有固定名义价值的纸币和硬币。通货被分为本币和外币，就一经济体而言，本币是该经济体的法定货币，由该经济体的中央银行发行，即本币是一个单一经济体的货币。在货币联盟的情况下，本币是经济体所在共同货币区的货币，所有其他货币都是外币。

纸币和硬币是记录较为简单的金融资产，因为就国内通货而言，不需要记录任何的服务收费、投资收入或名义持有损益。但在通货膨胀情况下，纸币和硬币的持有者常会遭受实际持有损失。

制造纸币和硬币实物的成本记录为政府支出，且不扣除发行货币的收入。中央银行或中央政府持有的未发行的通货是非金融资产，按成本计价。

一些国家发行黄金或贵金属硬币（持有目的在于其内在价值）或纪念币（持有目的在于其收藏价值）。不积极流通的硬币应该被归类到非金融资产，而不是金融资产。这些与流通中的标准硬币稍有不同的纪念币以面值或接近面值发行，并且可以替代流通中的标准硬币，故归为通货。

（二）核算原则

所有金融性公司持有本币（纸币和硬币），由于本币以名义价值计量，因此本币通货没有重估价值。通常情况下，本币的资产数量变化为零，只有在战争、灾害等特殊情况下资产数量变化才会发生，因此，一般情况下，通货的交易量 = 期末存量 – 期初存量。流通中的本币记录在中央银行的部门资产负债表的负债方。

经营外币业务的存款性公司和其他非金融性公司持有外币，并以名义价格量记录。外币的总存量用每种外币换算成本币的汇总来记录，金融性公司的外币持有量应用以外币单位表示的名义价值记录，并根据资产负债表日的市场汇率换算成本国货币单位。当外币与本币的汇率发生变化时，会出现名义和实际的持有损益。由于外币通常不会发生资产数量变化，并且重估价值为零，所以外币交易量 = 期末存量 – 期初存量。

通货的存量是流通中的货币，包括本币和外币。

二 存款的核算

（一）基本概念

存款是非转让契约，代表为之后提取而存放的可获得的资金。存款通常是标准契约，对全部公众开放，并允许存入不定数额的资金，包括：①对中央银行、其他存款性公司、其他金融性公司以及某些情况下的其他机构单位的债权；②由存款凭证所表示的债权。

可转让存款由：①不存在违约金和限制条件的，并可以按面值即期兑换为纸币和硬币的存款；②可以通过支票、汇票、直接转账单、直接借/贷或其他直接支付手段给第三方进行支付的存款构成。其他存款（或不可转让存款）包括除可转让存款以外的有存款凭证的所有债权。

（二）核算原则

存款无论作为资产还是负债，都可以分为有息存款和无息存款。本币的无息存款以名义价计量；有息存款以账面价记录，就是存款的名义数量加存款的应计利息。

存款流量分为交易和资产数量其他变化。存款交易按照净存款（存款减去取款）加上报告期应计利息计入；存款资产数量变化来自不良存款转为贷款、债券转为存款以及包括在国家定义的存款变动等，因此，本币交易量等于存款的期间变化减去资产数量变化。

以外币计量的存款的存流量按以下方式转换为本币：以外币计价的流量使用流量发生时的市场汇率转换为本国货币单位；以外币计值的存量应按资产负债表日的市场汇率折算为本币金额。如果无法获得该数据，那么可用该期间的日均市场汇率来估算价值变化。

第三节　债务证券核算问题

一　基本概念

证券是可流通的债务和股权工具。可流通性是证券区别于其他形式金融工具的主要特征，即证券的法定所有权可以很容易地通过交付或者背书，从一个单位转让给另一个单位。证券通常在有组织的交易所或场外交易市场上交易，包括债务证券和股权证券。

债务证券是可作为债务证据的可转让金融工具，是证明其持有人（债权人）有权在未来某个（些）时点向其发行人（债务人）收回本金或者收取利息的凭证。它们包括票据、债券、可转让存款证、商业票据、公司债券、债权证、资产支撑证券和通常在金融市场交易的类似工具。根据原始或剩余期限，它可分为短期债务证券和长期债务证券。

债务证券的常见类型有：①以零息票债券形式出售的短期证券（中央政府或其机构发行的国库券和其他证券、州和地方政府发行的其他证券、金融性和非金融性公司发行的商业和金融票据、其他存款性公司发行的可转让存款证、银行承兑汇票）；②以固定利率息票债券形式出售的长期证券［中央政府债券、州和地方政府发行的债券、公司债券、其他存款性公司发行的可转让存款证、优先股（符合债务而不是股权）］；③过手证券和其他资产支撑证券（包括只有本金和只有息票的拆分证券）；④债权证（仅由发行人的信誉支撑的无担保或无抵押债务证券）；⑤嵌入式金融衍生工具的债务证券。

二　核算原则

债务证券存量按资产负债表编制当日市场价格定值。资产负债表资产方的债务证券交易包括："证券购买"减去"证券销售、赎回和利息付款收据"加上"其间应计利息"。负债方债务证券交易包括："新证券发行"减去"证券赎回（包括部分赎回）和支付利息"加上"本期间产生的应计利息"。

在国际财务报告标准（IFRS）中，债券只要不是持有到期都是按照市场价格或公允价值定价，持有到期的债券使用有效利率法按摊销成本计价。债务证券形式的负债也以摊销成本估值，但指定为以公允价值（包括以市场价值）计入损益的金融负债除外。在货币与金融统计中，持有到期的债券存量和负债方的债券必须以市场价格和公允价格定价。在统计时，源数据与货币统计中记录的市场价值之间的估价差异作为估值调整反映在股权负债中。

对于在市场上交易不频繁，或在柜台交易的债券，无论作为资产，还是负债，对于债券的存量和流量通常都要用到公允价格，在估算债券的公允价时有两个参考标准：一是参照市场上交易的债券，该债券的风险、现金流、期限及收益等和估计的债券基本相同；二是利用债券未来现金流的折现值，这种方法在理论上和实践上都很成熟。该种方法可以用如下公式：

$$公允价值 = \sum_{t=1}^{n} \frac{(现金流)^t}{(1+i)^t} \tag{3.1}$$

其中，$(现金流)^t$ 表示 t 段时间内的现金流量，n 表示预计产生现金流量的未来时间段，i 表示折扣未来 t 段时间内的现金流量使用的折扣率。

从该公式可以看出，要计算公允价格必须知道现金流支付数量和时间以及折扣现金流的折扣率，这三个因素是决定公允价格的关键。由于不同种类的债券其现金流支付方式、贴现率有不同的规定，因此其具体的定价公式不同。

对不同类型债务证券应计利息的核算方法如下。

（1）对于按面值发行的、以息票为基础的债务证券，应计利息（根据债务人方法）是应计息票。

（2）对于按面值贴现发行的固定息票债券，收益率按发行价格（面值减去折扣）设定为固定利率。该利率是使债券的未来现金流量的净现值与发行价格相等的贴现率。贴现债券按其设定的固定利率以其名义价值（本金加应计和未付利息）累计利息，其中一部分以息票形式支付，其差额增加了债券的名义价值。在债券有效期结束时，其面值与最后一个息票一起偿还。到期支付的贴现记录为利息。

（3）对于以其面值溢价发行的固定息票债券，收益率以与贴现债券相同的方式设定为固定利率。利息以设定的固定利率按照债券的名义价值（包括已付保费）在其有效期内累计。由于息票付款高于按名义价值计算的利息，它们应被视为预付本金，并应从名义价值中扣除。

（4）对于以面值发行的浮动利率债券或类似证券，考虑到不同息票期间息票率可变，在计算应计息票时，可以通过在每个息票期间的开始就重置息票率并使其在整个息票期间保持不变的方法来计算。[①] 一种情况是：假设整个报告期间在特定的息票期内，报告期内应计息票收入将是息票按比例分摊的份额。另一种情况是：假设第一个息票期间在报告期间的 n_1 天后结束，并且第二个息票期间使用不同的息票利率，延续到报告期间剩余的 n_2 天（并进入后续报告期间），报告期内应计息票为第一个息票期间的 n_1 天份额加上第二个息票期间的 n_2 天份额[②]。

（5）对于以贴现（或溢价）发行的浮动利率债券，应计利息可以通过应计息票加上贴现摊销（或减去溢价摊销）计算。浮动利率证券的贴现（或溢价）的摊销与固定息票证券相同。

（6）对于具有指数化利息和/或本金的证券，应计利息的核算遵循可变息票证券应计利息的原则。

（7）对于嵌入式衍生品的证券，例如看涨、看跌或股权转换期权，应

---

① 息票的重置可能会受到嵌入式衍生工具的影响，例如利率上限、上下限或下限。如果这样，虽然受嵌入衍生工具的影响，但在利率重置、息票期间开始时，新的息票利率的数额就是已知的，故应计利息，计算不再复杂。

② 份额基于第一个息票期和第二个息票期的时间比例，分别为报告期第一阶段和第二阶段的日历天数，并且分别是第一个和第二个息票期的总日历天数。

计利息的核算与没有此类功能的证券相同。在行使期权之前的所有期间，应计利息不受期权存在的影响。当行使嵌入期权时，证券被赎回，并且应计利息（息票流和贴现或溢价的摊销）停止。

关于债务证券相关数据的备忘项目如下。

（1）债务证券资产和负债的应计利息总额。

（2）到期日为一年或以下的债务证券无论是资产方还是负债方都要注明币种和对应部门。

（3）非常住单位金融性公司发行的债务证券资产和非常住单位金融性公司持有的债务证券负债。

（4）以名义价值计算负债的债务证券总额。

第四节　贷款核算问题

一　基本概念

贷款是当债权人把资金直接借给债务人，并由不可转让的合约作为依据而形成的金融资产。贷款类别有透支、抵押贷款、分期付款贷款、分期付款购物信用、贸易信贷融资贷款和发薪日贷款。以贷款形式对基金组织的债权和负债也被归入这一类；由可转让存款账户的透支功能产生的透支被归类为贷款。证券回购协议①、黄金互换②和通过金融租赁③进行的融资

---

① 证券回购协议是一项涉及以指定价格出售证券来获得现金，并承诺在指定的未来日期（通常是一个或几个月，时间也会更长）或在开放的到期日之前以固定价格回购相同或类似证券的安排。证券回购协议是从证券供应者（即现金接受者）的角度来看的。当从证券持有者（即现金提供者）角度来看时，该协议被称为证券逆回购协议。

② 黄金互换是以黄金交换外汇存款，并协议在未来约定日期以约定的黄金价格再做反向交易。黄金接受者（现金提供者）通常不在其资产负债表中记录这笔黄金，而黄金提供者（现金接受者）通常也不将这笔黄金从其资产负债表中删除，因此这种交易类似于回购协议。

③ 金融租赁是一项合同。根据该合同，作为资产法定所有人的出租人将资产所有权上的几乎所有风险和收益转移到承租人那里，因此，承租人成为资产的经济所有者。承租人根据合约进行的支付使出租人在合约期内能够弥补包括利息在内的几乎所有的费用。这种所有权事实上的变化记录使出租人给承租人贷款、承租人使用这一贷款，而承租人对出租人的支付代表的不是资产的租金，而是对利息、可能的服务费用的支付和对虚拟贷款本金的偿还。

被归类为贷款。

二　核算原则

（一）计价原则

贷款可以作为金融性公司的资产，也可以作为金融性公司的负债。以本币计价的贷款（资产或负债）的存量数据应按名义价值记录，即债权人的未清债权（等于债务人的债务），包括未偿还本金和任何应计但尚未支付的利息。值得注意的是，当债务人可能违约时，应在部门资产负债表附带的备忘项目下计提预期贷款损失①（按债务人部门分列），贷款的预期可变现值可以根据报告的贷款总额和预期贷款损失计算。

贷款的流量分为交易、资产数量和重估值。贷款交易包括增加或收到的新贷款额加上贷款的应计利息减去贷款本金和利息支付，以本币计价的贷款交易等于未偿还贷款（即 CS – OS）的周期性变化减去资产数量变化（例如由于贷款核销）。

贷款的价值变化来自贷款重组②、贷款注销、贷款和债务互换、贷款和股权互换；资产数量其他变化来自贷款的损失准备金、贷款的冲销、贷款的预提以及贷款的再分类，再分类包括二级市场交易的贷款转化为债券、金融性公司的贷款转化为存款性公司的贷款，公共的非金融性公司的贷款转化为私人的贷款。以外币计价的贷款存量和交易的计算方式见本章第九节的案例一：外币存款/贷款流量核算方法。

对于外币贷款也采用账面价值定价。外币计价贷款的存量和交易根据报告期的外汇市场汇率转化为本国货币单位。使用期初和期末存量和资产数量变化的数据，交易总额和估值变化（由汇率变动产生）的数据可以得出。

贷款的预期可变现值可以根据报告的贷款总额和预期贷款计算损失。

---

① 根据定义，贷款不可交易，因此估计贷款的市场价格带有主观性。此外，贷款代表债务人的法律责任，当债务人违约时，以名义价值提供的财务报表就不完善，因此需要计提预期贷款损失。
② 指银行由于借款人财务状况恶化，或无力还款而对借款合同还款条款做出调整的过程。重组后的贷款称为重组贷款。

（二）时间原则

贷款的签署日期为协议双方签订贷款协议的日期；贷款的交易日期是债权人支付给债务人资金的日期，即使贷款协议可能在之前已经签署。

贷款的记录时间按交易日期确定，如：①预付给借款实体——在贷款人向借款人预付款项时记录；②直接由贷款人向货物和服务的供应商支付——在贷款人向供应商付款时记录；③借款人已经向供应商付款后的贷款人偿还情况——在贷款人向借款人偿还时记录。

三 不同类型贷款的统计处理

（一）商业贷款

商业贷款是以固定或可变利率为基础对商业企业的贷款。到期时所有利息的支付以短期贷款为标准，而定期利息支付以长期贷款为标准。应计利息反映在贷款的交易和期末存量内。对于在到期日或超过一年间隔期间支付利息的长期贷款，其利息按复利计算。

（二）贷款参与

贷款参与应以金融性公司参与贷款的名义价值记录。名义价值等于贷款参与的收购成本（不包括费用或佣金）加上应计利息。

（三）抵押（住宅或商业）贷款、房屋产权贷款以及购买汽车或其他耐用品的消费分期贷款

抵押（住宅或商业）贷款、房屋产权贷款以及购买汽车或其他耐用品的消费分期贷款要求在贷款期限内定期（通常每月）支付利息和本金。固定利率贷款定期支付相同的金额（称为完全摊销贷款），但在每笔付款中，利息支付和本金偿还的比例在贷款期限内不同。随着贷款到期，每笔付款中越来越大的份额是本金偿还，下降的份额代表利息支付。对于可调利率的按揭贷款，利率在贷款期限内以指定的幅度上调或下调，以应对贷款利率所挂钩的市场利率的上升或下降。当贷款利率被调整时，修改利息和本金还款时间表，以计入新的贷款利率和剩余本金。应计利息可以按时间比例计算，即下一次利息支付的总额除以支付之间的天数乘以自最近记录周期开始以来的天数。

（四）金融租赁

金融租赁应体现为：法定所有者（出租人）向承租人发放贷款，而承租人获得了资产，而后资产记录在承租人（而不是出租人）的资产负债表中；相应的贷款要作为出租人的资产和承租人的负债。金融租赁下的支付不作为租金处理，而要被视为利息和本金的支付。如果出租人是金融机构，则支付中的一部分也应被处理为服务收费（FISIM）。

在开始时，出租人和承租人应将其记录为贷款交易，其金额为出租人对租赁的净投资金额，等于租赁资产的市场价格或公允价值。在计算现金流量和记录租赁时，必须考虑租赁资产的剩余价值。金融租赁通常规定，在租赁期结束时，承租人有权在达成商定条件（有时称为租购合同）时获得租赁资产的合法所有权。无论承租人是否期望在租赁终止时获得资产，都应将承租人为资产的剩余价值所支付的现值包括在租赁的估价中。

对于承租人账户，记录贷款的对销分录是非金融资产，这时租赁资产的所有权已转让给承租人。对于出租人账户，对销分录取决于租赁资产的获得方式。①以前记录在出租人账户的资产。记录非金融资产的减少，同时需考虑租赁资产的剩余价值。②租赁明确获得的资产。租赁资产直接从制造商或其他卖方获得，并转让给承租人。出租人记录了非金融资产的收购和处置、负债增加/资产减少（支付购买非金融资产的费用）和贷款资产增加（对承租人的债权）。如果非金融资产的购买和处置发生在同一期间，则仅记录金融交易。③出售和回租。承租人将资产出售给出租人，然后从新所有者租赁资产。出租人记录现金流出（购买资产金额），承租人记录资产出售相应增加的现金。

成为不良贷款的金融租赁以与不良贷款相同的方式处理。与担保贷款丧失抵押赎回权一样，如果承租人没有支付租赁费，则出租人可以收回资产。在收回时，应把无法收回租赁的预期损失从预计收回资产所得收益的现值中扣除。

（五）证券回购协议

证券回购协议（或具有现金抵押品的证券借贷或黄金互换协议）应按现金提供者提供给现金接受方（即证券或黄金提供商）的资金的名义金额进行估值。回购协议的市场报价是利率，而不是购买和回购价格，并且代表现金提供者从协议中获得的年度收益率。

对于证券回购协议，"贷款"在开始时的金额通常小于要出售和回购的证券（或黄金）的市场价值，因为现金提供者需要估值折扣（也称为初始保证金）。应计利息应计入证券回购协议的存量和交易数据里。如果证券的市场价值下降了一定的金额，则证券提供者（即现金接受者）需要通过提供更多的证券作为抵押品来提供额外的保证金。以证券形式提供额外的保证金（如同以证券形式的原始保证金的情况）不会反映在现金提供者或现金接受者记录的存量和流量数据中，但是会记录在协议双方的表外协议中。

在一些非典型证券回购（或证券借贷）协议中，现金提供者可能需要在协议期限内提供额外现金，特别是当合同证券的市场价格明显增加时。额外的现金以可偿还保证金存款的形式提供，而不是作为在协议开始时传达的现金抵押品的增加，因此，回购协议（在贷款内）的估值和应计利息不受可偿还保证金存款的影响。可偿还保证金的过账是一项单独的存款交易。如果保证金存款是有息的，则任何应计利息都反映在存款账户中，而不是在证券回购（或证券借贷）协议的贷款账户中。

对于以外币计值的证券回购（或证券借贷）协议，估值方法与外币计价贷款相同。

四 贷款的备忘项目

部门资产负债表的备忘项目中应包括以下贷款相关数据，以便根据不同的估值计算贷款总额：①资产方和负债方贷款的应计利息总额；②资产方和负债方贷款的利息和本金拖欠总额；③按债务人经济部门分类的预期贷款损失。此外，还应该在备忘项目中包括以下贷款相关数据：①按币种和对应部门分类的资产方和负债方到期日为一年或少于一年的贷款；②向非常住金融性公司提供的贷款和从它们那里收到的贷款。

第五节　股权和投资基金份额核算问题

一　基本概念

股权表示一个公司或准公司的资产在满足除股权所有者以外的其他债权人的债权要求后，股权所有者对剩余资产享有的索取权。它被视为发行机构单位的负债，通常由股份、股票、参股、存托凭证或类似单据作为凭证，可细分为：上市股票、非上市股票和其他权益。

上市股票是在交易所上市的权益性证券，通常也被称为挂牌股票。在交易所上市的股票可随时得到现行市价。

非上市股票是未在交易所上市的权益性证券，通常也被称为私募股权。非上市股票通常由附属机构和小规模企业发行，其有不同的监管要求，发行资格也不一定相同。

其他权益指非证券形式的权益，包括在准法人公司（如分支机构、信托公司、有限责任公司和其他合伙企业）、非法人基金、房地产所有权的名义单位和其他自然资源上的权益。有些国际组织的所有权未以股票形式出现，所以被列入其他权益类（尽管国际结算银行的权益是未上市股票形式）。

投资基金是指投资者将资金集合起来。投资基金包括两种类型：公司结构型和信托机构型。公司结构型基金通过发行股份筹集资金，信托机构型基金通过发行信托单位或基金份额筹集资金，然后将筹集资金投资于一系列资产：债务证券、股权、与商品挂钩的投资、不动产、其他投资基金的股份以及结构化资产等。投资基金包括货币市场基金（MMF）和非货币市场基金。

二　核算原则

（一）股权和投资基金份额核算总原则

在金融统计中，股权和投资基金份额——无论是作为资产持有还是作为负债发行——均以市场或公允价值记录。公司股份的总价值等于每股市场价格（或公允价值）乘以已发行且目前未偿还的股份数量。

对外国直接投资企业和投资基金公司来说，任何未分配收益在收入初次分配账户上显示为用于再投资的收益，并在金融账户上显示为收益再投资。收益再投资增加了股权和投资基金份额的价值。

（二）股权

1. 股权核算原则

股份交易按交易所涉及的机构单位约定的价格计价，其中新股以发行价值记录。以外币计价的股份和其他股权的交易按交易时的市场汇率折算成本国货币单位。

股份（股权证券）资产交易根据购买减去销售的原则进行报告。在金融性公司资产负债表负债方的股份交易由所有人缴费的收益组成，包括新股的发行减去任何股票除息时的股息流出。

金融性公司收到和提供的通货和资本转移被视为影响股权负债的交易。通货或资本转移的接收记录为交易：金融性公司资产负债表的资产项下通货或存款（或非金融资产）的增加，或作为负债的减少（在债务豁免的情况下）。对应一方记为金融性公司本年度股权负债的增加。通货或资本转移的提供也记录为交易：金融性公司资产负债表资产方通货或存款（或非金融资产）的减少，对应一方记为金融性公司本年度股权负债的增加。

货币统计中金融性公司（货币市场基金和非 MMF 投资基金份额除外）的股权负债流量如下。

（1）所有者认缴的资金。它是根据发行新公司股票（减去购买和退出的自有股票）的收益金额计价的交易；就准公司而言，是其他股权的流入和流出。

（2）留存收益。按原则，留存收益流入或流出记录为资产数量的其他变化。然而，在外国直接投资中留存收益作为所有者的资金支付记入，并看作其股权增加的再投资。当分红（股息流出）时，分红记录在交易下。估值根据留存收益流入或流出的金额计算。

（3）本年度结果。它表示当前损益（交易、估值变化或资产数量其他变化的记录取决于产生费用/收入的流量是不是交易、估值变化和资产数量变化）的累计。

（4）一般和特别准备金。它应根据来自留存收益拨款的名义金额进行估值。这笔拨款记录为资产数量变化，不记录为交易。

（5）估值调整。它是指该期间资产和负债（股权负债除外）的重新估值净额，不包括本年度结果的损益。

2. 股权负债备忘项目

股权负债备忘项目按照市场价值分部门记录，其中包括金融性公司股份（负债方）的市场价值。将负债方股票的市场估值报告为备忘项目，是为了使货币统计数据与金融统计、2008 SNA 和国际投资头寸对外负债的数据协调。

（三）投资基金份额核算原则

货币市场基金持有者的股权价值变动通常反映在其持有股份的数量变化上，而不是每股价格的变化，并且该变动按一段时间内的重估流量记录。大多数货币市场基金的股份价值固定在一个货币单位上，因此，可以依据投资者拥有的固定价值（一个货币单位）股份数量的增减变动，来研究货币市场基金股份资产组合的利息收益变化与资本损益。

持有的非货币市场基金上市股份应使用该股份的市场价格估值。

第六节　保险、养老金和标准化担保
计划核算问题

一　基本概念

保险、养老金和标准化担保计划（IPSGS）的功能是将收入或者财富通过金融机构进行再分配。这种再分配可以发生在同一时期的不同机构单位之间或不同时期的同一机构单位，或两者的组合。参与计划的单位按计划缴款，并在同期或后期领取保险金（或得到赔付）。

适用于 IPSGS 的准备金有五类：非寿险专门准备金、人寿保险和年金权益、养老金权益、养老金经理人的养老基金债权和标准化担保下的代偿准备金。

（一）非寿险专门准备金

非寿险专门准备金主要包括未到期保费的准备金和未决保险索赔的准备金。未到期保费的准备金是指预收保费的准备金和未到期风险的准备金。未决保险索赔的准备金是在事件已经发生但尚未理赔的情况下，由保险公司为该事件引起的预期支出所确定的金额。

（二）人寿保险和年金权益

人寿保险和年金权益是指投保人对提供人寿保险或年金的公司的金融债权。人寿保险和年金权益资产负债表中记录的金额包括人寿保险公司和年金提供者为人寿保险持有人和年金受益人的预缴保费及对其应计负债所设的准备金。

（三）养老金权益

作为雇主与雇员所签的报酬协议的一部分，养老金权益反映了现有和未来的养老金领取者对其雇主或雇主指定的到期支付养老金的基金组织所拥有的金融债权。

（四）养老金经理人的养老基金债权

雇主可能与第三方签订合约，让它为自己的雇员管理养老基金。如果雇主一直对养老金计划的条款有决定权，并负责基金的亏损，保留基金的盈余，则此时，雇主叫作养老金经理人，在养老金经理人指导下进行工作的单位叫作养老金代管人。如果雇主与第三方的协议是雇主将基金的风险与亏损责任全部转交给第三方，同时第三方享有基金的盈余权利，则此时，第三方既是养老金经理人又是养老金代管人。

（五）标准化担保下的代偿准备金

标准化担保按照相同的标准划分，发行量大且金额相当小。标准化担保下的代偿准备金包括预付的净费用和标准化担保下的未付代偿准备金。标准化担保不通过金融衍生工具［即信用违约互换（CDS）］提供，也不以一次性担保的形式提供，但可以基于大数定律分散同类风险。例如，政府为出口信贷或助学贷款提供的担保，尽管一般无法非常准确地估计任何一项贷款的违约风险，但可能比较靠谱地为众多类似贷款估计一个违约比例，因此，担保人可以按照保险公司所采用的原则来为某一项担保确定适当的收费标准，即通过众多保单的收费弥补少数保单带来的损失。标准化担保下的代偿准备金类似于非寿险专门准备金。

二　核算原则

保险、养老金和标准化担保计划（IPSGS）的负债及其对应资产原则上应按市场价值计值。参与者持有资金，而保险公司代表其将这些资金进行投资，投资收益中一部分作为财产收入分配给参与者，另一部分作为额外缴款重新回流到保险公司。任何情况下，缴款净额或保费净额均指实际缴款或保费加上分配的财产收入，减去相关金融机构留存的服务费用，因此，在金融账户上的登录，反映的是一个差值，即向这些计划支付的缴款净额或保费净额减去保险金和赔付。

（一）非寿险专门准备金的核算

资产负债表中记录的非寿险专门准备金数额包括净非人寿保险费的预付款（在资产负债表编制日已支付但未获取）和满足未决非人寿保险索赔的保证金。

保险费的预付款应按名义基准记录，在预付款期间按直线比例法分配保费。大多数短期保险的费用通常每半年支付一次，但有时每月、每季度或每年支付一次。保险费预付款可包括为保费预付的存款，如果不与保险合同分开，则存款组成部分在存款账户（按非比例分摊）内分类，只有余额（预付款减去存款部分）包括在预付保险费（按比例应计制）内。

用于满足未决的非人寿保险索赔的准备金，应按照预期在索赔结算中支付数额的现值记录，包括有争议的索赔，以及对已经发生但尚未报告事件的索赔补贴。计算现值时使用的贴现率为到期日的市场利率。

当非寿险准备金和标准化担保计划以本币计值时，通常没有持有损益。特殊情况下，如果未决索赔价值在待付款前已经商定并指数化，则可能因指数化而出现名义持有损益。

非寿险专门准备金记录的交易是指在这段时间内（不是由于模型假设的变化）对受益人和持有人应计的估计债务减去以前支付的债务金额。对于再保险，将直接保险人与再保险人之间发生的交易作为一套完全独立的交易加以记录。一方面，对于客户，直接保险人作为保单签发者与之发生交易；另一方面，对于再保险人，直接保险人则作为保单持有者与之发生交易，对这两种交易不应做任何合并。保费的记录方法为：首先记录为对直接保险人的应付保费，然后再记录对再保险人应付的较少保费。

（二）人寿保险和年金权益的核算

在金融账户下，人寿保险和年金权益变化显示为住户和国外资产的变化，以及保险公司负债的变化。它等于实际保费加上追加保费（等于归属于投保人的投资收入）减去所消费服务的价值，再减去所欠保险金。

人寿保险和年金权益应用净现值记录，该净现值是对人寿保险保单和年金持有人（不包括定期人寿保险，其类似于非人寿保险）所有预期未来收益的贴现。拟使用的贴现率应参照高质量长期公司债券的市场收益率（在资产负债表编制日），如果公司债券收益率不可用，则参考政府债券的市场收益率。

年金、保险费和收益之间的数量关系通常是在签订合同时，基于当时可用的死亡率数据确定的。随后的预期寿命变化将影响年金提供者对受益人的负债，并且所产生的变化将被记录为资产数量的变化。

人寿保险和年金权益的交易按其间受益人和持有人应计的估计债务金额记录。

（三）养老金权益的核算

养老金权益记录的金额取决于养老金计划的类型 ——一种是确定养老金数额的公式是事先商定的（定额福利计划），另一种是养老金的数额取决于未来养老金领取者缴款所获得的金融资产的表现（定额缴款计划）。对于这两种类型的计划，参与者的养老金权益在其建立时开始记录。

定额福利计划对养老金提供者的负债采用精算估计值。住户的养老金权益分两个步骤计算：使用精算技术可靠地估计员工为当前和之前期间的服务而获得的退职福利金额，并贴现这些福利金以确定定额福利债务的现值。执行这些步骤需要一些假设和预测，例如死亡率、员工流失率、残疾率和提前退休率。根据计划条款选择每种付款方式，按其计划成员的比例来计算现值的贴现率、福利水平和未来薪水。贴现率与人寿保险和年金权益相同——高质量长期公司或政府债券的市场收益率。

对于定额缴款计划，养老金提供者记录的负债是养老基金代表受益人持有的金融资产的当前市场价值。

当支付养老金的义务从一个单位转移到另一个单位时，这应当记为养老金负债中的交易。养老金权益准备金数额的变化适用于定额福利计划。对于定额缴款计划，不需要进行此类调整，其利益只取决于计入缴款的投资收益。一般来说，双方之间谈判的养老金权益的变化是交易，而模型假设的变化导致保险准备金、养老金权益和标准化担保计划准备金的变化，归为资产数量的其他变化。用于贴现未来福利的利率变化而导致的养老金权益价值的任何变化，应记作重估。

（四）养老金经理人的养老基金债权的核算

养老金经理人与养老金代管人不相同时，由于亏损责任与盈余权利都属于养老金经理人，则养老金经理人的养老基金债权就记录在养老金经理人的养老基金债权下。如果养老基金从其持有的养老金权益那里得到的投资收入大于必须增加的养老金权益时，则登录是负的，差额应付给计划的养老金经理人。

（五）标准化担保下的代偿准备金的核算

标准化担保下的代偿准备金交易在金融账户中的记录与非寿险准备金类似，包括预收费用和未结算的代偿。其资产负债表中记录的价值是当前担保项下债权的预期价值减去任何预期追回款。

第七节　金融衍生工具和雇员股票期权核算问题

金融衍生工具和雇员股票期权（ESOs）是具有类似特征的金融工具，二者都具有风险规避和价格发现的功能，但雇员股票期权带有报酬性质。

一　金融衍生工具核算

（一）基本概念

金融衍生工具是与某种特定金融工具或特定指标或特定商品挂钩的金融工具，通过这种挂钩可以在金融市场上针对特定的金融风险（例如，利率风险、外汇风险、股权和商品价格风险、信用风险）进行交易。它的价值来自标的项目的价格，即参考价格。参考价格可能涉及商品、金融资产、利率、汇率、其他衍生工具或者两个价格的差值。衍生工具合约也可能指的是一种指数或一篮子价格。

金融衍生工具无须预付本金，也就无须偿还本金，它也没有应计的投资收入。金融衍生工具是基于风险管理、套期保值、在市场间套利和投机等多种目的而使用的金融工具。衍生工具合约中的风险既可通过交易合约本身（如期权）来交易，也可通过设立新合约来交易，这一新合约的风险正好可以与所持有的现有合约的风险反向对冲，后者叫平仓，在远期市场或没有正式通过交易所而进行的衍生工具交易中尤为常见。

根据签订合约时有无费用，金融衍生工具可分为两大类：远期类型合约（远期）和期权合约（期权）。在每一类里，均可按市场风险类别细分为：外汇、单一货币利率、股票、商品、信用和其他。

远期类型合约（远期）是一种无条件合约，交易双方同意在指定日期以约定的合约价格（执行价格）交换指定数量的标的物（实物或金融资产）。远期类型合约包括远期、期货和互换。

期权合约（期权）是赋予期权购买者如下权利（但不是义务）的一种合约，即期权购买者可按事先约定的价格（执行价格），在某一时期（美式期权）或某一日期（欧式期权），购买（看涨期权）或出售（看跌期权）某一特定金融工具或商品。

远期类型合约和期权合约的主要区别是，远期类型合约的每一方都是潜在的债务人，但期权合约的买方获得资产，而立权方发生负债。但是，期权合约到期时经常是无价值的；期权持有者只有在合约结算对其有利时才会行使期权。

上述金融衍生工具与证券、商品、利率和汇率变化产生的市场风险相关，而信用衍生工具是以交易信用风险为主要目的的金融衍生工具，是为交易贷款和证券的违约风险而设计的。

在信用衍生产品的交易中，利用信用衍生产品来达到放弃或转嫁风险目的的交易方称为"信用保障买方"，通常为贷款银行；承担或被转嫁风险的交易方称为"信用保障卖方"，通常为大型投资银行或保险公司。信用衍生产品交易的通常模式为，信用保障买方向卖方支付一笔固定费用，一旦发生了买卖双方所指定的信用问题，信用保障卖方就要按约定的方式和范围赔偿信用保障买方的损失。它可采用远期类或期权类合约形式，并且与其他金融衍生工具一样，通常根据标准化的法定条款来拟定，并涉及抵押品和保证金程序。这些抵押品与保证金通常采用市场估价方式。目前比较有代表性的信用衍生工具主要有信用违约互换和总收益互换。

（二）核算原则

金融衍生工具流量与存量核算的总原则如下。一是交易的开始阶段，交易双方在资产负债表上进行记录。对于远期合约，由于债权人与债务人关系不明确，此时双方的价值为零。对于期权，由于买方需要向卖方支付期权权利金，期权具有初始价值，因此这个价值记录在金融交易账户中，之后价值的任何变化都要记入重估账户。二是将不同登记日出现的金融衍生工具的价值变化作为持有收益和损失处理。三是金融性公司资产负债表上金融衍生工具存量头寸按市场或公允价格记录。四是将金融衍生工具所有结算支付作为金融衍生工具的资产和负债的交易处理。五是在衍生合同签订时或实施期间支付给银行、经纪人或交易商的佣金和服务费应当划入服务费支付，这些款项用来支付目前提供的服务，与金融衍生工具的资产负债无关。六是二级市场上的金融衍生工具作为金融交易处理。

通常而言，当有关双方达成某项协议时，金融衍生产品就出现在金融账户中。当衍生产品中所描述的协议被激活生效，或者因为期限已到而失效时，该衍生产品的价值就变为零，其价值变化在重估账户中予以反映。如果某金融衍生产品应付额在它到期后仍有效，那么该数额不再代表金融衍生产品，因为已不再有任何与之相关的风险，所以它被重新划为其他应收／应付款。

1. 远期类型合约核算问题

由于在远期类型合约期内，标的物的价格发生变化，因此各方风险暴露的市场价值将不等于零，故建立债务人/债权人关系。即使标的资产和利率的价值没有变化，合同的价值也将随着时间的流逝而改变，现金流量在更短的时间内贴现。当标的物的价格发生变化时，一方创建资产（债权人）头寸，另一方创建负债（债务人）头寸。远期类型合约的市场价值可以在报告期内从同一方的资产头寸转为负债头寸（反之亦然）。当发生头寸转换（并且没有结算付款）时，总资产（或负债）头寸的市场价值重新估值为零，总负债（或资产）头寸从零重新估值为市场价值。

远期类型合约的记录包括金融衍生工具种类内的流量（交易和估值变化）以及在保证金存款账户中的任何相关交易。当支付实现后，资产及相应负债的价值被分期清偿，并随后反映在资产负债表编表日期的价值中，例如，期货合同的市场价值可在核算期内根据标的项目中的价格变动，在一个资产头寸与一个负债头寸之间转换。所有价格的变动，包括这种变动的结果，都作为重估处理。在合同结算的报告期间（交割日或之前），结算按交易记录。

2. 期权合约核算问题

在看涨期权或看跌期权开始时记录的市场价值或公允价值等于买方支付的期权权利金（期权买方）或卖方收到的期权权利金（期权卖方）。买方将期权权利金的全部价格记录为金融资产的获得，卖方将其记录为负债的发生。有时，在衍生合同开始之后支付期权权利金，则一方面仍记录（应付的）期权费；另一方面要在其他应收/应付款下做对应分录，即期权买方对期权卖方的应付款。

期权的价值有两个组成部分：内在价值和时间价值。如果立即行使，则期权的价值是期权的内在价值。期权的时间价值是指在期权尚未到期时，标的资产价格的波动为期权持有者带来收益的可能性所隐含的价值。对于看涨期权，内在价值是标的资产的市场价值（S）减去期权持有人的行使价格（K）的最大值；或者如果标的资产的当前市场价格低于行使价格（即 $S-K<0$），则内在价值为 0。对于看跌期权，内在价值是 K 减去 S 的最大值，或者如果当前市场价格高于行使价格，则内在价值为 0（即 $K-S<0$）。随着到期日越来越近，相关资产的市场价值的有利变动剩余时间

逐渐减少，期权的时间价值下跌。到期时，只剩下内在价值（现金价值或零值）。

当购买看涨期权或出售看跌期权时，期权交易开始记录。记录方法：交易记录在金融衍生工具账户下，与此同时，对销分录记录是收到的现金（通货或存款）。当出售期权（仅限资产交易）、行使（交易）或价外期权（未行使交割）期满时，期权的资产或负债头寸从资产和负债账户中删除。

信用衍生工具采取远期类型（总收益互换）和期权类型（信用违约互换 CDSs）合约的形式，其流量记录类似于远期类型和期权类型合约。根据信用违约互换，违约互换购买者定期向违约互换出售者支付一定费用，而一旦标的工具的债务人发生违约，违约互换购买者有权利将标的工具以面值递送给违约互换出售者，从而有效规避信用风险。定期费用（与期权权利金相似）、CDSs 下的其他支付和 CDSs 的二级市场购买/销售记录为信用衍生工具交易。合同的结算和执行也被记录为交易。

二 雇员股票期权核算

（一）基本概念

雇员股票期权是雇主与雇员在某日（授权日）签订的一种协议，根据协议，在未来约定时间（含权日）或紧接着的一段时间（行权期）内，雇员能以约定价格（执行价格）购买约定数量的雇主股票。"授权日"是指期权提供给雇员的日期；"含权日"是指可行权的最早日期；"行权日"是指实际行权（或权利消失）的日期。行权日不能早于含权日，也不能晚于行权期结束日。雇员股票期权类似于一种金融衍生工具，雇员也可能不行权，或是因为当前估价低于其可行权价格，或是因为雇员离开了该雇主，丧失了其期权。在某些国家，含权日和行权日之间可允许的时间跨度很长；而另一些国家则很短。

雇员股票期权旨在激励公司员工以公司股东的最大利益履行职责，通常设定了授权日和行权日，按雇员工作年限或贡献程度分段授予认股权。对于许多公司，ESO 只提供给公司的高级管理人员。在某些情况下，也可以向企业的货物和服务的供应商提供股票期权，虽然他们不是企业的员工，但他们的利益和动机和"雇主—雇员关系"的雇员股票期权类似，所以他们也持有雇员股票期权。当雇员获得股票期权，并不受限制地在金融市场上交易时，它就不再是雇员股票期权，而成为普通的金融衍生工具[①]。

（二）核算原则

雇员股票期权通常是不可交易的，并且必须参照相关股票的价格（或公允价值）进行公允估值。雇员股票期权的公允价值可以从等价期权的市场价值或根据期权定价模型（如二叉树或布莱克—斯克尔斯期权定价模型）来衡量。

在行使期权之前，雇主和雇员之间的协议具有金融衍生品的性质，并显示在双方的账户中。由于雇员股票期权通常只是住户的资产，故在金融性公司账户的资产类别中没有此项，只能以出售期权的方式存在于负债类别中。在授权日应该对 ESO 的价值做出估计。如果可能，则这一金额应该作为雇员报酬（跨越授权日与含权日之间的时期）的一部分。如果不能实现，则期权价值应该在含权日加以记录。原则上，在含权日和授权日之间的任何价值变化都应作为雇员报酬处理，而在含权日和行权日之间的任何价值变化作为持有损益处理。实践中，ESO 作为雇主的成本估算值在授权日和行权日之间不可能加以调整，因此，从实用角度考虑，授权日和行权日之间的全部增长都可作为持有损益处理。在这一段时期内，股票价格高于执行价格的增长是雇员的持有收益、雇主的持有损失，反之亦然。

在授予 ESO 时，雇主在 ESO 中记录负债，与此同时，对销分录记录股权负债的减少来反映雇员的薪酬费用。

雇员股票期权交易记入金融账户，其对应分录为雇员报酬或直接投资（如果母公司跨境给子公司员工的雇员股票期权）。行权时，雇员股票期权交易按股本的市场价格和买方支付的股本价格之间的差价计入金融账户。

---

① 国家外汇管理局国际收支司：《诠释国际收支统计新标准》，中国经济出版社，2015，第253 页。

第八节　其他应收/应付款核算问题

一　基本概念

其他应收/应付款包括：①贸易信贷和预付款，②其他。

贸易信贷和预付款包括：①由货物和服务供应商直接向客户提供的信贷；②对在建项目（或将建设项目）的预付款和尚未提供货物和服务的预付款。就金融性公司而言，考虑到金融性公司很少是货物和非金融服务的供应商，故贸易信贷应收款通常与其出售金融服务有关。金融性公司的贸易信贷应付款来自其他机构单位提供的货物和服务，以及它们从其他金融性公司购买的金融服务。

其他包括上述类别以外的应收/应付款，这些款项与货物和服务的供应无关。它们是与税、红利、证券买卖、租金、工资和薪金、社会保障缴款有关的应收和应付款，包括在本类中的尚未支付的应计利息，仅指在利息支付时没有被资本化（通常如此）的应计利息。

贸易信贷和预付款源于款项的支付与货物所有权的转移或服务的提供不同步。对于高价值的资本货物，所有权变更和付款之间的记录时间差异也可能会产生贸易信贷和预付款。

二　核算原则

（一）贸易信贷和预付款

对债权人和债务人来说，贸易信贷和预付款应以名义价值估价，是债务人在债务终止时必须按合同义务向债权人支付的未清偿金额。

如果债务人提早支付则提供折扣，这反映在货物和服务的价值上。如果在折扣期内未付款，则折扣将被记录为利息。

在长期贸易信贷的特殊情况下，会出现特殊待遇。对于较长期的贸易信贷，当时间差距（计费周期）变得"异常长"并且扩展的贸易信贷额非常大时，可能会隐含地收取利息。在这种情况下，应调整贸易信贷的价值

（估值变化），因此在最后付款日期之前，利息可以按适当的贴现率累计。

（二）其他

其他中的大多数子类别，包括结算账户、收款过程中的项目和大多数类别的杂项资产和负债项目，以名义价值记录，但资产损失准备金按账面价值计算。

其他应收或应付账户中的应付利息应包括在其他应收/应付款中。除应收/应付账户以外的金融资产和负债的应计利息包含在金融资产或负债的未偿还金额中，而不是这里。

第九节 核算案例

前面讨论了分类资产的流量和存量核算方法，下面以外币存款/贷款和远期合约这两个案例来说明核算的具体操作过程。

案例一：外币存款/贷款流量核算方法[①]

估计交易（T）和估值变化（VC）的公式分为两种情况：一类是外币计价的存款，该期间没有资产数量其他变化（$OCVA$）；另一类是外币计价的贷款，由于贷款损失准备而产生 $OCVA$。

假设对其他存款性公司（ODC）的单一类别的存款［即以单一外币计值，并构成对非金融性公司（NFC）的负债］的 T 和 VC 进行估算，则每笔交易应按照适用于交易的汇率即交易时的汇率进行估值。如果关于交易金额和时间的数据未知，则有必要选择单一汇率作为所有交易的代表，即使交易在报告期内实际以各种汇率发生。

其间的日平均汇率（买入和卖出汇率之间的中值）用于表示其间所有交易的单一汇率，用 e_m 表示。e_m 被视为在整个报告期内每天进行交易的一类金融资产或负债的最具代表性的汇率。

[①] IMF, Monetary and Financial Statistics Manual and Compilation Guide (Prepublication Draft) 2016 (2016 MFSMCG), pp. 153 – 155.

第一种情况：外币存款流量估计（没有 *OCVA* 情况下的估计）

核算的理论分析

方法一：以外币为基础计算 T 和 VC

以外币计价的期初存量（S_0）和以外币计价的期末存量（S_1）来估算存款类别的 T 和 VC。外币计价交易构成以名义价值计算的外币单位的总流量，即 S_1 和 S_0 之间的差额 $S_1 - S_0$。以本币为单位的交易可以使用日平均汇率 e_m 乘以以外币计价的流量来估算：

$$T = e_m(S_1 - S_0) \tag{3.2}$$

以本币表示的 VC 可以从汇率（期初汇率 e_0 和期末汇率 e_1）以及外币计价的期初和期末存量计算：

$$\begin{aligned} VC &= e_1 S_1 - e_0 S_0 - e_m(S_1 - S_0) \\ &= (e_1 - e_m)S_1 - (e_0 - e_m)S_0 \end{aligned} \tag{3.3}$$

方法二：以本币为基础计算 T 和 VC

可以从转换为本国货币单位的存量数据计算 T 和 VC：期初存量 $OS = e_0 S_0$ 和期末存量 $CS = e_1 S_1$。代入式（3.2）和式（3.3）中的 S_0 和 S_1，T 和 VC 估算是：

$$T = (e_m/e_1)CS - (e_m/e_0)OS \tag{3.4}$$

$$VC = [1 - (e_m/e_1)]CS - [1 - (e_m/e_0)]OS \tag{3.5}$$

T 和 VC 可以从式（3.2）、式（3.4）和以外币单位的存量数据或从式（3.3）、式（3.5）和以本国货币单位计算的存量数据中估计。

核算的数值实例

假设以单一外币即欧元（€）计值估计存款交易和价值的变化。汇率表示为每欧元可兑换的本国货币单位 N 的数量。例如，$N2/€$ 表示每欧元可兑换两个单位的本国货币。

以外币计价的期初存量 S_0：€112。

以外币计价的期末存量 S_1：€122。

期初汇率 e_0：$N2.10/€$。

期末汇率 e_1：$N2.20/€$。

以本币计价的期初存量 OS：$N235.20$ [$= (N2.10/ €) × (€112)$]。

以本币计价的期末存量 CS：$N268.40$ [$= (N2.20/ €) × (€122)$]。

日平均汇率 e_m：$N2.18/€$。

$OCVA = 0$。

交易（T）估计：

$T = (N2.18/ €) × (€122 - €112) = N21.80$ [见式（3.2）]

$T = (N2.18/ € ÷ N2.20/ €) × (N268.40) - (N2.18/ € ÷ N2.10/ €) ×$

$(N235.20) = N21.80$ [见式（3.4）]

估值变化（VC）估计：

$VC = (N2.20/ € - N2.18/ €) × (€122) - (N2.10/ € - N2.18/ €) ×$

$(€112) = N11.40$ [见式（3.3）]

$VC = [1 - (N2.18/ € ÷ N2.20/ €)] × (N268.40) - [1 - (N2.18/ € ÷$

$N2.10/ €)] × (N235.20) = N11.40$ [见式（3.5）]

第二种情况：外币贷款流量核算（存在 $OCVA$ 的估计）

核算的理论分析

方法一：以外币为基础计算 T 和 VC

对于由贷款损失准备而产生 $OCVA$ 的贷款类别的 T 和 VC 可以从以外币计值的存量数据或相当于从转换为本币的存量数据单位中估计。每个公式包括以外币计价的 $OCVA$。根据外币计价存量的数据估计 T 和 VC 的公式为：

$$T = e_m(S_1 - S_0 - OCVA) \tag{3.6}$$

$$VC = e_1 S_1 - e_0 S_0 - e_1 OCVA - e_m(S_1 - S_0 - OCVA)$$

$$= (e_1 - e_m)S_1 - (e_0 - e_m)S_0 - (e_1 - e_m)OCVA \tag{3.7}$$

方法二：以本币为基础计算 T 和 VC

利用转换为本币单位的存量数据估算 T 和 VC 的公式为：

$$T = (e_m/e_1)e_1 S_1 - (e_m/e_0)e_0 S_0 - e_m OCVA$$

$$= (e_m/e_1)CS - (e_m/e_0)OS - e_m OCVA \tag{3.8}$$

$$VC = (1 - e_m/e_1)e_1 S_1 - (1 - e_m/e_0)e_0 S_0 - (e_1 - e_m)OCVA$$

$$= [1 - (e_m/e_1)]CS - [1 - (e_m/e_0)]OS - (e_1 - e_m)OCVA \tag{3.9}$$

或者，估值变化可以从 $VC = CS - OS - OCVA - T$ 中得出，其中 T 是来

自式（3.6）或式（3.8）的交易估计。

核算的数值实例

估算以欧元计价的贷款的 T 和 VC，其中 $OCVA$（例如贷款冲销）已在该期间过账。

以外币计价的期初存量 S_0：€152。

以外币计价的期末存量 S_1：€137。

期初汇率 e_0：N2.10/€。

期末汇率 e_1：N2.20/€

以本币计价的期初存量 OS：N319.20 [= (N2.10/€) × (€152)]。

以本币计价的期末存量 CS：N301.40 [= (N2.20/€) × (€137)]。

日平均汇率 e_m：N2.18/€。

$OCVA = -€13$ 。

交易（T）估计：

$$T = （N2.18/€）×（€137 - €152 + €13）= - N4.36 \ [见式（3.6）]$$

$$T = （N2.18/€ ÷ N2.20/€）×（N301.40）-（N2.18/€ ÷ N2.10/€）× （N319.20）-（N2.18/€）×（-€13）= - N4.36 \ [见式（3.8）]$$

估值变化（VC）估计：

$$VC = （N2.20/€ - N2.18/€）×（€137）-（N2.10/€ - N2.18/€）× （€152）-（N2.20/€ - N2.18/€）×（-€13）= N15.16 \ [见式（3.7）]$$

$$VC = [1 - （N2.18/€ ÷ N2.20/€）] ×（N301.40）- [1 - （N2.18/€ ÷ N2.10/€）] ×（N319.20）-（N2.20/€ - N2.18/€）×（-€13）= N15.16 \ [见式（3.9）]$$

案例二：远期合约存量和流量核算[①]

远期合约理论分析

在远期合约中，交易双方约定在指定日期以约定的合约价格（行使价格）交换指定数量的标的资产（实物或金融）。根据远期合约期限内的标

---

① IMF, Monetary and Financial Statistics Manual and Compilation Guide（Prepublication Draft）2016（2016 MFSMCG），pp. 169 - 173.

的资产是否提供无现金流量、离散现金流量（例如股息）或持续复利或收益的现金流量（例如债务证券），下面分别使用不同的估值方法来求远期合约的公允价值。

远期合约估值公式中包括的符号如下。

N：从现在开始直到远期类型合同交割或现金结算的时间，或如果是期权，则为合同到期的时间（以年为单位）。

S_0：标的资产当前价值。

F_0：标的资产当前的远期价格。

K：标的资产的交割价格。

r：每年无风险利率，表示 N 年期无风险投资的连续复合收益率。

远期价格（F_0）、当前价格（S_0）和无风险利率（r）之间的关系如下。

a. 没有现金流量的资产的远期价格：

$$F_0 = S_0 e^{rN} \tag{3.10}$$

b. 具有一个或多个现金流的资产远期价格：

$$F_0 = (S_0 - CF)e^{rN} \tag{3.11}$$

其中 CF 表示 N 期间的所有现金流的现值。

c. 具有已知收益率的资产的远期价格（即远期协议在有效期内，标的资产获得的收入与资产价格的百分比是已知的）：

$$F_0 = S_0 e^{(r-q)N} \tag{3.12}$$

其中 q 表示在远期协议有效期内，连续复利条件下标的资产每年的平均收益率。

远期合约的公允价值（以 f 表示）是由远期合约中的远期合约价格（F_0）与交割价格（K）确定的。多头远期合约的价值（f_L）和空头远期合约（f_s）的价值是：

$$f_L = (F_0 - K)e^{-rN} \tag{3.13}$$

$$f_s = (K - F_0)e^{-rN} \tag{3.14}$$

通常，由于标的资产的远期价格等于交割价格（$F_0 = K$），期初远期合约具有零值。

把远期价格（F_0）公式代入上述式子中，投资型资产多头远期合约的公允价值取决于收入付款。

a. 没有现金流量的投资型资产远期合约价值：

$$f_L = S_0 - Ke^{-rN} \qquad (3.15)$$

b. 具有一个或多个现金流量的资产的远期合约价值：

$$f_L = S_0 - CF - Ke^{-rN} \qquad (3.16)$$

c. 连续复利的现金流量资产的远期合约价值：

$$f_L = S_0 e^{-qN} - Ke^{-rN} \qquad (3.17)$$

其中 q 表示年平均收益率。

由于多头和空头远期头寸的公允价值相同，但符号相反，反映一方对合同的资产头寸是另一方的负债头寸，这里不再赘述。

下面对货币远期合约进行具体分析。

S_0 和 F_0 分别表示外汇的即期汇率和远期汇率（均以单位货币 B 可兑换单位货币 A 的数量表示）。因为这两种货币都可用于购买以 A 和 B 货币计价的无风险利息资产，各自的收益率分别是 r_A 和 r_B，远期价格（F_0）和即期价格（S_0）之间的关系为：

$$F_0 = S_0 e^{(r_A - r_B)N} \qquad (3.18)$$

这是众所周知的利率平价定理。这是已知收益率的投资型资产 F_0 和 S_0 之间关系的特殊情况；$F_0 = S_0 e^{(r-q)N}$，其中 $r \equiv r_A$ 和 $q \equiv r_B$。这种关系通常以非复利利率显示；例如，对于在一年中美元购买英镑的远期合约：$F_0 = S_0[(1 + r_{US})/(1 + r_{UK})]$，其中 r_{US} 和 r_{UK} 是美元和英镑计价投资品的非连续年回报率。

货币多头远期合约和空头远期合约的价值是：

$$f_L = S_0 e^{-r_B N} - Ke^{-r_A N} \qquad (3.19)$$

$$f_S = Ke^{-r_A N} - S_0 e^{-r_A N} \qquad (3.20)$$

在远期合约刚刚生效时，交割价格（K）被设定为等于远期价格

（F_0），使得对于多头远期（购买）和空头远期（销售）头寸来说，f 最初等于零。在远期合约有效期内，远期合约的价值（f）因即期价格（S_0）、贴现因子（e^{-rn}）和来自标的资产收入流（如果有）现值的改变而改变。f 的价值对于多头或空头远期头寸是正值（资产），对应合同的另一侧是负值（负债）。在合同有效期内的任何时间，作为一方资产记录的价值应等于另一方记录为负债的价值。

每个报告期内远期合约价值的变动记录为估值变化 VC，估值变化相对应的持有收益或损失在资产负债表本年度结果中反映。在每个报告期内，CS 显示金融衍生资产（如果 $f > 0$）或负债（如果 $f < 0$），如下所示。

a. 当远期合约价值的变化没有导致资产头寸到负债头寸的切换时（反之亦然），记录为：$CS = OS + VC$。

b. 当记录期间的远期合约价值的变化导致资产头寸转换到负债头寸，估值变化（VC_A）记录为资产头寸的平仓，剩余的估值变化记录为负债——账户估值变化（VC_L）。

资产头寸：$CS_A = OS_A + VC_A = 0$，其中 $VC_A = -OS_A$。

负债头寸：$CS_L = VC_L$，其中 $VC_L = -(VC - VC_A)$。

$VC - VC_A$ 前的负号将"负资产"转化为"正负债"。

相同的核算原则适用于负债到资产的转换。

负债头寸：$CS_L = OS_L + VC_L = 0$，其中 $VC_L = -OS_L$。

资产头寸：$CS_A = VC_A$，其中 $VC_A = -(VC - VC_L)$。

c. 当合同在交割日通过现金支付结算时（这是通常的做法），结算金额等于合同中规定的资产即期价格（S_0）和交割价格（K）之间的差额。如果即期价格高于交割价格，多头远期头寸的持有者则收到（$S_0 - K$）的收益，或者如果 K 大于 S_0，则支出（$K - S_0$）。接收者和提供者各自记录一笔收入或支出金额的交易（T）（与现金应收/应付款对销），以及收益与期初存量之间的差值金额的估值变化（在损益中对销），即：

$$VC = T - OS = (S_0 - K) - OS \tag{3.21}$$

对于双方资产和负债头寸的合计要求满足：$CS = OS + VC + T = 0$。

外币远期合约的数值示例

货币远期合约的双方同意分别以指定价格、指定数量和在指定的未来日期买卖外汇。有义务出售的一方订立空头远期合约，而有义务购买的一方订立多头远期合约。外币远期合约的价值是本币计价的未来支付的贴现值（基于外币金额和远期汇率计算）与外币计价的未来支付的贴现值（基于外币金额和即期汇率计算）的差额。

合同通常是结构化的，以至于在初始时公允价值为零。假设银行 A 和银行 B 于 6 月 30 日签订了为期三个月的货币远期合约，其中 A 银行承诺出售，B 银行承诺于 9 月 30 日以指定汇率（称为远期汇率）购买 10000 美元。通常，远期汇率根据无套利平价理论而确定，这表示两种货币之间的利率差异等于两种货币之间汇率的预期变化。举例：6 月 30 日的即期汇率（S）是 1.250 本币/美元，美元利率为 3%，本国货币利率为 5%，则远期汇率：

$$F = S \frac{(1 + r_{NC})^t}{(1 + r_{FC})^t} = 1.250 \times [(1 + 0.05)^{3/12}/(1 + 0.03)^{3/12}] = 1.256$$

以本国货币计价的远期合约公允价值与期初的远期汇率的计算方式相同，但使用现行的市场利率和即期汇率，而不是合同期初的利率和汇率。公允价值是以本国货币利率（例如，5%）贴现的合约远期汇率（例如，1.256）与以外币利率（例如，3%）贴现的即期汇率的差值乘以合同金额（例如，10000 美元）。

存流量记录方式如下。

在第一期（7 月），假设本国货币在 7 月底贬值至 1.278，而利率保持不变。远期的公允价值是：

公允价值（银行 A）= $FC(F(1 + r_{NC})^{-t} - S(1 + r_{FC})^{-t})$ = 10000 × [1.256 × (1 + 0.05)$^{-2/12}$ − 1.278 × (1 + 0.03)$^{-3/12}$] = −258.9

公允价值（银行 B）= 258.9

在第一个月月底，按照货币金融统计目的记录的内容如表 3.1 所示。

表 3.1 第一个月月底按照货币金融统计目的记录的内容

第一期（7 月）	OS	T	VC	OCVA	CS
银行 A					
负债					

续表

第一期（7月）	OS	T	VC	OCVA	CS
金融衍生品	0	—	258.9	—	258.9
本年度结果（亏损）			−258.9		
银行 B					
资产					
金融衍生品	0	—	258.9	—	258.9
负债					
本年度结果（收益）			258.9		

注：OS 为期初存量，T 为交易，VS 为估值变化，OCVA 为资产数量的其他变化，CS 为期末存量。

在第二期（8月），假设汇率和两种利率保持不变。远期的公允价值为：

$$公允价值（银行 A）= 10000 \times \left[1.256 \times (1 + 0.05)^{-1/12} - 1.278 \times (1 + 0.03)^{-1/12} \right]$$
$$= -239.5$$

$$公允价值（银行 B）= 239.5$$

在第二个月月底，按照货币金融统计目的记录的内容如表 3.2 所示。

表 3.2　第二个月月底按照货币金融统计目的记录的内容

第二期（8月）	OS	T	VC	OCVA	CS
银行 A					
负债					
金融衍生品	258.9	—	−19.4	—	239.5
本年度结果（亏损）			19.4		
银行 B					
资产					
金融衍生品	258.9	—	−19.4	—	239.5
负债					
本年度结果（收益）			−19.4		

在这种情况下，虽然汇率和利率没有变化，但由于随着时间的流逝，使用较短的期间来折现未来的现金流量，合同的价值发生了变化。

对于最后一期（9月），假设在结算日汇率升至 1.267，那么公允价值仅仅是约定的远期汇率与即期汇率之间的差额乘以合同金额：

$$公允价值(银行 A) = 1000 \times [1.256 \times (1 + 0.03)^{-0/12} - 1.267 \times (1 + 0.05)^{-1/12}]$$
$$= -110$$

$$公允价值(银行 B) = 110$$

在第三个月月底，按照货币金融统计目的记录的内容如表 3.3 所示。

表 3.3　第三个月月底按照货币金融统计目的记录的内容

第三期（9 月）	OS	T	VC	OCVA	CS
银行 A					
资产					
外币计价的通货和存款		-12670			239.5
本币计价的通货和存款		12560			
负债					
金融衍生品	239.5	-110	-129.5	—	账户已关闭
本年度结果（收益）			129.5		
银行 B					
资产					
金融衍生品	239.5	-110	-129.5	—	账户已关闭
外币计价的通货和存款		12670			
本币计价的通货和存款		-12560			
负债					
本年度结果（亏损）			-129.5		

本章小结

本章基于存流量之间的关系"期末存量 = 期初存量 + 交易 + 估值变化 + 资产数量其他变化"，以金融性公司为例，先讨论了每类金融资产和负债的存量与流量核算方法；然后，以外币存款/贷款为例，分析了其流量核算，又以远期合约为例，详细论述了其每期存量与流量核算。至此，"结果的分类测度"从理论到实证皆已完成。

第四章　货币统计的理论与框架

依据宏观经济核算体系建立的逻辑思路，在分析"谁""干什么""结果是什么"之后，如何以这些零散的分析形成一个有机整体，来实现原定的统计目的成为后续研究的重中之重。基于货币与金融统计的目的，该有机整体可以分为两部分：一是货币统计，二是金融统计。本章着重讨论货币统计。

第一节　2016 MFSMCG 货币统计建立的理论基础

政府监测金融运行以及合理制定金融政策，需要以金融性公司从事金融活动形成的存流量测度指标为基础。那么依据什么理论来建立测度指标？市场中各机构单位对资金的需求和供给促使金融性公司从事金融中介活动，故而导致金融资产和负债存流量的产生，因此，金融资产和负债存流量的测度应从资金供给和需求双方来进行，也就是，依据货币供给理论和货币需求理论来建立测度指标。

一　货币需求理论

货币需求理论是货币理论的重要组成部分，主要包括费雪交易方程、剑桥方程、凯恩斯流动偏好理论、弗里德曼的现代货币数量论等。

（一）费雪交易方程

古典经济学家在 19 世纪末 20 世纪初发展的货币数量理论，是一种探讨总收入的名义价值如何决定的理论。该理论揭示了对既定数量的总收入应该持有的货币数量，并且认为利率对货币需求没有影响。20 世纪初，美国经济学家、耶鲁大学教授欧文·费雪在 1911 年出版了《货币的购买力》一书，在书中研究了经济中总货币需求、商品和劳务的总交易量之间的关系，提出了交易方程[①]：

$$M \times V = P \times Y \tag{4.1}$$

其中 M 为货币需求量，V 为货币流通速度，P 为一般物价水平，Y 为实物国民收入（也是总的交易量）。货币需求量主要是指现金，现金是具有直接支付能力的通货，而通货是较广的概念，它包括金融货币、银行券、政府纸币、辅币与存款等。费雪方程表明，货币存量与货币流通速度之积一定等于名义收入。费雪认为，货币流通速度是由习惯、制度、技术等因素决定的，在短期内被视为一个常量。Y 为充分就业状态下的产量，Y 的变化很小，因此货币需求量的变动会引起物价总水平的等比例同向变动。

（二）剑桥方程

在费雪之后，剑桥大学经济学家马歇尔和庇古等认为，人们之所以愿意持有货币，是因为货币具有交易媒介和价值储藏的职能，货币应该包含活期存款和定期存款等资产。他们认为货币需求与交易水平正相关。以 M 表示货币需求量，P 和 Y 分别表示物价水平和真实产出，K 为货币需求比例，则剑桥方程[②]：

$$M = K \times P \times Y \tag{4.2}$$

（三）凯恩斯流动偏好理论

在 20 世纪 30 年代的经济大萧条背景下，凯恩斯于 1936 年发表了《就业、利息和货币通论》（简称《通论》），在《通论》中界定了人们持有货币的交易动机、谨慎动机和投机动机[③]。与货币需求动机相对应，货币需求分为交易需求和投机需求，总货币需求的数量为：

$$M = kPY + L(r) \tag{4.3}$$

---

① 戴国强主编《货币金融学》，上海财经大学出版社，2006，第 313～314 页。
② 戴国强主编《货币金融学》，上海财经大学出版社，2006，第 314～315 页。
③ 戴国强主编《货币金融学》，上海财经大学出版社，2006，第 315～317 页。

k 表示人们旨在满足交易动机和预防动机而自愿经常保持在手边的货币在名义国民收入中所占的比例，PY 表示名义国民收入，$L(r)$ 表示投机需求。从凯恩斯的货币需求理论可以看出，货币范围扩大了，它不仅包括交易的货币，而且包括投资于债券的金融工具。

（四）弗里德曼的现代货币数量论

二战之后西方经济形势的变化使凯恩斯主义的宏观经济学陷入非常难堪的境地。在这种情况下，以弗里德曼为首的现代货币数量论异军突起，其认为影响货币需求的主要因素是恒久性收入、非人力财富占总财富的比例、债券与股票的预期回报率、预期通货膨胀率、活期存款率、定期存款率等。弗里德曼在《货币数量论之重申》论文中将凯恩斯的货币需求数量[①]改写为：

$$M_d = f\left(P, r_b, r_e, \frac{1}{P} \times \frac{d_p}{d_t}, Y, W, u\right) \tag{4.4}$$

式中：M_d 为货币需求量，f 是函数关系，P 是物价水平，r_b 是固定收益的债券利率，r_e 是非固定收益的证券利率，$\frac{1}{P} \times \frac{d_p}{d_t}$ 是物价变动率，Y 是永恒所得（表示收入的水平），W 是非人类资本对人类资本的比率（非人类资本指物质财富，人类资本指个人获得收入的能力），u 反映主观偏好与风险以及客观技术与制度因素的综合变数。

二 货币供给理论

上述凯恩斯的需求理论和弗里德曼的货币数量论都从货币需求方面分析货币数量。关于货币数量的测定还可以从供应方面来进行界定，货币供给是一国经济中货币的投入、创造和扩张（收缩）的过程。货币供给的主体是存款性机构，即中央银行和其他存款性公司。中央银行和其他存款性公司在货币供给中所起的作用是不同的，其他存款性公司主要通过派生存款的方式实现货币供给，中央银行的作用是控制和调整存款性公司对派生存款的扩张能力，主要通过法定存款准备金率，调整贴现率和进行公开市

---

① 戴国强主编《货币金融学》，上海财经大学出版社，2006，第 321～323 页。

场业务来实现对货币供给的控制。

货币供给的理论模型[①]为：

$$M = B \times K \tag{4.5}$$

其中，M 表示狭义的货币供应量，B 表示基础货币，K 表示货币乘数。公式的含义是基础货币按照一定的货币乘数扩张，形成货币供应量。

公式中 B 是中央银行可以控制的量，在 M 一定条件下，中央银行根据某个时期测定的 K，确定对此时期内 B 的调节量，并通过 B 的调整达到调节 M 的目的。比较困难的问题是如何测定 K。货币乘数 K 是一个包括众多因素的综合变量，这些因素不易测定，影响了 K 的可利用程度。西方国家计算 K 的公式为：

$$K = (C + 1)/(C + e + r_d + r_t) \tag{4.6}$$

式中：C 是提款率或称现金漏损率，e 为超额准备率，r_d 为活期存款法定准备金率，r_t 为定期存款法定准备金率。将 K 代入公式 $M = BK$ 中，则：

$$M = B \times (C + 1)/(C + e + r_d + r_t) \tag{4.7}$$

式中：中央银行虽然能够决定 B、r_d 和 r_t，但是影响 K 值的 C、e 则主要取决于存款性公司和社会公众行为，因此，M 是由中央银行、其他存款性公司和社会公众几个方面共同决定的。

从上面分析可以看出，无论是古典货币需求理论、现代货币需求理论，还是货币供应理论，它们都分别从不同角度为货币统计核算测度指标奠定理论基础。

第二节　2016 MFSMCG 货币统计的指标体系

货币统计的目的主要是监测金融性公司的金融运行状况，基于第一节的理论分析，2016 MFSMCG 中货币统计指标体系包括广义货币、基础货币、流动性总量、信贷和债务等。

---

① 戴国强主编《货币金融学》，上海财经大学出版社，2006，第 353～355 页。

一 广义货币

(一) 广义货币的定义

货币是充当交换媒介和支付手段的物品，其基本功能为交换媒介、储存价值、记账单位、延期支付标准。人们持有以不同金融资产形式表现出来的货币，无非用来作为交换工具或价值储藏手段，或者二者兼而有之，因此它们都不同程度地表现出"货币性"。

2016 MFSMCG 根据其流动性和储藏价值，综合考虑可接受性、可转让性、交易成本、可分性、期限以及收益六个因素，给出广义货币的定义：广义货币由两部分构成，一是持有货币部门所持有的所有流动性金融工具，这些工具可以作为交换媒介在一个经济体内被广泛接受；二是那些可以在短时间内以面值或接近面值的金额转换为交换媒介的金融工具。

(二) 广义货币的三个维度

由于每种金融资产都涉及持有单位和发行单位，因此广义货币可以从金融资产的种类、持有部门和发行部门这三个维度进行分析。2016 MF-SMCG 给出了广义货币所包含的金融工具种类、广义货币持有部门和发行部门。具体情况如表 4.1 所示。

表 4.1　广义货币：持有部门、发行部门以及金融工具

广义货币持有部门
其他金融性公司
州和地方政府
非金融性公司
住户和为住户服务的非营利性机构（NPISH）
广义货币中性部门 *
中央政府（国内货币通常包括在广义货币中）
非常住单位（国内货币通常包括在广义货币中）
广义货币发行部门和广义货币负债
由常住存款性公司发行
本国货币（存款性公司以外的货币）a
可转让存款b
活期存款（可转让支票、转账，或类似的方法）
现金支票
旅行支票（如果用于与居民交易）

其他通常用于支付的存款[c]
其他存款
不可转让的储蓄存款
定期存款
外币存款（除可转让存款外）
其他[d]
货币市场基金份额
债券
存款凭证
商业票据
其他[e]
由常住存款性公司以外的机构部门发行
中央政府发行的国内货币
外币（适用于以外币作为交换媒介被广泛接受的经济体）
可转让存款
中央政府或邮政系统的可转让存款
由存款性公司以外的单位签发的旅行支票
其他[f]
中央政府或邮政系统的其他存款
债券
国库券
商业票据
其他[g]

注：* 尽管非常住单位在存款性公司里有存款，但其经济利益中心不在本国经济体中，所以其存款不纳入广义货币；尽管政府在存款性公司持有存款，但政府的存款不受宏观经济波动的影响，如利率、汇率，故其也不纳入广义货币，因此，将二者称为广义货币中性部门。

a. 由于数据的缺乏，中央政府和非常住单位的本国货币通常都包括在广义货币中。

b. 可包括外币存款。

c. 包括由储蓄和贷款协会、建筑协会、信用合作社等发行的可转让存款的股份或类似证据；储蓄账户通过储蓄账户余额转入可转让存款提供自动转账服务，否则会透支；电子货币发行的卡或以其他方式转让以及其他未列明的存款；可能包括以外币计价的存款。

d. 包括由储蓄和贷款协会、建筑协会、信用合作社等发行的不可转让存款的股份或类似证据；包含广义货币的回购协议；立即赎回但不可转让的活期存款，以及其他类型；可能包括以外币计价的存款。

e. 由居民存款性公司发行的符合广义货币定义的任何其他债务证券（如储蓄凭证或现金凭证、在有效的二级市场交易的银行承兑汇票）。

f. 包括存款性公司以外的单位发行的电子货币（包括流动资金）。

g. 包括中央政府发行的债务证券，如储蓄凭证。

资料来源：该表来自 2016 MFSMCG 第六章 Box 6.1，第 182 页。

（三）广义货币的分层统计

　　2016 MFSMCG 建议货币统计侧重于统计广义货币，同时定义了 M0、

M1、M2、M3 等不同层次的货币汇总，并且在上下层次里面，下一个层次的货币汇总包含上一个层次。

对几乎所有国家来说，M0 指流通于银行体系以外的现钞，包含非金融性公司的备用金，但不包括存款性公司的库存现金；M1 由 M0 加上存款性公司的活期存款构成，是最狭义的货币总量；而 M2、M3 等的内容在不同经济体内可能存在显著差异。

（四）不同国家对广义货币的统计实践

由于各国的经济体制和金融环境不同，每个国家的 M2、M3 等包含的金融工具、持有部门和发行部门存在差异，以中国、美国为例进行分析。中国 M2 的货币发行部门是中国人民银行（PBOC）和银行机构（包括银行、农村信用社和金融性公司）；M2 的持有部门是非银行、非政府部门；M2 的金融工具是流通中的货币（PBOC 发行的纸币和硬币，较少银行机构持有的数量）加上银行机构对非政府部门的活期、定期和储蓄存款。美国 M2 的货币发行部门是所有存款性公司：美联储、商业银行、储蓄机构、信用社和货币市场基金（MMFs）；M2 的持有部门是除了发行部门和联邦政府之外的美国常住单位，不包括持有货币的非常住单位；M2 的金融工具仅仅是本国货币，美国财政部、联邦储备银行和接受存款性公司（DTCs）之外的货币，非银行发行部门的旅行支票，活期存款，储蓄存款和定期存款（10 万美元以下）减去个人退休账户（IRA）、零售货币基金份额等。由于回购协议和债务证券没有截止期限，不包含在 M2 的金融工具中。其他经济体的具体情况如表 4.2 所示。

表 4.2　广义货币分层统计（以 2015 年经济体为示例）

经济体 - 货币汇总	货币发行部门	货币持有部门	金融工具
2016 MFSMCG 的广义货币	中央银行和其他存款性公司（存款性公司和货币市场基金）	其他金融性公司，国家、州和地方政府，公营非金融性公司，其他非金融性公司，住户和为住户服务的非营利机构	在存款性公司外流通的国内货币；存款性公司的货币持有部门以本币和外币计价的可转移和其他存款；货币持有部门持有的货币市场基金份额/单位；其他存款性公司发行、货币持有部门持有的短期债券

经济体－货币汇总	货币发行部门	货币持有部门	金融工具
英国 M4	银行机构	除了货币发行机构以外，英国的常住单位（从 2009 年 7 月开始，广义货币的持有部门不包括"其他金融性中介公司"）	仅仅是本国货币——在英国央行和英国银行机构外流通的纸币和硬币、与英国银行业机构持有的非银行私营部门英镑存款（含回购）、银行机构发行的最长到期时间为五年的其他债券和存款凭证（非常住单位持有的不包括在内）
日本 M3	日本银行和以下存款性机构：国内授权银行、日本邮政银行、日本外资银行、信用金库、信用中央银行	非金融性公司、个人和当地政府（包括市政企业）	货币持有人的钞票和硬币，货币持有人在存款性机构的活期存款、定期存款和储蓄存款以及外币存款
欧元区 M3	货币金融机构（欧盟和位于欧盟的其他存款性公司）和中央政府	除中央政府外，在欧元区的所有常住非金融性机构、州和地方政府、社会保障基金机构	本国货币和外币，包括流通中的货币和隔夜存款、到期时间不超过两年的存款、可在 3 个月内赎回的存款、回购协议（不包括与中央银行的回购协议）、货币市场基金份额和货币市场票据、长达两年的债券
韩国 M2	韩国银行、商业银行（包括韩国外资银行分行）、韩国进出口银行、互助储蓄银行、信托公司、信用社、邮政储蓄部门	住户和为住户服务的非营利机构、非金融性公司、其他金融性公司等	国内外货币，包括流通货币（不包括纪念币）、活期存款、可转让储蓄存款、到期时间不超过两年的定期存款、到期时间不超过两年的零存整取储蓄存款、货币市场基金份额、受益凭证、存款凭证、到期时间不超过两年的信托资金、到期时间不超过两年的金融债券、到期时间不超过两年的其他存款
印度 M3	印度储备银行（RBI）和商业银行、合作银行	私营部门、准政府（选定的金融机构，一级交易商，外国中央银行和政府、国际办事处）	银行系统以外的货币（流通中的纸币和硬币减去商业银行和合作银行所持有的硬币和纸币）、银行系统的活期存款（主要包括当期存款和可转让负债部分储蓄存款）、"其他"存款（包括准政府存款，选定的国内金融机构、一级交易商、外国中央银行和政府以及国际办事处的存款）、银行系统的定期存款（包括固定存款"部分储蓄存款"的定期负债）

续表

经济体 - 货币汇总	货币发行部门	货币持有部门	金融工具
俄罗斯联邦 M2	俄罗斯中央银行（CBR）和其他存款性公司：商业银行和国有开发银行	其他金融性公司、公营非金融性公司、私人非金融性公司和住户	国内流通的国内外货币，活期、定期和储蓄存款，包括存款在央行和其他存款性公司的应计利息

资料来源：IMF, Monetary and Financial Statistics Manual and Compilation Guide（Prepublication Draft）2016（2016 MFSMCG），pp. 192 - 193。

二　基础货币

（一）　基础货币的定义

基础货币，又称为高能货币，是整个商业银行体系借以创造存款货币的基础，使存款以倍数增加。对于基础货币，可以从其来源和运用两个方面加以分析，从来源看，它是指货币当局的负债，即由货币当局发行且由其直接控制的那部分货币，这仅为整个货币供应量中的一部分；从运用看，它由两部分构成：一是商业银行的存款准备金（包括商业银行的库存现金以及商业银行在中央银行的准备金存款）；二是流通于银行体系之外并为大众所持有的现金，即通常所说的"通货"。

（二）　基础货币的范围

2016 MFSMCG 从运用方将基础货币的范围界定为流通中的货币、其他存款性公司在中央银行的部分存款以及货币持有部门在中央银行的存款。其他存款性公司用于满足准备金要求和清算目的的中央银行存款总是包含在基础货币中。其他存款性公司不符合准备金要求的、有限制性的中央银行存款不包括在基础货币内。在清算期，其他存款性公司的存款会在不确定时期被冻结，故应从基础货币中扣除。

如果外币存款满足储备要求、清算和外部支付目的，则包括在基础货币内。在一些国家，其他存款性机构从客户那里收取外币存款，并被要求将全部或部分资金重新存入中央银行，在这种情况下，重新存放的资金是有限制的，因此，不应该列入基础货币中。同样，其他存款性公司代表客户在中央银行持有的本币进口存款不包括在基础货币中，因为其使用受到了限制。

当央行根据回购协议向其他存款性公司出售债券时，交易记录为央行对其他存款性公司负债的增加，同时减少了其他存款性公司的基础货币存款。此类负债是否纳入基础货币中取决于中央银行从事债券回购协议的目的，如果其目的是影响其他存款性公司的流动性，中央银行对存款性公司的负债不计入准备金要求，则不纳入基础货币；如果其目的是向其他存款性公司在中央银行的无息准备金提供可供选择的利息，不论其是否具备了其他存款性公司的准备金资产的特征，都应纳入基础货币中，因此，基于第一种目的，基础货币减少；基于第二种目的，基础货币不变。

中央银行发行的不具备准备金要求的长期债券不应列入基础货币；在公开市场上，中央银行发行的具有影响流动性目的的短期债券，不应纳入基础货币；然而，其他存款性公司持有的可用于满足准备金要求的短期债券纳入基础货币；货币持有部门持有的、中央银行发行的短期债券，如果包含在广义货币中，则也应包含在基础货币中。

各国基础货币的组成部分遵从 2016 MFSMCG 规定的原则。但是，各国可以根据其政策和分析需求，对基础货币酌情定义。有些国家统计人员统计的基础货币包含所有中央银行对其他金融性公司和其他国内部门的负债（不包括中央政府持有的除通货以外的中央银行负债），而有些国家统计的基础货币使用狭义的基础货币，仅包括流通中的货币和其他存款性公司在央行的准备金。表4.3给出了几个不同经济体的基础货币统计内容。

表 4.3 基础货币标准和组成部分

基础货币	基础货币的组成部分		
2016 MFSMCG 基础货币	流通中的货币	中央银行的存款、在其他存款性公司的存款、在货币持有部门的存款	包含在基础货币中的中央银行发行的债券（不包括中央银行对中央政府和非常住单位的负债）
美国基础货币	总准备金	所需清算余额和对浮存准备金的调整额	货币存量的组成部分
英国 M0	英国银行以外流通的纸币和硬币	银行在英国央行的准备金	——

续表

基础货币	基础货币的组成部分		
欧元区基础货币	流通中的货币	欧盟中相应部门持有的准备金（法定和超额准备金）	信贷机构对欧盟存款机构的追索补偿。在欧盟的最低储备系统中，相应部门有义务对非中央银行持有准备金。除此之外，信贷机构对欧盟持有少量的超额准备金
中国基础货币	中国人民银行发行的货币	银行机构在中国人民银行的存款	—
韩国基础货币	流通中的货币（不包括纪念币）	中央银行存款：准备金存款和流动性调整存款（LAD）	包括在基础货币中的中央银行发行的债券
巴西储备货币	发行的货币	中央银行存款：包括其他存款性公司在央行的准备金存款、其他准备金以及信贷不足的存款，如房地产信贷、农村或微型信贷	中央银行发行的包含在基础货币中的债券
印度 M0	流通中的货币	银行在中央银行的存款：法定准备金和超额准备金	印度储备银行的其他存款：准政府存款、选定的国内金融机构、一级交易商、外国中央银行和政府以及国际机构
墨西哥基础货币	墨西哥银行以外的票据和硬币	商业银行和发展银行在墨西哥银行的活期存款	—
俄罗斯联邦广义基础货币	俄罗斯中央银行（CB-R）发行的货币（不含库存现金）	其他存款性公司所需的准备金和俄罗斯中央银行的本币准备金存款	以市场价格计价的其他存款性公司持有的俄罗斯中央银行债券，其他存款性公司对俄罗斯中央银行发行的其他基金
沙特阿拉伯基础货币	流通中的货币〔沙特阿拉伯货币管理局（SAMA）发行的纸币和硬币〕	存款准备金	—
南非 M0	中央银行外流通的纸币和硬币	其他存款性公司在中央银行的本币存款	—

资料来源：IMF, Monetary and Financial Statistics Manual and Compilation Guide（Prepublication Draft）2016（2016 MFSMCG），pp. 199 – 200。

三　流动性总量

（一）流动性总量的定义

流动性在不同情况下以不同方式进行定义和使用。2016 MFSMCG 从负债发行方的角度测度流动性总量。流动性总量包含两部分：一部分是广义货币负债的总和；另一部分是不包含在广义货币中但具有流动性的其他负债。流动性总量和广义货币一样，具有三个维度：①金融工具——流动性总量的组成部分；②流动性发行部门；③流动性持有部门。2016 MFSMCG 给出了流动性总量的非规范性框架，以及可以纳入流动性总量中的金融工具，详情见表4.4。

表4.4　流动性总量：部门和负债

流动性持有部门
　中央政府（可能仅包含适用于本国货币的持有部门）
　其他金融性公司
　州和地方政府
　非金融性公司
　住户和为住户服务的非营利机构
　非常住单位（可能仅包含适用于本国货币的持有部门）
广义货币负债
　加
　由以下部门发行的负债：[a]
　存款性公司
　　长期存款和储蓄计划
　　债券
　　商业票据[b]
　　银行承兑汇票[b]
　　长期债券
　　交易股份
　其他金融性公司
　　长期存款和储蓄计划
　　商业票据
　　其他债券
　　交易股份（含非货币市场投资基金份额）
　中央政府
　　由国库等接受的长期存款
　　短期证券（如国库券）[c]

85

续表

储蓄债券

其他债券

州和地方政府

市政债券

其他债券

公营非金融性公司

邮政系统所接受的长期存款[c]

商业票据

其他债券

交易股份

其他非金融性公司

商业票据

其他债券

非常住单位[d]

可转让存款

其他存款

债券

交易股份（含货币市场基金及非货币市场投资基金份额）

其他[e]

注：

a. 流动性总量的定义可能在不同国家有很大差异。

b. 如果还没有包括在广义货币中。

c. 这些单位接受的短期存款通常包括在流动性总量的广义货币组成部分中。

d. 上述列表适用于非常住单住发行且常住单位持有的金融工具。

e. 没有归类到其他地方的负债，如回购协议，类似于没有包括在广义货币中的存款。

资料来源：IMF, Monetary and Financial Statistics Manual and Compilation Guide（Prepublication Draft）2016（2016 MFSMCG），p. 201.

随着其他金融性公司重要性的日益增加、其他存款性公司和其他流动性发行部门发行的不同金融工具替代性的增强，以及 2007～2009 年全球金融危机的爆发，广义货币已经无法涵盖全部创造机制创造的流动性负债。但是，流动性总量由其他存款性公司、其他金融性公司发行的负债和其他金融工具发行部门的负债组成，它不但包含了广义货币负债，还包含了不纳入广义货币的其他流动性负债，而且流动性总量包含了比广义货币到期日更长的金融负债，因此，它提供了比广义货币更为广泛的衡量经济流动性的指标。

（二）流动性总量的统计实践

国家对流动性总量的编制不尽相同。在许多情况下，一个国家编制两个到三个流动性总量,例如,流动性总量 L1、L2、L3、L4,具体内容如表 4.5 所示。

表 4.5　流动性总量统计

流动性	流动性的发行人	覆盖范围
L1	存款性公司、广义货币的其他发行人和其他金融性公司	广义货币加上长期存款和长期储蓄计划
L2	所有金融性公司和政府单位	L1 加其他存款性公司(不包含在广义货币中)发行的短期和长期债券以及其他金融性公司和政府单位发行的债券,还有非货币市场基金投资份额
L3	所有金融性公司、政府单位和非金融性公司	L2 加上非金融性公司发行的债券
L4	所有金融性公司、政府单位、非金融性公司和非常住单位	L3 加上非金融性公司股票,非常住单位的存款、债券和发行的股票

资料来源:IMF, Monetary and Financial Statistics Manual and Compilation Guide(Prepublication Draft)2016(2016 MFSMCG), p. 202。

四　信贷和债务

信贷和债务是相互对应的两个概念,信贷的产生涉及一个机构单位(债权人或贷款人)向另一个机构单位(债务人或借款人)提供资源。债权单位获得金融债权,债务单位产生债务,信贷是从资产方来看,而债务是从负债方来看。

(一)信贷

信贷是货币传导过程的一个主要环节。广义信贷总量可能与总体经济活动有关,而具体类别的信贷(如抵押贷款、消费信贷或建筑信贷)可能与具体部门或行业的经济活动有关。

信贷和广义货币一样涉及金融资产、贷款部门和借款部门。

从信贷包含的金融资产类型来看,分为狭义信贷和广义信贷。狭义信贷包括以贷款、债务证券、贸易信贷和预付款为表现形式的债权。尽管不把存款看作提供贷款的一种基本方式,但有些情况下这种存款可以被视为提供信贷,如出于为金融性公司具体活动提供融资的目的,政府单位在金融性公司保留存款，这种情况下的金融资产的法定表现形式是存款，但实质形式是贷款。广义信贷总量包括一个单位对另一个单位的大部分或所有债权，因此也就包括持有的股票和其他债权。信贷统计仅涵盖金融资产，而把信用额度、贷款承担额度和担保等或有资产排除在外。

从信贷的贷款部门来看，信贷总量也有狭义和广义之分。狭义的信贷总量只包括存款性公司对其他部门的债权；广义的信贷总量包括所有金融性公司、所有常住单位及非常住单位的债权。

根据信贷的广义定义，借款部门通常包括所有的非金融性公司部门。具体的信贷数据可参照部门和子部门提供的信贷。信贷统计三个维度的具体内容见表 4.6。

表 4.6　信贷统计：借款部门、贷款部门和金融资产

借款部门
　　中央政府
　　州和地方政府
　　公营非金融性公司
　　其他非金融性公司
　　住户和为住户服务的非营利机构
　　非常住单位
贷款部门
　　金融性公司
　　中央政府
　　州和地方政府
　　公营非金融性公司
　　其他非金融性公司
　　住户和为住户服务的非营利机构
　　非常住单位
金融资产
　　存款
　　债券
　　贷款
　　股权
　　贸易信贷

注：信贷总量的定义可能在不同国家之间有很大差异。

资料来源：IMF, Monetary and Financial Statistics Manual and Compilation Guide（Prepublication Draft）2016（2016 MFSMCG），p. 203。

金融性公司部门的信贷提供者比广义货币负债发行人涵盖的范围更广。由于其他金融性公司可能使用与存款性公司相同或类似的信贷工具提供信贷，但是在获得融资的方式和提供的非信贷服务方面与存款性公司有差异，融资主要是发行不包含广义货币的负债，例如通过接受长期存款、发行债券、从存款性公司借款、从外部借款或发行股票等。

政府单位可以向金融性和非金融性公司提供信贷，广义信贷包括政府贷款。政府单位（和中央银行）可以从国外获得用于国内的融资。政府可以作为非常住单位的负债方，也可以作为非常住单位债权人和最终国内收款人之间的代理人或担保人。当政府产生直接负债和转借资金时，这些交易应记录为政府的外债和政府向最终国内收款人提供的信贷；当政府仅作为非常住单位和最终接收人之间的代理人或担保人时，非常住单位应直接向最终国内收款人提供信贷。

为了特定类型的信贷（如农业信贷或其他特定行业信贷），政府单位（或中央银行）向金融性公司提供资金。当金融性公司对政府产生直接负债，并获得对最终国内接收人的债权时，则应记录为政府向金融性公司提供的信贷和金融性公司向最终国内接受者提供的信贷。当金融性公司只作为政府的代理人时，应被显示为由政府直接向最终国内接收人提供的信贷。

非金融性公司部门也可以提供信贷。一是非金融性公司通过交易提供的贸易信贷。非金融性公司经常为流动性目的购买金融资产，因此是其他单位信贷的重要供应商。二是住户和为住户服务的非营利机构可以通过购买政府债券或非金融性公司部门债券获得信贷。

常住单位也可以从非常住单位获得信贷，尤其是来自国外的金融性公司和国际金融机构。随着金融自由化的发展，常住单位（包括存款性公司）可以从非常住单位的金融性公司借款。外国银行间同业拆借可以成为重要的融资方式，特别是在国内经济信用快速扩张的时期，如果拆分能够进行，则可以在存款性公司中分开记录外债。

从中央银行概览、存款性公司概览和金融性公司概览债权方汇总中央银行、存款性公司及金融性公司对不同部门的信贷情况。具体情况见附录 C。

（二）债务

债务工具是要求在未来的某一时点或某些时点支付本金或利息的工

具，包括特别提款权、通货和存款、债务证券、贷款、保险、专门准备金以及标准化担保代偿准备金和其他应收/应付款，但不包括股权和投资基金份额以及金融衍生工具和 ESO。

债务工具对借贷双方来说，既有正面影响，也有负面影响。从正面影响来看，借款人可以直接或间接通过金融性公司部门为自己的资金需求获得短期或长期融资。从负面影响来看，借款人需要以利息支付的形式来偿还债务，贷款人也存在资金无法收回的风险。

由于经济体中的债务总量可以通过中央银行概览、存款性公司概览和金融性公司概览汇总。在汇总债务时，依据债务主体不同，债务分为：住户债务、商业债务、公共部门债务和外债。

住户债务通常因购买特定资产而发生，例如房地产和车辆。住户还以资助目前的消费、教育或医疗费用、小企业发展、购买股权或其他金融资产承担债务。住户债务包括不同类型的贷款，如按揭贷款、消费贷款、独资贷款等。

商业债务是公司和其他商业机构的借债。公司和其他商业机构可以为当前生产、库存收购以及经常性支出融资，从而产生短期债务。与此同时，它们还可以为资本形成融资，产生长期债务。此外，公司可以通过贸易信贷，向金融性公司借款或以发行债务证券的方式融资。

公共部门债务指的是广义政府的债务。广义政府包括：中央政府、州政府、区域政府和地方政府，由政府单位控制或主要由政府单位提供经费的非营利机构。故公共部门债务统计数据应该对一般政府、中央政府和全部公共部门分别编制。

外债是指一个国家、部门或单位对非常住单位的债务。

第三节　货币统计的编制

前面分析了金融性公司机构部门分类、金融资产和负债的分类、流量和存量的核算原则以及货币统计相关总量指标的概念和测度方法。本节介绍货币统计框架、货币统计中的汇总，从而为政府制定货币政策提供精确依据。

一　货币统计框架

货币统计框架包括金融数据的收集、整理以及表述方法，在数据的编制和表述上分两个层次：第一个层次是资产负债表；第二个层次是概览。

（一）部门资产负债表

1. 部门资产负债表的框架结构

资产负债表的构建原理是资产等于负债，其主栏由资产、负债和备忘项目三部分构成，这三部分在编制时采用了"建筑块"方法，其中每块数据是在分层的基础上按照部门和金融工具分类进行交叉划分的。宾栏由期初存量、期末存量、期初到期末之间的交易、重估价值和资产数量的其他变化组成。资产负债表的结构如表 4.7 所示。

表 4.7　资产负债表的结构

	期初存量	期初到期末之间的交易	重估价值	资产数量的其他变化	期末存量
资产					
存款					
…………					
负债					
存款					
…………					
备忘项目					

注：根据 2016 MFSMCG 附录二中的资产负债表汇总得到。

资产负债表是一个综合账户，在这个账户中金融资产和负债的分类是影响框架结构的主要内容，金融工具分类的粗或细大大影响其反映的统计信息。随着金融市场的发展变化，新的金融工具不断出现，因此金融工具的分类越来越复杂。2016 MFSMCG 对金融资产和负债的分类进行了修订，具体修订内容在前面金融工具分类里面讲述过，这里不再赘述。

2. 部门资产负债表的编制方法

部门资产负债表分为中央银行资产负债表、其他存款性公司资产负债表以及其他金融性公司资产负债表。中央银行资产负债表是收集和汇总了中央银行子部门的资产负债表，其他存款性公司资产负债表收集和汇总了相应子部门的资产负债表，同理，其他金融性公司资产负债表也是如此。

部门资产负债表以本币计量，由其结构可以看出，它包含期初存量（OS）、期末存量（CS）以及本期流量，本期流量由交易（T）、重估（VC）和资产数量的其他变化（$OCVA$）组成，存流量之间的关系可以表示为：

$$CS = OS + T + VC + OCVA \qquad (4.8)$$

根据部门资产负债表的结构，编制部门的期初、期末存量和流量。流量的编制主要侧重于交易和重估，资产数量的其他变化采用余额编制方法进行推导。对于资产数量的其他变化，也要按照资产和负债的分类标志进行编制，经常记录的资产数量其他变化的类型有：①股权和投资基金份额负债方从当年结果到留存收益的损益转移；②股权和投资基金份额负债方留存收益到一般和特殊准备金的转移；③对金融资产损失计提的准备金；④冲销贷款、债券和其他类型的不良金融资产。除此之外，资产数量的其他变化还要记录行业分类和结构变化，黄金货币化、贷款重新分类为债券等资产负债的分类变更。

部门资产负债表的存流量数据是从金融性公司子部门各机构单位的会计记录或行政记录汇总而来的。存流量汇总时需要根据上面部门资产负债表的框架结构，既要按照通货、存款等金融资产和负债的类别进行汇总，又要按照住户、非金融性公司、政府等对应部门（债权/债务部门）进行汇总，还要把负债区分为包含在广义货币之内的负债和不包含在广义货币之内的负债。

在编制部门资产负债表时，为了得到更详尽的数据，对金融工具按照金融资产和负债的到期日长短以及利率类型进行进一步分类，具体见表4.8。

表 4.8　部门资产负债表中资产和负债的进一步分类

资产	负债
存款	存款
剩余/原始到期日的其他存款（短期和长期）	剩余/原始到期日的其他存款（短期和长期）
不同利率类型的其他存款（浮动利率和固定利率）	不同利率类型的其他存款（浮动利率和固定利率）
以发行国来决定非常住单位存款	持有国家和金融性/非金融性公司的非常住单位存款

续表

资产	负债
债券 依据剩余/原始到期日（短期和长期） 依据类型（存单、商业票据、银行承兑汇票、票据、债券等） 依据利率类型（浮动利率和固定利率） 回购协议下的债券 债务国的非常住债券	债券 依据剩余/原始期限（短期和长期） 依据类型（存单、银行承兑汇票、商业票据等） 依据利率类型（浮动利率和固定利率）
贷款 依据剩余/原始到期日（短期和长期） 依据利率类型（浮动利率和固定利率） 非常住贷款，依据①债务国，②债务人（国际货币基金组织、中央银行、外国政府等），③金融性/非金融性公司	贷款 依据剩余/原始到期日（短期和长期） 依据利率类型（浮动利率和固定利率） 非常住贷款，依据①债权国，②债权人（国际货币基金组织、其他国际组织、中央银行、外国政府等），③金融性/非金融性公司
金融衍生品 依据主要类型（即期货合约、其他远期合约、期权合约和信用衍生工具）和次类型	金融衍生品 依据主要类型（即期货合约、其他远期合约、期权合约和信用衍生工具）和次类型

资料来源：IMF, Monetary and Financial Statistics Manual and Compilation Guide (Prepublication Draft) 2016 (2016 MFSMCG), p. 231。

即使部门资产负债表提供了编制概览所需的完整数据，宏观经济和宏观审慎分析也需要更多的补充数据，部门资产负债表的补充数据有金融衍生产品和或有项目。具体内容见表4.9。

表 4.9　伴随部门资产负债表的附加数据

资产/负债
金融衍生产品：名义价值 　按标的资产类别（贷款、债券、股票等） 　按风险类型（利率风险、汇率风险、信用风险等）

或有项目
按担保义务类别的担保 　存款、贷款、债券等 类别承诺 　信用额度、贷款承诺、承保合同等

资料来源：IMF, Monetary and Financial Statistics Manual and Compilation Guide (Prepublication Draft) 2016 (2016 MFSMCG), p. 232。

部门资产负债表的备忘项目是为编制概览，以及更详细的宏观经济和宏观审慎分析提供所需的额外数据。备忘项目主要编制资产备忘项目和负债备忘项目，资产备忘项目包括存款和贷款的应计利息、不良贷款的本金和利息及贷款预计损失、债券的应计利息、其他存款性公司的清算债权（本币和外币的可转让存款、其他存款、债权、贷款、股权和投资基金份额、金融衍生产品等）、非常住单位的金融资产（债券、贷款、保险、养老金和标准化担保计划、金融衍生产品）、非常住金融性公司的资产汇总、金融性公司发行的股票、住户和为住户服务的非营利机构的贷款、到期时间不长于一年的债券和贷款；负债备忘项目包括存款、贷款和债券的应计利息、不良贷款的本金和利息、持有部门市场价值的股票、其他存款性公司的清算债权、非常住单位的金融资产（债券、贷款、股票、保险、养老金和标准化担保计划、金融衍生产品和雇员股票期权）、非常住金融性公司除股票以外的负债汇总、住户和为住户服务的非营利机构的贷款、到期时间不长于一年的债券和贷款、债券的名义价值。

上述讲述的资产负债表的结构和编制适用于中央银行、其他存款性公司和其他金融性公司，由于这三个部门的金融活动不完全相同，因此对应的部门资产负债表中金融资产和负债的内容会出现差异。三个部门的资产负债表的构成见附录 A。

（二）概览

1. 概览编制的基本原理

尽管中央银行、其他存款性公司和其他金融性公司的资产负债表比较详细地反映了金融性公司子部门的金融资产、负债信息，但是不能显示货币政策分析所需要的相关金融总量指标，所以要在部门资产负债表的基础上进一步汇总为概览。

首先是依据部门资产负债表的会计等式重新编制中央银行概览、其他存款性公司概览和其他金融性公司概览，其次把中央银行概览、其他存款性公司概览合并为存款性公司概览，最后再把存款性公司概览和其他金融性公司概览合并为金融性公司概览。概览为相关子部门汇总金融债权和债务期初和期末存量与交易、重估和资产数量其他变化提供分析性表述方法。对每个概览的存量来说，债权方集中在为非常住单位和国内其他部门提供信贷上，而负债方各个概览的统计侧重点不同。

中央银行概览负债方重点统计基础货币。

存款性公司概览的资产负债表显示存款性公司对非常住单位和中央政府的债权和负债，存款性公司概览可以重新排列，以显示广义货币负债（*BML*）等于净国外资产（*NFA*）、国内信贷（*DCR*）和其他项目净值（*OIN*）之和：

$$BML \equiv NFA + DCR - OIN \qquad (4.9)$$

其中 *DCR* 包括对中央政府的净债权和对其他常住单位的债权，*OIN* 表示其他负债减去其他资产的净额，其他负债包括广义货币之外的所有负债，其他资产包括非金融和各种各样的资产。从存量可以看出流量，显示为：

$$\Delta BML \equiv \Delta NFA + \Delta DCR - \Delta OIN \qquad (4.10)$$

其中 Δ 表示总流量（其间变化）。存款性公司概览中每个类别的流量数据被分解为交易、重估和资产数量其他变化。*ΔDCR* 的组成成分如下：

$$\Delta DCR \equiv \Delta NCG + \Delta CORS \qquad (4.11)$$

其中 *NCG* 和 *CORS* 分别表示对中央政府的净债权和对其他常住单位的债权。

金融性公司概览显示了整个金融系统的信贷和债务的构成，信贷方面有国内、国外信贷的构成，债务方面显示了流通于金融性公司之外的通货，存款，投资基金份额，债务证券，贷款，金融衍生产品和雇员股票期权，保险、养老金和标准化担保计划，贸易信贷和预付款，股权等的总量及构成。五个概览的具体构成见附录 C。

2. 概览编制的要求

除了对非常住单位、中央政府和其他项目净额的债权和债务外，所有概览的资产和负债类别是以总数为基础进行描述的。非常住单位的净额显示了子部门与世界其他国家的交易对国内货币政策的直接影响。中央政府债权净额有助于金融性公司对中央政府的融资分析。

除中央政府外的国内其他金融债权按州和地方政府公营非金融性公司其他非金融性公司住户和为住户服务的非营利机构（NPISH）进行分类。

对每个金融性公司子部门概览的债权和债务都分类别编制，其目的是为合并存款性公司概览和金融性公司概览提供方便。

概览的负债方主要按照金融工具分类，其目的是统计基础货币、广义货币负债和债务①。在中央银行概览和其他存款性公司概览中，对广义货币范围之内和之外的负债进行了区分，并在此基础上又根据部门进一步划分。由于其他金融性公司不能发行广义货币负债，这种划分对其他金融性公司概览没有意义。包含在广义货币中的存款分为可转让存款和其他存款，此外，根据货币持有部门（即债权人的经济部门）对这两种存款进一步划分。包含在广义货币中的债券也按货币持有部门划分。

在中央银行概览、其他存款性公司概览和其他金融性公司概览中，货币统计中的股权负债以账面价值记录，股权分为所有者认缴的基金、留存收益、本年度结果、一般和特别准备金以及估值调整。其他存款性公司和其他金融性公司可能持有别的存款性公司或金融性公司发行的股权，这些股权在资产负债表的资产方列出，在概览的负债方列出，因此，在合并调整概览时需要对资产负债表和概览股权的不同记录方式进行协调和进一步说明。

通过汇总部门资产负债表中的各个项目，可以获得非常住单位和其他国内部门概览中相关项目的债权和债务数据。尽管这些数据在很大程度上是不言自明的，但是为了更清晰地反映货币统计的信息，编制概览时应重点关注以下几点。

（1）在编制中央银行概览时，要显示出基础货币中其他存款性公司在中央银行的准备金和可转让存款这两部分。

（2）在编制其他存款性公司概览时，要显示出中央银行债权的通货部分与其他存款性公司持有的本币之间的关联。

（3）在编制中央银行概览时，贸易信贷和预付款分两部分记录，其中一部分是单列在负债方的其他金融性公司的贸易信贷和预付款，另一部分是包含在其他项目净额中的贸易信贷和预付款。中央银行概览中其他项目净额等于其他负债减去其他资产。

其他负债部分为其他应付款下对常住单位部门以下类别的负债总额：①除其他存款性公司以外的常住单位部门的贸易信贷和预付款；②其他应付款，包括损失准备、总部和分行合并调整、应支付给常住单位的股息、

---

① 该债务是与信贷相对应的，不可与负债混淆。

常住单位部门结算账户以及常住单位各种各样的负债项目。

其他资产组成部分是非金融资产和其他应收款——其他项目类别下，对常住单位部门的以下债权的总和：①应收股利；②收集过程中的项目；③各种各样资产项目。除了这些项目外，其他存款性公司概览和其他金融性公司概览的其他项目净额包括合并调整①。其他项目净额在每个概览中列为负债，可能为正（净负债）或负（净资产）。

（4）在编制中央银行概览时，作为中央银行部门资产负债表中备忘项目的浮存资金，如果从广义货币的可转让存款部分中扣除，则在概览中记录为其他负债。如果中央银行的浮动金额未从可转让存款中扣除，则浮存资金包含在广义货币中，并采用复式记账法把支票数额分别记录在付款人和收款人账户中。

（三）货币当局账户

中央银行概览覆盖的范围显示了中央银行履行职能时的资产负债信息。然而在有些国家，中央银行的一些特定职能全部或部分由中央政府履行。这些职能包括货币发行、持有国际储备以及与基金组织进行交易。在这种情况下，应当考虑编制货币当局账户。货币当局账户是在中央银行概览的基础上加上中央政府发挥中央银行业务功能的相关项目，其增加的主要项目有以下三项：发行货币（通常为硬币）的政府负债、对国际货币基金组织的政府金融负债、作为官方储备资产部分的政府资产（通常为外汇储备）。

二　货币统计中的汇总

汇总指的是将某一部门或分支部门中所有机构单位的存量或流量数据进行加总，或将某一类别中的所有资产或负债进行加总。货币统计中的汇总包括部门资产负债表的汇总和概览的汇总。

（一）部门资产负债表的汇总

中央银行、其他存款性公司和其他金融性公司的部门资产负债表中的

---

① 合并调整反映个别单位报告的数据与子部门其他单位交易情况的差异。

项目是对分行和总部的合并调整。在中央银行部门资产负债表中，合并调整显示的是总行和分行（以及相关的中央银行单位，如货币发行局）账户的净差额。在其他存款性公司部门资产负债表和其他金融性公司部门资产负债表中，合并调整显示了其他存款性公司和其他金融性公司合并调整与汇总后的净差额。

（二）概览的汇总

1. 其他存款性公司概览和其他金融性公司概览的汇总

在其他存款性公司概览或其他金融性公司概览中其他项目净额的合并调整，显示了在其他存款性公司内部或其他金融性公司内部债权和债务合并调整后的净值。其他存款性公司概览中的合并调整是对其他存款性公司内部存款、贷款、债券、金融衍生工具和雇员股票期权、贸易信贷和预付款、结算账户债权和债务的合并调整。其他金融性公司概览中的合并调整是对其他金融性公司内部债券，贷款，股权投资基金份额，保险、养老金和标准化担保计划，金融衍生工具和雇员股票期权，贸易信贷和预付款，结算账户债权和债务的合并调整。

2. 存款性公司概览和金融性公司概览的合并

在存款性公司概览或金融性公司概览中，其他项目净额的合并调整显示了在前面合并调整的基础上，对存款性公司内部或金融性公司内部债权和债务合并调整后的净值。

存款性公司概览是中央银行概览和其他存款性公司概览的合并调整。中央银行概览和其他存款性公司概览的合并调整分成三个步骤：一是中央银行对其他存款性公司的负债（中央银行概览中的准备金和其他负债）减去其他存款性公司对中央银行的债权（其他存款性公司概览中的准备金和其他债权）；二是其他存款性公司对中央银行的负债（其他存款性公司概览中的负债）减去中央银行对其他存款性公司的债权（中央银行概览中的债权）；三是以上两步的合并加总。存款性公司概览的合并调整总量是中央银行概览和其他存款性公司概览的合并调整量加上其他存款性公司概览的合并调整量。

金融性公司概览是存款性公司概览与其他金融性公司概览的合并调整。存款性公司概览和其他金融性公司概览的合并调整分为以下三个步骤：一是其他金融性公司对存款性公司的负债（在其他金融性公司概览中，负债类别有债券，贷款，金融衍生工具，保险、养老金和标准担保计划，贸易信贷和预付款）和存款性公司对其他金融性公司的负债（在存款性公司概览中，负债类别有广义货币之内的负债和广义货币之外的负债）的加总；二是存款性公司对其他金融性公司的债权（在存款性公司概览中的债权）和其他金融性公司对存款性公司的债权（在其他金融性公司概览中的债权）的加总；三是这两项加总的差额。金融性公司概览的合并调整总量是存款性公司概览与其他金融性公司概览合并调整的量、存款性公司概览合并调整的量和其他金融性公司概览合并调整的量的加总。概览的合并调整见附录 B。

本章小结

本章基于货币统计的理论基础，首先，阐述了测度金融资产和负债存流量的基础理论，为货币统计总量指标的界定奠定了基础；其次，从三个维度介绍了货币统计中基础货币、广义货币、信贷和债务等总量指标的构成；最后，为了从三个维度统计货币总量指标，剖析了货币统计框架中的部门资产负债表及各个层次概览的构成、编制原则和汇总原则。

第五章　金融统计的基本问题和框架

由于货币统计仅仅涵盖了金融性公司金融资产和负债数据的存流量，但参与金融交易的主体有金融性公司、非金融性公司、政府、住户、为住户服务的非营利机构以及非常住单位，故反映这些交易主体参与金融活动所产生的金融存流量，就需要建立金融统计核算框架，因此，本章主要分析金融统计基本问题、统计核算框架和资金流量表的编制。

第一节　金融统计框架建立的理论基础

一个经济体由职能各异、数不胜数的经济机构单位构成。每个机构单位运用各种经济资源、遵循一定的社会分工规则，从事既有区别又有联系，既各司其职又互为条件的经济活动，其经济活动可划分为生产、流通、分配、消费、投资等。生产、流通、分配和使用表现为周而复始的循环过程，其循环流程起于货物和服务的生产，止于货物和服务的使用，货物和服务的流通和分配则介于生产和使用环节之间，成为连接两端的中间环节。国民经济循环关系如图 5.1 所示。

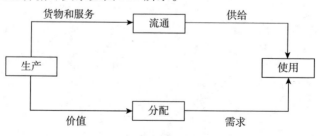

图 5.1　国民经济循环关系

从宏观经济循环的运动形态看，运动形态包括生产—流通—使用的"物质运动"和生产—分配—使用的"价值运动"。从价值运动看，宏观经济体中的经济机构从生产到初次分配和再分配，形成机构单位的可支配收入。可支配收入用于最终消费后得到储蓄，储蓄可用于非金融投资，这时可能会出现两种情况：一种是机构单位的储蓄大于投资，形成资金盈余；另一种是机构单位的储蓄小于投资，形成资金赤字。

如何弥补、调节储蓄与投资之间的不一致？这离不开金融市场。当机构单位资金有余时，需要通过金融市场将剩余资金借给其他单位使用，形成该单位的金融资产；反之，当机构单位资金有缺时，则需要通过金融市场从其他单位借入资金，形成该单位的负债。这样，一个机构单位部门在当期的投资资金余缺就可以表示为在金融市场的净贷出（表示所余资金）或净借入（表示所缺资金），净贷出/净借入代表该部门的净金融投资（正或负）。调节机构单位之间的储蓄投资差依靠国内、国外金融市场，其流程如图5.2所示。

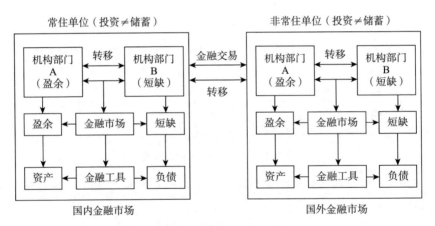

图 5.2　国内外金融市场流程

下面用公式来表示上述资金运动情况：

$$Y = C + I + D \tag{5.1}$$

其中：Y 为机构单位的可支配收入；C 为消费；I 为投资，具体指资本形成总额；D 为净金融投资，即赤字或盈余。

式（5.1）可变形为：

$$Y - C = I + D \tag{5.2}$$

记 S 为储蓄，则有：

$$S = Y - C \tag{5.3}$$

因此得到：

$$S = I + D \tag{5.4}$$

式（5.4）揭示了一个机构单位资金运动的基本形式。在封闭经济条件下，国内各机构单位的盈余与赤字相互协调弥补，则有：

$$\sum 国内机构单位 D = 0 \tag{5.5}$$

$$\sum 国内机构单位 S = \sum 国内机构单位 I \tag{5.6}$$

这表明国内总储蓄全部转化为投资。在开放经济条件下，机构单位的赤字或盈余可通过国际金融交易与国外形成资金融通，这时国内总储蓄和总投资便不会相等，其差额为国际资本流动，这时便有：

$$\sum (国内机构单位 D + 国外机构单位 D) = 0$$

$$\sum (国内机构单位 S + 国外机构单位 S) = \sum (国内机构单位 I + 国外机构单位 I) \tag{5.7}$$

即：

$$全社会净金融投资 = 0$$
$$全社会总储蓄 = 全社会总投资$$

如果一些部门还会有少量资本转移，记资本转移为 T_c，则 $S = I + D$ 可以演变为：

$$S + T_c - I = D \tag{5.8}$$

上述分析是金融统计核算框架建立的理论基础。

第二节　金融统计的基本问题

上节介绍了金融统计核算的理论公式，在此基础上，本节要对其核算范围、分类等核算基本问题进行深入探讨，为金融统计框架的构建奠定基础。

一　金融统计核算的范围

2016 MFSMCG 体系中的货币统计范围仅限于金融性公司部门及其子部门有关金融活动形成的金融存量与流量，其目的是统计广义货币、基础货币、信贷与债务等，反映货币政策的绩效。货币统计不能反映经济体中各机构部门之间资金的流动情况，但资金流动又恰恰是各机构部门监管金融活动的重要依据，因此，必须对全社会的金融活动情况进行统计。2016 MFSMCG 界定金融统计的范围是所有交易主体参与金融活动所形成的金融流量与存量，目的是反映国内各部门之间以及这些部门和世界其他地方之间的资金流动信息。

从金融统计的范围来看，不像货币统计体系、国际收支统计体系等统计体系那样，只是以某个部门为主或以特定的金融交易为内容，金融统计的特点则更多地表现为：核算范围广、覆盖面宽。金融统计记录国民经济机构部门之间以及机构部门与国外之间的金融交易，反映所有机构部门的资产、负债以及净金融投资状况。它是由各个机构部门的金融交易账户所构成的统计账户体系。通过账户体系，不仅可以观察到在货币统计、国际收支统计中反映的金融机构部门的金融资产与负债的变动状况，而且还可以观察国内住户、非金融性公司、金融性公司、一般政府等之间的金融交易情况。

二　金融统计核算的分类

金融统计记录机构单位之间从事金融交易活动产生的金融资产和负债的存量和流量。由于机构单位从事金融交易活动的目的和性质不同，就要分门别类地反映各个机构部门的资金来源和使用情况，因此，金融统计既要对机构单位进行部门划分，也要对资产和负债进行划分。有关机构部门的划分、金融资产和负债的分类前面已经阐述过，这里不再赘述。

第三节　金融统计的框架

为反映各机构部门之间的资金流动情况，监测一个经济体的金融运行状况，这时需要构建金融统计框架，以更加清楚明了地展示各个机构、部门金融资产和负债的存量与流量，因此，本节详细介绍金融统计框架的构建基础及其构成。

一　金融统计框架构建的基础

金融统计框架构建基础是 2008 SNA，其由经常账户、累积账户和资产负债表组成。经常账户和累积账户记录经济流量，资产负债表记录经济存量。经常账户记录由生产、分配和使用产生的流量，包括生产账户、收入分配账户和收入使用账户等。这些账户之间形成一个序列，序列中的每个账户都有一个平衡项，记录账户两侧的总来源和总使用之间的差额。账户之间通过平衡项连接起来，一个账户的平衡项结转为下一个账户的第一项，从而使账户形成一个环环相扣的整体。累积账户记录的是资本形成、金融交易和其他流量，由资本账户、金融交易账户、资产数量其他变化账户和重估账户构成。资产负债表反映机构单位或部门在核算期初/期末资产和负债的存量价值，资产负债表期初与期末之间的变化来自累积账户中登录的交易和其他流量变化。2008 年国民账户体系如图 5.3 所示。

二　金融统计框架的构成

基于金融统计的范围，金融统计框架应该包括记录金融流量和存量的账户体系。金融流量由金融交易和其他流量组成，记录它的账户应该是金融交易账户、资产数量其他变化账户和重估账户；记录金融存量的账户应该是期初、期末资产负债表。结合 2008 SNA，金融统计框架具体包括资本账户，金融交易账户，资产数量其他变化账户，重估账户和期初、期末资产负债表。金融统计框架中的账户和资产负债表的记录内容如表 5.1 所示。

交易	其他流量

经常账户　　　　重估

货物和服务账户　其他数量变化

生产账户
增值/GDP

关键词

收入账户产生的
营业盈余

账户名称
SNA平衡项

收入账户初次
分配的国民收入

收入账户再分
配的可支配收入

可支配收入账户
的使用储蓄

期初资产负债表	积累账户	期末资产负债表
非金融资产、金融资产和负债净值	资本账户净贷款/净借款 金融账户净贷款/净借款	非金融资产的其他变化、金融资产和负债的其他变化、净值变化	非金融资产、金融资产和负债净值

图 5.3　国民账户体系概述

资料来源：IMF, Monetary and Financial Statistics Manual and Compilation Guide（Pre-publication Draft）2016（2016 MFSMCG），p. 279。

表 5.1　金融统计框架中的账户和资产负债表的记录内容

资产负债表和账户

期初资产负债表

一个经济体、部门或机构单位在会计期初的非金融资产和金融资产及负债的存量

平衡项是期初净值，由资产总额减去负债总额计算得到

资本账户

在会计期内，资本账户登录包括：①获得的非金融资产的价值减去处置的非金融资产；②应收资本转移减去应付资本转移。由于重新定值和因非金融交易造成的非金融资产数量的变化而带来的非金融资产价值的变化不登录在资本账户中

由经常账户结转的储蓄净额和资本转移净额反映可用于资本和金融积累的资源，总额等于由储蓄和资本转移带来的净值变化，该账户的平衡项目是净贷款或净借款，它等于储蓄和资本转移减去资本形成总额

105

续表

资产负债表和账户
金融交易账户
金融交易账户登录会计期间内涉及金融资产和负债的交易，由重新定值和因非金融交易造成的金融资产和负债的数量变化带来的金融资产和负债的价值变化不登录在金融交易账户中 　　从资本账户结转来的净贷款或借款等于获取的金融资产的净额减去产生的负债的净额
重估账户
重估账户登录在会计期间内因市场价格（包括汇率）变化给非金融资产和金融资产及负债的所有人带来持有收益或损失 　　持有收益/持有余额是因持有收益/损失带来的净值变化
资产数量其他变化账户
在会计期内不是因交易或重估造成的非金融资产和金融资产及负债的变化 　　资产数量其他变化账户余额（资产变化减去负债变化）等于资产数量其他变化带来的净额变化
期末资产负债表
一个经济体、机构部门或机构单位在会计期末的非金融资产和金融资产及负债的存量。期末资产负债表的资产净额存量等于期初资产负债表的存量加上资本账户、金融交易账户、重估账户和资产数量其他变化账户中的流量变化 　　平衡项目是期末净值

　　资料来源：国际货币基金组织《货币与金融统计手册》，国际货币基金组织语言局译，2000，第 87 页。

　　国民经济账户体系采用了 T 型账户，T 型账户的左边是资产变化，右边是负债和净值变化，具体每个账户左右记录如表 5.2 ~ 表 5.4 所示。

表 5.2　金融交易账户

资产变化	负债和净值变化
金融资产增加	净贷出（＋）/净借入（－）
货币黄金与特别提款权	负债净增加
通货和存款	货币黄金与特别提款权
贷款	通货和存款
债务证券	债务证券
保险、养老金和标准化担保计划	贷款
股权和投资基金份额	股权和投资基金份额
金融衍生品和雇员股票期权	保险、养老金和标准化担保计划
其他应收款	金融衍生品和雇员股票期权
	其他应付款
	统计误差

　　资料来源：高敏雪等《国民经济核算原理与中国实践》（第三版），中国人民大学出版社，2013，第 248 ~ 249 页。

表 5.3 资产数量其他变化账户

资产变化	负债和净值变化
资产数量其他变化 金融资产变化	负债和净值变化 资产数量其他变化引起的净值变化

资料来源：高敏雪等《国民经济核算原理与中国实践》（第三版），中国人民大学出版社，2013，第 248 ~ 249 页。

表 5.4 重估账户

资产变化	负债和净值变化
名义持有收益（＋）/损失（－） 金融资产	名义持有收益（－）/损失（＋） 负债 重估导致的净值变化

资料来源：高敏雪等《国民经济核算原理与中国实践》（第三版），中国人民大学出版社，2013，第 248 ~ 249 页。

金融统计框架中的账户和资产负债表适合于经济体中住户、政府、金融性公司、非金融性公司和为住户服务的非营利机构的每个部门以及国外部门。每个部门的资产负债表和账户只能反映本部门的资金来源和使用情况，不能反映部门之间的资金流动情况。为了反映部门之间的资金流动情况以及整个经济体的资金来源和使用情况，需要构建部门之间资金流动的二维和三维资金流量表。

三 二维和三维资金流量表

（一）二维资金流量表

二维资金流量表以金融交易账户、重估账户、资产数量其他变化账户以及资产负债表为基础，一个维度是交易项目，另一个维度是机构部门。二维资金流量表的构成采用交易项目×机构部门的形式。

2016 MFSMCG 中的资金流量表的主栏是金融交易项目，宾栏是机构部门，其中主栏的交易项目和宾栏的机构部门分类与前面章节的分析一致。二维资金流量表可以按存量和流量分别编制，也可以把存量、流量联合起来编制。宾栏中每个机构部门分设两列：一列是金融资产净获得，表示资金的使用；另一列是金融负债净发生，表示资金的来源。金融资产净获得与金融负债净发生的差额是净金融投资。

下面通过表例的形式展示交易、存量以及存量和流量相关联的二维资金流量表，具体构成见表 5.5 ~ 表 5.8[①]。

二维的流量和存量资金流量表具有行平衡和列平衡的特征，行平衡表示的是每一个金融交易项目中国内外的金融资产合计等于负债合计；列平衡表示的是每个部门中金融资产合计等于负债和净金融投资之和。

1. 在交易的二维资金流量表（见表 5.5）中

（1）贷款项目的行平衡关系

国内金融资产方合计（ - 20.4）= 非金融性公司资产方（ - 1.3）+ 金融性公司资产方（ - 19.8）+ 一般政府资产方（0.5）+ 住户和为住户服务的非营利机构资产方（0.1）。

国内金融部门的负债方合计（ - 24.2）= 非金融性公司负债方（ - 1.4）+ 金融性公司负债方（4.6）+ 一般政府负债方（ - 7.7）+ 住户和为住户服务的非营利机构负债方（ - 19.7）。

国内金融资产方合计（ - 20.4）+ 国外金融资产方合计（ - 2.4）= 国内金融部门的负债方合计（ - 24.2）+ 国外金融负债方合计（1.4）= - 22.8。

（2）非金融性公司列平衡关系

金融资产变动的总和（18.1）= 金融负债变动的总和（26.2）+ 净金融投资（ - 8.1）。

2. 在存量的二维资金流量表（见表 5.6）中

（1）贷款项目的行平衡关系

国内金融资产方合计（3373.8）= 非金融性公司资产方（102.7）+ 金融性公司资产方（3093.3）+ 一般政府资产方（174.1）+ 住户和为住户服务的非营利机构资产方（3.6）。

---

① IMF, Monetary and Financial Statistics Manual and Compilation Guide（Prepublication Draft）2016（2016 MFSMCG），pp. 282 - 287.

表 5.5 交易的二维资金流量

交易（一段时间）	非金融性公司 金融资产变动	非金融性公司 负债变动	金融性公司 金融资产变动	金融性公司 负债变动	一般政府 金融资产变动	一般政府 负债变动	住户和为住户服务的非营利机构 金融资产变动	住户和为住户服务的非营利机构 负债变动	国内部门合计 金融资产变动	国内部门合计 负债变动	世界其他地区 金融资产变动	世界其他地区 负债变动
A. 货币黄金和特别提款权			0.4	-0.0					0.4	0.0	-0.0	0.4
B. 货币和存款	16.9	-6.7	41.1	29.1	-4.1		25.8		79.6	29.1	-14.7	35.8
C. 债券	27.9	-1.4	12.7	-0.8	1.6	15.8	-1.4		40.8	8.4	-35.7	-3.3
D. 贷款	-1.3	28.6	-19.8	4.6	0.5	-7.7	0.1	-19.7	-20.4	-24.2	-2.4	1.4
E. 股权和投资基金份额	14.4		9.7	52.4	1.0		-2.2		22.9	81.1	37.6	-20.6
F. 保险、养老金和标准化担保计划	0.7	-2.0	-1.6	15.3	0.0		12.8		11.9	15.3	-0.3	-3.7
G. 金融衍生品和雇员股票期权	0.0		2.4	4.6			1.5	0.9	3.9	3.6	-0.3	-0.0
H. 其他应收/应付款	-40.5	7.5	12.6	-40.8	5.0	12.0	4.0	3.0	-18.9	-18.3	-0.2	-0.8
小计	18.1	26.2	57.5	64.4	4.0	20.2	40.5	-15.9	120.1	94.9	-16.0	9.2
净金融投资（金融资产净获得减去负债净发生）		-8.1		-6.9		-16.2		56.4		25.2		-25.2

资料来源：参见 2008 SNA 表 11.1，该表的值来自附录 A 中的表 A.1、表 A.2 和表 A.3。

表 5.6 存量的二维资金流量（金融资产负债）

期末存量	非金融性公司		金融性公司		一般政府		住户和为住户服务的非营利机构		国内部门合计		世界其他地区	
	资产	负债	资产	负债	资产	负债	资产	负债	资产	负债	资产	负债
A. 货币黄金[a]和特别提款权			34.7	6.7					34.7	6.7	6.7	7.0
B. 货币和存款	658.5		527.6	2658.3	241.9		1484.0		2911.9	2658.3	54.1	307.7
C. 债务证券	497.8	485.4	2305.0	680.1	25.6	1110.7	140.0		2968.4	2276.2	89.8	782.0
D. 贷款	102.7	1483.9	3093.3	668.9	174.1	307.1	3.6	1351.9	3373.8	3811.7	503.9	65.9
E. 股本和投资基金份额	569.0	2219.5	897.7	2038.3	28.4	0.0	2260.7		3755.7	4257.8	600.3	98.2
F. 保险、养老金和标准化担保计划	11.8	0.0	13.6	632.1	24.2	0.0	594.1		643.7	632.1	18.6	30.3
G. 金融衍生工具和雇员工股票期权	14.2	9.2	35.8	56.8	0.0	0.0	15.6	9.3	65.6	75.3	14.7	5.0
H. 其他应收款/应付款	251.3	112.6	195.4	523.0	45.3	25.1	210.0	181.6	702.0	842.3	203.1	62.8
小计	2105.4	4310.6	7103.0	7264.2	539.5	1442.9	4707.9	1542.7	14555.8	14560.4	1491.3	1359.1
净金融投资（金融资产净获得减去负债净发生）	-2205.2		-161.2		-903.4		3165.2		-104.6		132.2	

注：a. 货币黄金是按照惯例的金融资产，没有相应的负债，因此，资产与负债之间会有差异。

表 5.7 存量和流量的二维资金流量

期初存量	非金融性公司		金融性公司		一般政府		住户和为住户服务的非营利机构		世界其他地区	
	资产	负债	资产	负债	资产	负债	资产	负债	资产	负债
A. 货币黄金和特别提款权			33.8	6.6		18.9			6.6	6.6
……										
H. 其他应收/应付款	290.9	102.1	182.6	565.0	40.3		205.2	180.7	209.3	61.6
小计	2096.5	4279.8	7037.7	7192.6	536.3	1431.9	4671.3	1566.7	1486.7	1330.1
净金融头寸（金融资产减少负债）	-2183.3		-154.9		-895.6		3104.6		156.6	
其间交易	使用	来源	使用	来源	使用	来源	使用	来源	使用	来源
A. 货币黄金和特别提款权	-40.5		0.4	0.0	5.0	12.0	4.0	3.0	0.0	0.4
……										
H. 其他应收/应付款		7.5	12.6	-40.8					-0.2	-0.8
小计	18.1	26.2	57.5	64.4	4.0	20.2	40.5	-15.9	-16.0	9.2
净金融投资（使用更少的来源）	-8.1		-6.9		-16.2		56.4		-25.2	
一段时间内的其他资产变化	资产变化	负债变化	资产变化	负债变化	资产变化	负债变化	资产变化	负债变化	资产变化	负债变化
A. 货币黄金和特别提款权	0.9	3.0	0.5	0.1	0.0	-5.8	0.8	-2.1	0.1	0.1
……										
H. 其他应收/应付款			0.1	-1.2					1.9	-6.0
小计	-9.1	4.6	7.8	7.2	-0.8	-9.2	-3.9	-8.1	20.6	19.7
净其他流量（资产变化减去负债变化）	-13.7		0.6		8.4				0.9	

续表

期末存量	非金融性公司		金融性公司		一般政府		住户和为住户服务的非营利机构		世界其他地区	
	资产	负债	资产	负债	资产	负债	资产	负债	资产	负债
A. 货币黄金和特别提款权	251.3	112.6	34.7	6.7					6.7	7.0
……										
H. 其他应收/应付款			195.4	523.0	45.3	25.1	210.0	181.6	203.1	62.8
小计	2105.4	4310.6	7103.0	7264.2	539.5	1442.9	4707.9	1542.7	1491.3	1359.1
净金融头寸（金融资产减负债）		-2205.2		-161.2		-903.4		3165.2		132.2

表 5.8　资本和金融账户的整合

资产变化						交易	负债和净值变化					
世界其他地区	国内经济总量	住户和为住户服务的非营利机构	一般政府	金融性公司	非金融性公司		非金融性公司	金融性公司	一般政府	住户和为住户服务的非营利机构	国内经济总量	世界其他地区
						储蓄和资本转移	136	-11	-3	95	218	-25
						净储蓄	71	2	-48	80	221	-28
						净资本转移	65	-13	45	15	-3	3
-25	217	95	-3	-11	136	总净投资（非金融资产净额加上净金融投资）						
	192	39	13	-4	144	非金融资产净获得						
	154	27	8	-4	123	净固定资本形成						
	28	2	0	0	26	库存变化						
	10	5	3	0	2	价值变化的非金融资产的获得减处置						
	0	5	2	0	-7	非生产产的非金融资产的获得减处置						
-25	25	56	-16	-7	-8	净借贷/净投资＝金融投资款＝净金融投资						
-16	120	41	4	57	18	金融资产净获得减负债的发生	26	64	20	-16	95	9
0	0			0		货币黄金和特别提款权		0	0	0	0	
-15	80	26	-4	41	17	货币和存款	0	29	0	0	29	36
-36	41	-1	2	13	28	债券	-7	-1	16	0	8	-3
-2	-20	0	1	-20	-1	贷款	-1	5	-8	-20	-24	1
38	23	-2	1	10	14	股权和投资基金份额	29	52	0	0	81	-21

113

续表

资产变化						交易	负债和净值变化					
世界其他地区	国内经济总量	住户和为住户服务的非营利机构	一般政府	金融性公司	非金融性公司		非金融性公司	金融性公司	一般政府	住户和为住户服务的非营利机构	国内经济总量	世界其他地区
0	12	13	0	-2	1	保险、养老金和标准化担保计划	0	15	0	0	15	-4
0	4	2	0	2	0	金融衍生品	-2	5	0	1	4	0
0	-19	4	5	13	-41	其他应收/应付款	8	-41	12	3	-18	-1
						统计差异（储蓄和资本转移减去总净投资）						
						备忘项目：总来源/使用						
						来源＝储蓄和资本转移＋负债净发生	162	53	17	80	312	-16
-16	312	80	17	53	162	使用＝资本积累＋金融资产净获得＋统计差异						

国内金融部门的负债方合计（3811.7）＝非金融性公司负债方（1483.9）＋金融性公司负债方（668.9）＋一般政府负债方（307.1）＋住户和为住户服务的非营利机构负债方（1351.9）。

国内金融资产方合计（3373.8）＋国外金融资产方合计（503.9）＝国内金融部门的负债方合计（3811.8）＋国外金融负债方合计（65.9）＝3877.7。

（2）非金融性公司列平衡关系

金融资产变动的总和（2105.4）＝金融负债变动的总和（4310.6）＋净金融投资（-2205.2）。

在 2008 SNA 中，资本账户与金融账户通过净借出/净贷入平衡项目连接起来，表5.8展示了一个经济体季度资本账户和金融账户的连接。资本账户中的全部储蓄与资本转移导致的净值变化（217）加上负债的净发生（95），等于金融资产的净获得（120）加上非金融资产净获得（192）。

资金流量表涵盖了丰富的信息，可以提供每个机构部门净金融资产获得和净金融负债发生的构成以及净借/净贷部门的情况，还可以提供每一类金融交易项目在各个机构部门的构成情况。但是二维资金流量表不能反映每个部门的资金来源和使用的对应部门，所以需要构建三维资金流量表。

（二）三维资金流量表

三维资金流量表是在二维资金流量表的基础上加上对应部门这一维度，从而可以显示一个机构部门为另一个机构部门融资的金融工具和数量。三维资金流量表可以从存量和流量这两个方面来编制。例如，交易三维资金流量表显示了交易双方以及正在使用的金融工具，存量三维资金流量表显示了每个金融工具的债权人和债务人。三维资金流量表不仅可以显示国内各机构部门之间的资金融通情况，还可以通过跨境的流量和存量来编制全球资金流量表。三维资金流量表三个维度之间的关系如图5.4所示。

2016 MFSMCG 建议在编制三维资金流量表时，使用未合并的金融交易数据，意味着同一部门之间由金融交易形成的金融资产和负债数据应该在三维资金流量表中显示出来。在三维资金流量表中，每个部门分设三列，

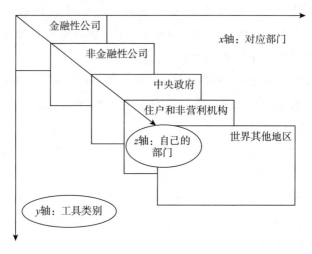

图 5.4　三维资金流量表的三个维度

资料来源：IMF，Monetary and Financial Statistics Manual and Compilation Guide（Pre-publication Draft）2016（2016 MFSMCG），p. 288。

分别为金融资产、负债和净金融头寸（净金融头寸 = 金融资产 - 负债）。存量或流量的三维资金流量构成如表 5.9 所示。

表 5.9　存量或流量的三维资金流量

发行人/债务人 持有人/债权人	金融性公司			一般政府			非金融性公司			住户和NPISH			世界其他地区			所有债务人		
	A	L	NP	A	L	NP	A	L	NP	A	L	NP	A	L	NP	A	L	NP
金融性公司																		
货币黄金和SDR																		
……																		
其他应收/应付款																		
中央银行																		
货币黄金和SDR																		
……																		
其他应收/应付款																		
非金融性公司																		
货币黄金和SDR																		
……																		

续表

发行人/债务人 持有人/债权人	金融性公司 A	L	NP	一般政府 A	L	NP	非金融性 公司 A	L	NP	住户和 NPISH A	L	NP	世界其他 地区 A	L	NP	所有债务人 A	L	NP
其他应收/应付款																		
住户和 NPISH																		
货币黄金和 SDR																		
……																		
其他应收/应付款																		
世界其他地区																		
货币黄金和 SDR																		
……																		
其他应收/应付款																		
所有债权人																		

注：A ＝金融资产；L ＝负债；NP ＝净金融头寸（金融资产减去负债），SDR 表示特别提款权，NPISH 是为住户提供服务的非营利机构。

资料来源：IMF, Monetary and Financial Statistics Manual and Compilation Guide（Prepublication Draft）2016（2016 MFSMCG），p. 289。

为了进一步显示三维资金流量表的构成，以附录 A 中的数据为基础编制金融性公司和一般政府存量的三维资金流量表（见表 5.10）。

表 5.10　两部门存量的三维资金流量

发行人/债务人 持有人/债权人	金融性公司 A	L	NP	一般政府 A	L	NP
金融性公司	1852.4	1692.9	159.5	320.3	717.9	－ 397.6
货币黄金和特别提款权						
货币和存款	240.2	161.9	78.3	241.9	0.0	241.9
债券	498.2	528.2	－ 30.1	25.6	610.7	－ 585.1
贷款	473.1	471.9	1.2	24.1	107.1	－ 83.0
股权和投资基金份额	595.0	486.6	108.4	28.4	0.0	28.4
保险、养老金和标准化 担保计划	13.3	8.3	5.1	0.0	0.0	0.0
金融衍生品	30.8	34.7	－ 4.0	0.0	0.0	0.0
其他应收/应付款	1.9	1.2	0.6	0.3	0.1	0.3

续表

发行人/债务人 持有人/债权人	金融性公司			一般政府		
	A	L	NP	A	L	NP
一般政府	717.9	320.3	397.6	106.0	240.0	-134.0
货币黄金和特别提款权						
货币和存款	0.0	241.9	-241.9	0.0	0.0	0.0
债券	610.7	25.6	585.1	6.0	150.0	-144.0
贷款	107.1	24.1	83.0	65.0	70.0	-5.0
股权和投资基金份额	0.0	28.4	-28.4	0.0	0.0	0.0
保险、养老金和标准化担保计划	0.0	0.0	0.0	0.0	0.0	0.0
金融衍生品	0.0	0.0	0.0	0.0	0.0	0.0
其他应收/应付款	0.1	0.3	-0.3	35.0	20.0	15.0

注：A = 金融资产；L = 负债；NP = 净金融头寸（金融资产减去负债）。

资料来源：IMF，Monetary and Financial Statistics Manual and Compilation Guide（Prepublication Draft）2016（2016 MFSMCG），p. 290。

从表 5.10 中可以分别看出，一般政府内部和金融性公司内部每一种金融资产和负债的发行和持有情况以及净金融头寸情况；还可以看出，一般政府和金融性公司之间每一种金融资产和负债的发行和持有情况以及净金融头寸情况。例如：在一般政府与金融性公司交叉单元格中，数 717.9 代表一般政府持有的金融性公司的金融资产，320.3 代表金融性公司对一般政府的负债，397.6 是金融性公司的净金融头寸；在金融性公司与一般政府交叉单元格中，320.3 代表金融性公司持有的一般政府的金融资产，717.9 代表一般政府对金融性公司的负债，-397.6 是一般政府的净金融头寸。

（三）统计误差

从 2008 年国民账户体系来看，资金流量表中的净金融投资等于净金融资产的获得减去净金融负债的发生，资本账户中的净借/净贷等于净储蓄加上净资本转移减去净资本形成，也就是，资金流量表中的净金融投资应该等于资本账户中的净借/净贷。然而，当数据来源不同时，会出现统计误差，这种统计误差可以通过资本账户、金融账户中的一个或多个项目上的分配差异来消除，并将其作为交易、估价变化，或者 *OCVA* 来处理。2016 MFSMCG 与 2008 SNA 一致，建议为用户提供净借／净贷和净金融投资的记录数据，并找出统计误差的原因。

第四节　金融统计的源数据和资金流量表的编制

一　金融统计的源数据

根据金融统计的核算范围及核算框架，金融统计的源数据涉及金融性公司、非金融性公司、一般政府、住户和为住户服务的非营利机构以及世界其他地区从事金融交易活动形成的八大类金融资产和负债的所有流量和存量数据。由于交易双方形成的金融资产和负债是对称的，且金融性公司在经济活动中起金融中介作用，故金融性公司一定是金融工具的债权人/持有人或发行人/债务人，因此在金融统计实践时，金融性公司的数据是金融统计源数据的主要来源，其他部门的源数据可根据资产和负债的对称性来获得。

由于货币统计中金融性公司资产负债表数据的全面性和及时性，因此二维资金流量表中金融性公司的主要源数据是其资产负债表。二维资金流量表中世界其他地区的主要数据来自国际投资头寸和国际收支平衡表；政府部门的主要数据来自政府财政统计；非金融性公司的主要数据来自其资产负债表；住户部门的主要数据大多靠估算获得。在填表时还需要补充源数据，其来自概览、税务记录、贸易协会出版物、市场数据（包括汇率和价格指数，例如股价指数）、公司会计记录（包括损益表）和非官方统计的源数据。

主要源数据和补充源数据为金融统计提供了大部分必要的数据，但往往不能适当地涵盖双方都不是金融性公司的流量和存量数据，这时需要对所需数据进行估算。估算时主要采用的方法是对应数据方法和残差数据方法，这两种方法的原理是每个类别的金融债权（货币黄金中包含的金锭除外）都有对应的金融负债，或者对于每类金融工具，金融资产净获得的总和（包括世界上的其他地区）必须等于金融负债净发生的总和。

依据上述分析，二维资金流量表中各个机构部门源数据的可靠程度是不同的，具体情况可以根据表 5.11 中单元格颜色深浅不同来表示，高度可靠的数据是能够从金融机构报告的数据、国际投资头寸和国际收支统计中直接获得的；中等可靠的数据是涉及估计的数据，但某些数据来源可以每年或以较少频率提供或包含在概览中；较不可靠的数据是难以获得或数据源通常不存在的数据，此类别中的许多数据估计基于残差计算。

表 5.11　源数据的可靠性

| | 金融性公司 | | | | 一般政府 | | 非金融性公司 | | | | 住户和非营利机构 | | 世界其他地区 | |
| | 存款性公司 | | 其他金融性公司 | | | | 上市非金融性公司 | | 其他非金融性公司 | | | | | |
	金融资产	负债	金融资产	负债	金融资产	负债	金融资产	负债	金融资产	负债	金融资产	负债	金融资产	负债
货币和存款														
货币														
存款														
贷款														
债务证券														
中央政府证券														
其他证券														
股权和投资基金份额														
金融衍生品														
保险、养老金和标准化担保计划														
其他应收/应付款														

注：颜色深的表示可靠性高，颜色中等的表示可靠性中等，颜色较浅的表示可靠性较低，空白表格表示数据不存在。

资料来源：IMF, Monetary and Financial Statistics Manual and Compilation Guide (Prepublication Draft) 2016 (2016 MFSMCG), p. 292。

　　在理想条件下，交易双方同时按照相同价格记录每一笔交易，编制人员可以收集所有的记录来编制一套完整的资金流量表，并且利用每一类金融资产的净获得与对应金融负债的净发生的相等关系，进行校对，以确保资金流量表的平衡。然而，事实上双方收集和记录的数据一般有偏差，主要表现在不一致的报告、部分报告、间接报告和没有报告上，其中不一致主要由交易双方对收益报告的估价、记录时间、交易和部门分类产生。

在利用这些信息时，要考虑这些数据和金融统计数据要求是否匹配，如果数据来源不匹配，则编制人员要调整源数据，使之和金融统计数据要求一致。调整一般在范围、部门划分、金融工具分类、记录时间和估价方面进行。具体调整情况见表5.12。

表5.12　源数据和统计数据的调整

类型	调整原因
1. 范围	对于部门，汇总包括了不在金融统计部门内的机构单位或者排除了在金融统计部门内的机构单位；对于金融工具，宏观数据可能没有包括所有金融交易或者汇总数据包括一些其他类型的交易
2. 部门划分	在金融统计中数据可能来自不同的统计标准，例如，一些子部门的数据属于金融性公司，但是母公司划分在非金融性公司
3. 金融工具分类	在数据方面，金融资产和负债分类标准可能不同于金融统计的分类标准
4. 记录时间	交易可能没有按照权责发生，相同交易在不同的部门记录时间不同
5. 估价	债务证券及股权和投资基金份额没有利用市场价格和公平价格，数据不是最新的，没有用当前的市场汇率

资料来源：IMF, Monetary and Financial Statistics Manual and Compilation Guide（Prepublication Draft）2016（2016 MFSMCG），p. 248。

编制人员在编制金融统计数据时不仅要处理数据的不一致，而且还会遇到编制数据缺失的问题。对于数据缺失的问题，2008 MFSCG 建议采用移动平均等方法。

总之，要想使编制的金融统计信息资料具有实际价值，统计数据的来源必须真实合理，也就是必须处理好金融统计中的每一个源数据问题。

二　资金流量表的编制实践

在分析了二维、三维资金流量表和数据源问题之后，就要分析如何利用统计数据编制二维、三维资金流量表。

二维、三维资金流量表的特征如表5.13所示。

表5.13　二维、三维资金流量表的不同特征

特征	二维资金流量表	三维资金流量表
1. 存量与流量数据的应用	显示存量和流量，利用存量期与流量期之间的变化编制流量	显示存量与流量，利用期初和期末存量变化、重估账户和资产数量其他变化账户编制流量

续表

特征	二维资金流量表	三维资金流量表
2. 记录方式	两列采用四式计账法，每一个部门都要显示来源和使用情况	两列采用四式计账法，每一个部门都要显示来源和使用情况
3. 部门细化	国内部门包括一般政府、非金融性公司、金融性公司、住户、为住户服务的非营利机构	在 2016 MFSMCG 中的所有部门
4. 金融工具细化	金融工具通常的分类：通货和存款，债务证券，股权和投资基金份额，贷款，金融衍生产品，保险、养老金和标准化担保计划	金融工具通常的分类：通货和存款，债务证券，股权和投资基金份额，贷款，金融衍生产品，保险、养老金和标准化担保计划
5. 源数据	主要来自金融性公司资产负债表，附加数据来自一般政府、国际收支头寸和资本市场	广泛的数据来源不但包括政府和监管部门的报告、资本市场，而且包括交易的出版物、居民、公司的概览

资料来源：IMF, Monetary and Financial Statistics Manual and Compilation Guide（Prepublication Draft）2016（2016 MFSMCG），p. 250。

（一）二维资金流量表的编制

根据 2008 MFSCG 的内容可以总结出二维资金流量表的编制步骤：第一步是利用金融性公司的资产负债表、金融性公司子部门总量数据编制金融性公司部门总量数据；第二步是利用金融性公司的资产和负债对应数据，编制非金融性公司资产和负债数据；第三步是利用资本市场和其他有用的资料，补充非金融性公司的金融信息资料；第四步是利用国际投资头寸，增加国外部门的资产和负债信息资料；第五步是利用金融流量数据、国际收支、债券指数，编制交易和其他流量。需要注意的是，在编制二维资金流量表时，每一步都需要编制人员对数据进行调整和估算，并且所有部门的都要以总量编制，而不是以净额编制。

（二）三维资金流量表的编制

尽管三维资金流量表的结构有标准形式，理论上其编制主要依靠各个部门的期初和期末资产负债表、金融交易账户、资产数量其他变化账户和重估账户，但是编制三维资金流量表需要大量的数据资料，这些资料有的来自公开的统计资料，有的来自私人资料，有的数据要进行估算和调整，因此，编制三维资金流量表的难度是非常大的。只有在发达国家才要求编制，发展中国家和新兴国家不要求编制。

本章小结

本章以金融流量和存量的产生机理作为建立金融统计框架理论的基础，研究了金融统计核算范围、分类，二维和三维资金流量表的构建基础和框架结构，以及二维和三维资金流量表的源数据和编制方法。

第六章 金融存流量的源数据与统计数据的转换研究

前面章节基于宏观经济核算体系的逻辑思路，研究了货币与金融统计体系建立的核算理论。货币与金融统计的实施不仅要以科学性的统计核算理论做支撑，还要有统计源数据与之相协调。由于金融统计领域最新的国际统计准则是 2016 MFSMCG，提供统计源数据核算的国际会计准则是 2016 IFRS，而 2016 IFRS 和 2016 MFSMCG 核算目的不同、功能不同，因此二者对金融资产和负债的核算存在差异。本章基于二者之间的差异，建立会计源数据与统计数据之间的转换框架，充实货币与金融统计的微观基础研究，为提高统计数据质量提供保障。

第一节 金融流量和存量的微观和宏观核算准则

经济体中各机构单位经过生产核算和分配核算，得到可支配收入，可支配收入用在消费和投资后，此时，出现资金盈余和资金短缺，盈余机构单位与短缺机构单位通过金融交易进行资金融通，满足各自对资金的需求。金融交易的结果形成各机构单位的存量和流量，其中金融流量根据产生方式的不同可以分为交易、重估价值和资产数量的其他变化。金融存量和流量变化流程如图 6.1 所示。

金融存量与流量价值量的观察、计量、记录和计算等核算工作，可以以国民经济为主体，核算整个经济体的生产、分配、使用等产生的流量和存量；也可以以机构单位为主体观察、计量、记录机构单位的生产、分配、流通和使用等信息，所以，金融流量和存量核算分为宏观核算和微观核算。

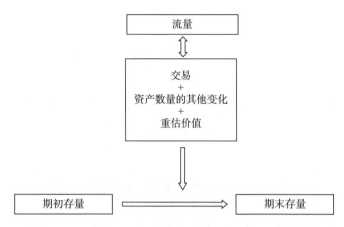

图 6.1　金融存量和流量变化流程

涉及金融资产和负债的流量和存量核算，无论宏观还是微观，都要讨论其核算对象、核算范围、核算方法、核算原则等基本问题。由于各国经济体制及经济发展水平存在差异，故各国对存量和流量的核算方法各有不同，这导致对比各国经济发展状况存在很大困难。为了统一微观核算，国际会计委员会制定、颁发国际财务报告标准，最新财务报告标准是《国际财务报告标准（2016）》（International Financial Reporting Standards，2016 IFRS）。2016 IFRS 为机构单位建立账户体系和财务报告提供标准，并从微观角度为计量、记录机构单位金融资产和负债存流量提供了核算方法。为统一宏观核算，国际货币基金组织制定、颁发了 2000 MFSM、2008 MFSCG 和 2016 MFSMCG。2016 MFSMCG 以微观数据为基础，从宏观上反映一个国家各部门之间资金流动情况，以及中央银行基础货币、存款性公司的广义货币、金融性公司的债权和债务情况。2016 IFRS 和 2016 MFSMCG 在核算原则方面有很多相同之处，例如都采用了复式记账法和权责发生制的原则，但二者的核算目的和作用不同，这使金融资产在分类、计价原则和合并汇总等很多方面存在差异，因此，以 2016 MFSMCG 为准则核算的统计数据，绝不是以 2016 IFRS 为准则的核算数据的简单汇总，而是在微观核算基础之上，依照宏观核算的总量指标要求，对相关的微观核算数据进行调整合并。

第二节　MFSMCG 和 IFRS 金融存流量核算异同研究

无论宏观核算还是微观核算，一套科学合理的核算体系首先要确定核算目的、核算对象、核算范围、核算方法、核算分类及核算原则等基本问题，本节就核算基本问题来比较二者的异同。

（一）MFSMCG 和 IFRS 关于金融流量和存量的核算目的和范围

从核算目的来看，MFSMCG 是为宏观经济的分析、政策的制定和决策服务的，为实现其目的，MFSMCG 建立了一套用来识别、划分和登录金融资产及负债存量与流量的国际统计标准。而 IFRS 的目的是提高机构单位经济效益，故针对企业、机关、事业单位和其他组织的经济活动所形成的存流量，设计了一套全面、综合、连续、系统的国际核算标准。

从核算范围来看，MFSMCG 涵盖了一个经济体中所有机构部门有关金融活动所产生的金融资产和负债的流量和存量；IFRS 仅仅对企业、机关、事业单位和其他组织某一特定日期的财务状况和某一会计期间的经营成果、现金流量与存量进行核算，因此，可以看出，MFSMCG 对经济活动中所有机构部门进行核算，不局限于某个特定的机构单位；而 IFRS 仅核算特定机构单位日常的存流量。

（二）MFSMCG 和 IFRS 关于金融资产和负债的分类

1. MFSMCG 和 IFRS 对金融资产的界定

IFRS 中金融资产是指金融工具的经济资产。根据金融工具的特点，金融资产包括：现金；持有的其他单位的权益工具；从其他单位收取现金或其他金融资产的合同权利；在潜在有利条件下，与其他单位交换金融资产或金融负债的合同权利；将来须用或可用企业自身权益工具①进行结算的非衍生工具的合同权利，企业根据该合同将收到非固定数量的自身权益工

---

① 企业自身权益工具不包括本身就是在将来收取或支付企业自身权益工具的合同。

具；将来须用或可用企业自身权益工具进行结算的衍生工具的合同权利
（但企业以固定金额的现金或其他金融资产换取固定数量的自身权益的衍
生工具合同权利除外）。IFRS 主要针对机构单位，其强调机构单位之间的
资金往来，对货币黄金和特别提款权未做规定。

在多数情况下，和 IFRS 一样，MFSMCG 也根据金融工具合同权益定
义金融资产，但是在金融资产的种类方面，MFSMCG 更加凸显了货币黄金
和特别提款权①。MFSMCG 中的金融资产不包括或有金融资产，并且将或
有资产协议的费用视为服务费。

2. MFSMCG 和 IFRS 对金融资产的分类

MFSMCG 按照两种原则进行分类：一是根据金融资产的流动性；二是
根据金融资产的流动性与债权和债务关系/币种/利率等的交叉分类。首先
根据金融资产的流动性，将金融资产具体分为：货币黄金和特别提款权，
通货和存款，债务证券，贷款，股权和投资基金份额，保险、养老金、标
准化担保计划，金融衍生品和雇员股票期权，其他应收/应付账款。然后
再对每一类金融资产按照债权和债务及本币和外币进行交叉分类，例如，
存款性公司的存款分为本币和外币，在本币下再分为中央银行存款、其他
存款性公司存款、其他金融性公司存款及非常住单位存款。

IFRS 根据金融资产的持有目的和持有时间长短将金融资产分为四类：
交易性金融资产、持有至到期投资、贷款和应收账款及可供出售的金融资
产。交易性金融资产②往往是以获得短期收益为目的并且易于交易的金融
资产，一般包括在二级市场上购入的证券、股票、基金以及金融衍生工
具；持有至到期投资的持有期限要比交易性金融资产的期限长，这种资产
一般具有固定的到期日和收回金额，企业愿意且能够持有资产至其到期
日，持有至到期投资往往是一些债权性投资，股权投资虽然也有固定收
益，但它没有固定的到期日，因此，不划为持有至到期投资；贷款和应收
账款是交易双方通过提供资金、商品或劳务而形成债权债务关系的金融资

---

① 货币黄金是货币当局（或者货币当局有效控制的其他单位）作为官方储备持有的黄金，它包括
金块（包含在已分配黄金账户中的黄金）和非本国居民有权利要求黄金交割的未分配黄金账
户；特别提款权由国际货币基金组织创造，用来补充成员现有官方的国际储备资产。

② 企业持有交易性金融资产主要是为了近期内出售或者回购，因此，交易性金融资产的流
动性较强。

产；可供出售的金融资产，指不属于企业发起的贷款和应收账款、持有至到期投资、交易性金融资产。

从以上可以看出，MFSMCG 和 IFRS 分类依据不同，分类结果也不同。

3. MFSMCG 和 IFRS 对权益负债的分类

一般情况下，金融资产和负债是对称的，故金融工具分类仅仅对金融资产进行。然而，IFRS 把权益负债分为实收资本、资本公积、盈余公积和未分配利润；而 MFSMCG 中金融性公司的权益负债分为所有人出资、留存收益、当年结果、一般和特殊准备金及估值调整。

（三）MFSMCG 和 IFRS 关于金融流量和存量的核算原则

MFSMCG 和 IFRS 在金融资产和负债的流量和存量核算方面都采用了货币计量单位和复式记账核算原则，但在估价方式、交易时间的确定、汇总及取净值等方面存在差异。

1. MFSMCG 和 IFRS 对金融资产和负债的估值

MFSMCG 对每类金融资产要么采用账面价值，要么采用市场价值或公允价值。

对于每类资产的定价情况如表 6.1 所示。

表 6.1　货币统计中每类金融资产和负债的估值方法

金融资产分类	估值方法
货币黄金（中央银行）	市场价值
SDRs（中央银行）	市场价值
本国货币	账面价值
本国货币存款	账面价值
债券	市场价值或公允价值
本国货币贷款	账面价值
股权和投资基金份额	资产方市场价值或公允价值、负债方账面价值
保险、养老金和标准化担保计划	市场价值或公允价值
金融衍生品和雇员股票期权	市场价值或公允价值
其他应收/应付账款	账面价值

资料来源：IMF, Monetary and Financial Statistics Manual and Compilation Guide（Prepublication Draft）2016（2016 MFSMCG），p. 14。

IFRS 中的估值要求能反映出企业的成本和收益，IFRS 中第 39 条规定，对金融资产和负债的估值原则须基于资产获得的目的确定。对于债券负债，如果是作为交易，就以市场价记录；如果持有到期，应该用有效的利息作为摊销成本计价；存款和贷款以公允价记录。金融衍生产品（除了标的物是非上市股票以摊销成本计价外）以市场价计价。上市股票以市场价计价，非上市股票以摊销成本记价。IFRS 对外币金融资产和负债的计价和 MFSMCG 要求一致，都按汇率转换为本币。

2. MFSMCG 和 IFRS 对交易时间的确定

MFSMCG 强调债权人和债务人同时以相同数量记录存量和交易，也就是说，金融资产的交易应在交易日记录，或者在确定的相同日期记录，而不是在清偿日记录；如果不在交易日记录，而在清偿日记录，则应按应收/应付款记录；IFRS 规定金融交易可以在交易日记录，也可在清偿日记录，因此，二者对交易时间的确定存在差异，在编制货币与金融统计时，对在清偿日记录的交易要调整为交易日记录的交易。

3. MFSMCG 和 IFRS 对准备金和或有负债的处理

对于非营利机构的贷款，MFSMCG 和 IFRS 对贷款可实现价值的处理方式不同。IFRS 以客观证据调整不良贷款，贷款余额为贷款总数减去贷款损失。贷款准备金仅对机构单位内部报告，作为资产负债表的备忘项目，并且 IFRS 要求记录或有负债；MFSMCG 中，贷款资产损失准备金作为负债，并作为其他应付款记录在相应的资产项目下。由于准备金对应损失，在对贷款提取准备金时，将它归为资产数量的其他变化。

4. MFSMCG 和 IFRS 对资产和负债的重估处理

IFRS 具体规定了重估价值获得的损失或收益记录在损益账户，获得的收益记为收入，损失记为支出；MFSMCG 将期初和期末金融资产与负债的价值变动作为估值变动，归入金融资产负债的其他流量，并记录在重估账户的权益负债的当年结果或估值调整中。

5. MFSMCG 和 IFRS 对金融资产和负债应计利息的处理

尽管 IFRS 遵循权责发生制原则，但是不要求应计利息包括在相应金融资产和负债的未偿还数量中，例如，含有利息的存款和贷款及债券，不到期的应计利息记录在相应的金融资产和负债账户下的应记利息中；利息到期时，撤销金融资产和负债账户中的应计利息，结转到利息账户中。

MFSMCG 把金融资产和负债的应计利息作为应收/应付款，并按照相应金融资产和负债未偿还数量重新分类。

6. MFSMCG 和 IFRS 对净值的处理

IFRS 中的净值是资产和负债之差，即所有者权益，代表着投资者对净资产的所有权；MFSMCG 的净值是资产负债表的平衡项，等于储蓄加资本转移减非金融资产的净获得，归入金融资产。

（四）MFSMCG 和 IFRS 关于金融资产和负债的核算框架

IFRS 假设机构单位是连续经营的，每一机构单位每天都在进行经济活动，产生经济流量和存量。为了记录经济活动产生的流量和存量，机构单位按照 IFRS，依据交易活动类型设计了一套会计科目，并且每一会计科目都采用 T 型账户记录。T 型账户使用"借"和"贷"符号，"借"记录资金运用，表示资产的增加、负债的减少和所有者权益增加；"贷"记录资金来源，表示资产的减少、负债的增加和所有者权益减少。对于机构单位各种不同类别的金融资产和负债，借贷记录规则如表 6.2 所示。

表 6.2　T 型账户借方和贷方规则

账户类型	借方	贷方
金融资产账户	资产增加	资产减少
金融负债账户	负债减少	负债增加
收入账户	收入减少	收入增加
支出账户	支出增加	支出减少

资料来源：IMF, Monetary and Financial Statistics Manual and Compilation Guide (Prepublication Draft) 2016 (2016 MFSMCG), p. 24。

为了核算机构单位金融资产和负债流量与存量，IFRS 还设计了资产负债表、现金流量变动表和损益表等财务报表。IFRS 财务报表中的金融资产和负债的顺序，按照机构单位金融性资产和负债的交易性排列，而不是按照流动性和债权与债务的交叉分类方法排列的。IFRS 规定的金融资产和负债估值调整和资产数量其他变化不仅记录在相应的金融资产和负债账户中，而且记录在损益账户或股权变动账户中。例如，债券资产和负债价格升或降、债券价值变动不仅在债券账户中有记录，而且升值记录在收益账户的贷方，降值记录在支出账户的借方。故期末资产负债表中每一类金融资产和负债价值量为期初值加上净增加值。

为实现货币统计目的，MFSMCG 对 IFRS 金融资产和负债流量与存量账户和资产负债表进行调整，具体表现在：对于 IFRS 中金融资产负债账户体系，MFSMCG 合并为金融交易账户、重估变化账户、资产数量其他变化账户；对于 IFRS 资产负债表，MFSMCG 按照流动性和债权与债务关系，把金融资产和负债分为八大类，并且把这八大类金融资产和负债进一步区分为包括在基础货币之内和之外、广义货币之内和之外。MFSMCG 为统计金融资产和负债的总量指标，基于调整后的资产负债表和会计恒等式，重新编制成概览；与此同时，为反映部门之间的资金流动情况，编制了资金流量表。

第三节　MFSMCG 和 IFRS 关于金融流量的衔接框架

MFSMCG 中记录金融资产和负债流量的账户有交易、重估和资产数量其他变化账户，IFRS 中的流量在会计科目对应的账户、损益表、股东权益变动表和现金流量表中记录。建立 MFSMCG 和 IFRS 关于金融流量的衔接框架，需要以 MFSMCG 为标准，对 IFRS 会计科目对应的账户、损益表、股东权益变动表和现金流量表中的金融资产负债交易项目进行拆分、汇总，使之对应到交易、重估和资产数量其他变化账户中相应的资产负债项目下。

一　MFSMCG 和 IFRS 关于金融交易流量的衔接

以金融性公司为例，按照 MFSMCG 金融资产和负债交易的类别，对 IFRS 交易类别和账户重新整理归类，建立 MFSMCG 和 IFRS 关于金融交易流量的衔接框架。具体衔接框架如表 6.3 所示。

表 6.3　MFSMCG 和 IFRS 关于金融交易流量的衔接框架

MFSMCG 交易类别	IFRS 的交易类别和账户	
金融资产	获得	处置
货币黄金和特别提款权	获得货币黄金和特别提款权（借方）	处置货币黄金和特别提款权（贷方）

MFSMCG 交易类别	IFRS 的交易类别和账户	
金融资产	获得	处置
通货	获得现金（借方）	减少现金（贷方）
存款	获得存款（借方）	处置存款（贷方）
债券	获得债券—持有到期（交易）（借方）	处置债券—持有到期（交易）（贷方）
贷款	获得贷款（借方）	处置贷款（贷方）
股权和投资基金份额	获得长期股权和投资基金份额投资（借方） 获得交易性金融资产（借方） 获得资本公积金—股权和投资基金份额（贷方）	处置长期股权和投资基金份额投资（贷方） 处置交易性金融资产（贷方） 处置资本公积金—股权和投资基金份额（借方）
保险、养老金和标准化担保计划	获得保险、养老金和标准化担保计划（借方）	处置保险、养老金和标准化担保计划（贷方）
金融衍生产品	交易性金融资产（借方） 买入返售金融资产（借方） 可供出售金融资产（借方）	交易性金融资产（贷方） 卖出返售金融资产（贷方） 可供出售金融资产（贷方）
其他应收款	应收票据（借方） 应收账款（借方） 应收股利（借方） 应收利息（借方） 其他应收款（借方）	应收票据（贷方） 应收账款（贷方） 应收股利（贷方） 应收利息（贷方） 其他应收款（贷方）
金融负债	产生	减少
通货和存款	短期借款（贷方） 预收账款（贷方） 长期借款（贷方） 其他短期借款（贷方）	短期借款（借方） 预收账款（借方） 长期借款（借方） 其他短期借款（借方）
债券	发行债券（贷方）	赎回债券（借方）
贷款	从常住和非常住金融性公司获得短期贷款（贷方） 从常住和非常住金融性公司获得长期贷款（贷方） 从常住和非常住非金融性机构获得其他贷款（贷方）	短期贷款—向常住和非常住金融性公司偿还贷款（借方） 长期贷款—向常住和非常住金融性公司偿还贷款（借方） 其他贷款—向常住和非常住非金融性机构偿还（借方）
股权和投资基金份额	获得资本公积金—股权和投资基金份额（贷方）	减少资本公积金—股权和投资基金份额（借方）
保险、养老金和标准化担保计划	应付账款—保险、养老金和标准化担保计划（贷方）	应付账款—保险、养老金和标准化担保计划（借方）

MFSMCG 交易类别	IFRS 的交易类别和账户	
金融负债	产生	减少
金融衍生产品	交易性金融负债（贷方） 卖出回购金融资产（贷方）	交易性金融负债（借方） 买入回购金融资产（借方）
其他应付款	应付账款（除贷款和保险、养老金和标准化担保计划外）（贷方） 应付利息（贷方） 应付股息（贷方） 其他应付款（贷方）	应付账款（除贷款和保险、养老金和标准化担保计划外）（借方） 应付利息（借方） 应付股息（借方） 其他应付款（借方）

资料来源：根据对不同类型的金融资产和负债，结合会计记账原则和 MFSMCG 交易记录要求汇总得到。

二 MFSMCG 重估账户和 IFRS 持有收益类别的衔接

IFRS 中金融资产和负债的价值变化是通过损益账户记录的，MFSMCG中金融资产和负债的变化是由重估账户记录的，想把两者中的金融资产和负债的估值变化对接，需要将 IFRS 损益表中有关金融资产和负债的估值变动重新整理归类，对应到 MFSMCG 的重估账户类别中。两者之间的衔接框架如表 6.4 所示。

表 6.4 MFSMCG 重估账户和 IFRS 持有收益类别的衔接框架

MFSMCG 重估账户类别	IFRS 损益账户重估类别	
金融资产	收益	损失
外币（汇率变化）	外币/外币增值（借方）	外币/外币减少（贷方）
外币存款（汇率变化）	外币存款/外币增加（借方）	外币存款/外币减少（贷方）
债券（价格或/和汇率变化）	债券/债券价格上升（借方） 债券/汇率变化（借方）	债券/债券价格下降（贷方） 债券/汇率变化（贷方）
外币贷款（汇率变化）	贷款/外币贷款升值（借方）	贷款/外币贷款减值（贷方）
股权和投资基金份额（价格和/或汇率）	股权和投资基金份额/股权和投资基金份额升值（借方） 股权和投资基金份额/股权和投资基金份额汇率变动（借方）	股权和投资基金份额/股权和投资基金份额减值（贷方） 股权和投资基金份额/股权和投资基金份额汇率变动（贷方）
保险、养老金和标准化担保计划/外币保费预付款	保险、养老金和标准化担保计划/外币保费预付款增值（借方）	保险、养老金和标准化担保计划/外币保费预付款减值（贷方）

续表

MFSMCG 重估账户类别	IFRS 损益账户重估类别	
金融资产	收益	损失
金融衍生产品 （汇率和/或价格）	金融衍生产品/金融衍生产品增值（借方） 金融衍生产品/汇率变化增值（借方）	金融衍生产品/金融衍生产品减值（贷方） 金融衍生产品/汇率变化减值（贷方）
外币其他应收账款	外币其他应收账款/汇率变化（借方）	外币其他应收账款/汇率变化（贷方）
金融负债	收益	损失
外币（汇率变化）	外币/外币增值（贷方）	外币/外币减少（借方）
外币存款（汇率变化）	外币存款/外币增加（贷方）	外币存款/外币减少（借方）
债券（价格或/和汇率变化）	债券/债券价格上升（贷方） 债券/汇率变化（贷方）	债券/债券价格下降（借方） 债券/汇率变化（借方）
外币贷款（汇率变化）	贷款/外币贷款升值（贷方）	贷款/外币贷款减值（借方）
股权和投资基金份额 （价格和/或汇率）	股权和投资基金份额/股权和投资基金份额增值（贷方） 股权和投资基金份额/股权和投资基金份额汇率变动（贷方）	股权和投资基金份额/股权和投资基金份额减值（借方） 股权和投资基金份额/股权和投资基金份额汇率变动（借方）
保险、养老金和标准化担保计划/外币保费预付款	保险、养老金和标准化担保计划/外币保费预付款增值（贷方）	保险、养老金和标准化担保计划/外币保费预付款减值（借方）
金融衍生产品 （汇率和/或价格）	金融衍生产品/金融衍生产品增值（贷方） 金融衍生产品/汇率变化增值（贷方）	金融衍生产品/金融衍生产品减值（借方） 金融衍生产品/汇率变化减值（借方）
外币其他应收账款	外币其他应收账款/汇率变化（贷方）	外币其他应收账款/汇率变化（借方）

资料来源：根据不同类型的金融资产和负债的重估，结合会计损益记录原则和 MFSMCG 的重估记录原则汇总得出。

（一）以外币计量的金融资产和负债的持有收益

以外币计量的金融资产和负债，不管是哪一类，其价值都可能受汇率变化而改变。因汇率变化而造成的收益，会计记录在"营业外收入—汇兑损失"的贷方，损失记录在"营业外支出—汇兑损失"的借方。

（二）持有收益为零的金融资产和负债

有些金融资产和负债，具有固定货币价值（以本币计算，不考虑汇兑收益），其货币价值不随时间而变化，因此这些金融资产和负债持有收益为零。这类资产包括通货和存款（不包括贵金属和货币黄金）、不可流通的贷款、其他应收款、贸易信贷、货币黄金和特别提款权等。

（三）债务证券、股权和投资基金份额、金融衍生工具的持有收益

债务证券、股权和投资基金份额、金融衍生工具的持有收益分为未实现和已实现的。在资产负债表日进行重估时发生的持有收益为未实现的持有收益。若公允价值高于账面价值，则其差额即持有收益借记"交易性金融资产—债券/股票/基金……—公允价值变动"，贷记"公允价值变动损益"；若公允价值小于账面价值，则其差额即持有损益借记"公允价值变动损益"，贷记"交易性金融资产—负债/股票/基金……—公允价值变动"。

债务证券、股权和投资基金份额、金融衍生工具在售时，其公允价值与账面价值的差额为已实现的持有收益。若出售收入小于账面价值，则其差额为持有损失，借记"投资收益—交易性金融工具投资收益—债券/股票/基金……"，贷记"公允价值变动损益—交易性金融资产公允价值变动损益—债券/股票/基金……"；反之，即为持有收益，借记"公允价值变动损益—交易性金融资产公允价值变动损益—债券/股票/基金……"，贷记"投资收益—交易性金融工具投资收益—债券/股票/基金……"

三　MFSMCG 资产数量其他变化和 IFRS 金融资产和负债出现与撤销的衔接

按照 MFSMCG 金融资产和负债资产数量其他变化的类别，将金融性公司对应金融资产数量变化类别的账户重新整理归类，两者之间的衔接框架账户如表 6.5 所示。

表 6.5　MFSMCG 资产数量其他变化和 IFRS 金融资产和
负债出现与撤销的衔接框架

MFSMCG 资产数量变化类别	IFRS 金融资产负债出现与撤销的账户类别	
金融资产	增加	减少
货币黄金和特别提款权	特别提款权—特别提款权分配（借方） 现金和现金等价物—其他货币资金—货币黄金（借方）	特别提款权—特别提款权取消（贷方） 现金和现金等价物—其他货币资金—货币黄金（贷方）

续表

MFSMCG 资产数量变化类别	IFRS 金融资产负债出现与撤销的账户类别	
金融资产	增加	减少
通货和存款	①待处理财产损益—待处理流动资产损益—现金或现金等价物存款（借方，不包括贵重金属）②现金及现金等价物—罚没现金及现金等价物（借方，不包括除货币黄金外的其他贵金属）	①待处理财产损益—待处理流动资产损益—现金或现金等价物存款（贷方，不包括贵重金属）②现金及现金等价物—罚没现金及现金等价物（贷方，不包括除货币黄金外的其他贵金属）
债券		持有到期投资减值准备金和债券撤销（贷方）
贷款		贷款核销（贷方）
股权和投资基金份额	股份的增加（借方）	持有到期投资减值准备金—股权和投资基金份额（贷方）
保险、养老金和标准化担保计划	由其他因素导致的增加（借方）	由其他因素导致的减少（贷方）
金融衍生产品	交易性金融资产增值（借方）	交易性金融资产减值损失（贷方）
其他应收账款		坏账准备—应收账款（贷方）
金融负债	增加	减少
通货和存款		货币和存款减少（借方）
贷款		①资本公积—其他资本公积—借款撤销（借方，从金融机构获得）②资本公积—其他资本公积—股票和其他权益撤销（借方）
债券		资本公积金—其他资本公积—债务证券撤销（借方）
股权和投资基金份额		资本公积金—其他资本公积—股权和投资基金份额撤销（借方）
保险、养老金和标准化担保计划	（需另行估算）	（需另行估算）
金融衍生产品		资本公积金—其他资本公积—金融衍生工具（借方）
其他应付账款		资本公积金—其他资本公积（借方）坏账准备—其他应付账款（借方，除贷款）

资料来源：根据不同类型的金融资产和负债的资产数量变化，结合会计记账原则和 MFSMCG 关于资产数量变化的记录要求汇总得出。

（一）货币黄金和特别提款权的资产数量其他变化

货币黄金资产数量的其他变化，一般是由货币当局对货币持有量的调整导致的，MFSMCG 中的该项数据必须从中央银行或者执行货币当局的会计账户"现金和现金等价物—其他货币资金—货币黄金"中获得。特别提款权的分配和取消视为金融资产数量其他变化，其数据也必须从中央银行或者执行货币当局会计账户"特别提款权"中获得。

（二）现金的长款与短款

对于现金资产及等价物（不包括贵金属）要定期或不定期进行清查，发现的现金和存款要通过"待处理财产损益—待处理流动资产损益"科目进行核算，批准后，结转相应账户。长款时，批准前，借记"库存现金"，贷记"待处理财产损益—待处理流动资产损益"；批准后，借记"待处理财产损益—待处理流动资产损益"，贷记"营业外收入"。短款时，报批前，借记"待处理财产损益—待处理流动资产损益"，贷记"库存现金"；报批后，借记"营业外支出"，贷记"待处理财产损益—待处理流动资产损益"。

（三）金融资产的撤销与删除

当债权人认为由债务人破产或其他因素而导致一项金融债券不再能够收回时，债权人应通过资产数量其他变化将债券从资产负债表上删除，例如，长期股权投资，由种种原因导致其永久性贬值（如连年严重亏损、资不抵债、破产清算等），就需要冲销长期投资的账面余额：借记"长期投资跌价损失准备"，贷记"长期投资—长期股权投资"。

债务证券、股权和投资基金份额、金融衍生工具的撤销和删除与长期股权投资的冲销处理类似，注销的资产价值通过损失准备科目冲销资产价值。

（四）金融负债的资产数量其他变化

尽管负债是金融资产的对应方，但金融负债很少出现资产数量其他变化"增加"的情况。金融负债减少一般只会发生在贷款、债券、其他应付款及少数金融衍生工具中，例如，由于债权人死亡或其他原因造成确实无法支付的应付账款、在进行债务重组时被债权人豁免的债务等情况，此时一般是借记该金融资产科目，贷记"资本公积—其他资本公积"科目。

第四节　MFSMCG 和 IFRS 关于金融存量的衔接框架

MFSMCG 和 IFRS 中的金融资产和负债存量记录在资产负债表中。MFSMCG 和 IFRS 对净值的界定不同，导致二者资产负债表中金融资产和负债的内容、项目和排列不同，因此，在构建 MFSMCG 和 IFRS 关于金融存量的衔接框架时，需要以 MFSMCG 为标准，对 IFRS 资产负债表中金融资产和负债项目进行拆分、重组、重新编排，使之对应到 MFSMCG 资产负债表相应的资产负债项目下。

为了建立 IFRS 资产负债表和 MFSMCG 资产负债表的对应关系，在会计资产负债表基础上，增设"编码"一栏，如表 6.6 所示。

表 6.6　企业会计资产负债报告

编码	资产	编码	负债/净资产
1	资产	2	负债
11	流动资产	21	流动负债
111	现金和现金等价物	211	应付款项
1111	现金	2111	应付票据
1112	银行存款	2112	应付账款
1113	其他货币资金	2113	预收账款
112	应收款项	212	短期借款
11211	应收票据	213	借款的流动部分
11212	应收账款	214	准备
11213	预付账款	2141	雇员福利准备
11214	应收补贴款	2142	其他准备
11215	其他应收款	22	非流动负债
113	存货	221	应付款项

编码	资产	编码	负债/净资产
1131	商品	2211	应付票据
1132	生产物资	2212	应付账款
1133	原材料	2213	预收账款
1134	在产品	222	长期借款
1135	产成品	223	准备
114	预付款	224	雇员福利
115	短期投资	225	养老金
1151	短期债券	2	负债总额
1152	股票	3	净资产/权益
1153	其他交易性金融工具	31	实收资本
12	非流动资产	32	资本公积
121	应收款项	33	盈余公积
1211	应收票据	34	未分配利润
1212	应收账款	3	净资产/权益总额
1213	预付账款		
1214	应收补贴款		
122	长期投资		
1221	长期债券		
1222	股权		
1223	其他交易性金融工具		
123	其他金融资产		
1231	贷款		
1232	其他		
124	基础设施、房舍和设备		
1241	基础设施		
1242	房舍		
1243	设备		
125	土地和建筑物		
1251	土地		
1252	建筑物		
126	无形资产		

续表

编码	资产	编码	负债/净资产
127	其他非金融资产		
1271	生物资产		
12711	消耗性生物资产		
12712	生产性生物资产		
1272	其他		
1	资产总额		

资料来源：余莹《货币与金融统计的微观基础研究》，河南大学硕士学位论文，2016，第40页。

  如前所述，会计资产负债表和货币与金融统计核算的资产负债表科目分类不同，故把会计资产负债表中的科目转换为货币与金融统计核算中机构单位资产负债表的有关科目，并应予调整，所以，在单个机构部门金融统计核算的资产负债表基础上，增设"来源"一栏。"来源"栏中标明的编码关系式，反映二者资产负债表各科目之间的对应转换关系（如表6.7所示）。如：单个机构部门金融统计核算的资产负债表中"货币黄金和特别提款权"项，其"来源"栏用1232中"特别提款权"+1113中"货币黄金"表示。

表 6.7　单个机构部门 MFSMCG 资产负债表衔接

	来源
非金融资产	—
固定资产	124 + 125
房屋建筑物	1242 + 1251 + 1252
机器设备	1241 + 1243
存货	113
产成品和商品	1131 + 1135
其他非金融资产	127
无形资产	126
金融资产	—
货币黄金和特别提款权	1232 中"特别提款权"+1113 中"货币黄金"
通货和存款	1111 + 1112 + 1113 中流通的"黄金铸币或纪念币"

续表

	来源
贷款	1231
债务证券	1151 + 1221 + 1153 中符合"债务证券" + 1223 + 11211 中"银行承兑汇票"
股权和投资基金份额	1152 + 1222
养老金、保险和标准化担保计划	1232 中"养老金、保险和标准化担保计划"
其他应收/应付账款	112 + 121 + 114
金融衍生产品	1153 除"债务证券" + 1223 除"债务证券"
金融负债	—
通货和存款	213
贷款	212 + 222（从金融机构取得；不可流通）+ 2113 + 2213（从非金融机构的单位或个人取得；不可流通；除金融衍生产品和养老金、保险和标准化担保计划外）
债务证券	31 中"优先股" + 212 中"可流通部分" + 222 中"可流通部分"
股权和投资基金份额	31 中除"优先股" + 32 中的"股本溢价" + 33
养老金、保险和标准化担保计划	2113 中"养老金、保险和标准化担保计划" + 2213 中"养老金、保险和标准化担保计划"
其他应收/应付账款	215 + 216 + 224 + 225 + 211&221（除贷款，金融衍生产品和养老金、保险和标准化担保计划外）+ 214 + 223
金融衍生产品	2113 中"金融衍生产品" + 2213 中"金融衍生产品"
资产负债差额（资产净值）	—

资料来源：余莹《货币与金融统计的微观基础研究》，河南大学硕士学位论文，2016，第 40～41 页。

表 6.7 是会计资产负债表和机构单位资产负债表中的一些项目大致对应关系。更细的分类可参考会计科目和账目分类。表 6.7 中，一些特殊科目说明如下。

1. 分类

会计资产负债表和货币与金融统计核算的资产负债表在科目设置上存在较大的差异，例如，在金融资产与负债方面，会计资产负债表中并没有细分投资的类型，但货币与金融统计核算的资产负债表则要求单列股权和投资基金份额、债务证券、金融衍生产品等，因此，有必要对会计数据进一步细分、归并，寻找出货币与金融统计核算的资产负债表对应项目的数据。

2. 准备

会计上出于谨慎性原则，需要在负债项下计提准备。但货币与金融统计核算的资产负债表中不确认准备为经济资产，不需要纳入资产负债表中。

3. 黄金贷款

黄金贷款是指以黄金为抵押进行的贷款。用于贷款的黄金可以是货币黄金，也可以是非货币黄金。会计核算时，用于抵押贷款的黄金仍然留在黄金的贷方账簿上，贷方承担着黄金市场价格涨落的风险；货币与金融统计核算建议将黄金贷款视作表外项目，只有黄金被转售时，转售方才记录黄金交易。

4. 债务证券

债务证券一般包括债券、商业票据和存款性公司发行的大额存单等。货币与金融统计核算建议已经可以流通的贷款应被归类为债务证券。优先股在会计核算中属于权益类，但货币与金融统计核算将其作为债务证券进行核算。会计核算中银行承兑汇票是作为应收票据进行核算的，但货币与金融统计核算要求银行承兑汇票即使还没发生资金交换，但考虑到它代表了持有方无条件债权和承兑银行无条件负债，因此，银行承兑汇票也可以作为债务证券进行核算。

5. 股权和投资基金份额

货币与金融统计核算的资产负债表要求发行的股权和投资基金份额应以市场价格计入负债项下；会计将股权和投资基金份额按其账面价值计入实收资本中，溢价部分计入资本公积中，因此，货币与金融统计核算的资产负债表中负债项下的股权和投资基金份额，应包含以面值计入实收资本中的股本和计入资本公积内的溢价收入两部分。资本公积这一会计科目核算的内容很广，核算了企业筹资范畴中的一切资本公积，既有股票、资本的溢价，又有接受捐赠的款物，还有法定财产的重估增值等，所以，需要进一步分析"资本公积"科目核算内容，将对应的内容填入货币与金融统计"股权和投资基金份额"项下。

本章小结

首先，本章分析了核算金融流量和存量的国际会计准则和国际统计准则，比较了两者的核算目的、核算范围、估值方法和核算框架等的异同；其次，以 MFSMCG 为标准，对 IFRS 会计科目对应的账户、损益表、股东权益变动表和现金流量表中的资产负债交易项目进行拆分、汇总，使之对应到交易、重估和资产数量其他变化账户中相应的资产负债项目下，由此建立了 MFSMCG 和 IFRS 关于金融流量的衔接框架；最后，对比国际会计准则和国际统计准则资产负债表差异，通过拆分及合并 IFRS 金融资产负债项目，建立了会计到统计的金融资产和负债存量的衔接框架。

第七章　2008 SNA 与 2016 MFSMCG 关于金融存流量的协调性

2008 SNA 与 2016 MFSMCG 是政府评价经济运行、实行科学决策的两个主要分析工具。其中，2008 SNA 由于核算范围的广泛性和全面性成为核算体系的核心，2016 MFSMCG 因专门核算金融活动而成为国民经济核算的子体系。鉴于 2016 MFSMCG 的基本原则和概念与 2008 SNA 保持一致且 2016 MFSMCG 与 2008 SNA 的差异主要存在于货币统计中，故对 2008 SNA 与 2016 MFSMCG 关于金融存流量协调性的研究就是对 2008 SNA 与货币统计关于金融存流量协调性的研究，因此，为了减少编制成本，本章以金融存流量为切入点，比较 2008 SNA 与货币统计在机构部门分类、金融资产分类以及核算框架中的异同，研究 2008 SNA 与货币统计的协调关系。

第一节　2008 SNA 与 2016 MFSMCG 关于金融存流量的衔接基础

基于不同的核算目的，国际货币基金组织编制了两套不同的宏观经济核算体系，即 2008 SNA 与 2016 MFSMCG。这两套体系在金融存量和流量核算方面具有一致的核算思路、基本概念、基本分类及基本原则，二者在这些方面的协调为两个体系的对接奠定基础。

一　一致的核算思路

为了核算经济运行过程，宏观经济核算体系把交易作为切入点，分析交易中：①谁；②干什么；③交换什么；④为了什么目的；⑤结果是什么。

为了回答上述一系列问题，2008 SNA 给出"谁"是机构单位，"干什么"就是交易，"交换什么"就是交易的内容，"为了什么目的"是为获得资产和负债，"结果是什么"是机构单位的资产和负债的存量与流量。

为了核算存量与流量，2008 SNA 界定了机构单位，并根据机构单位在经济活动中功能不同对其进行分类；对交易内容，按照生产、分配、使用等功能分别设计不同流量和存量核算；对于不同流量和存量，采用不同的账户核算；对于账户的记录，给出记账原则并建立了账户体系。

2016 MFSMCG 核算体系的构建，采用了与 2008 SNA 相同的分析思路，首先分析了一些基本的核算概念，其次讨论了机构单位和金融交易内容的分类，再次为实现统计目的，给出总量指标和统计总量指标的货币统计框架，最后为反映部门之间资金流动情况，建立了金融统计框架。

二　一致的基本核算问题

2016 MFSMCG 与 2008 SNA 基本核算问题一致，主要体现在基本概念、基本分类和基本原则上。

（一）基本概念

2016 MFSMCG 常住性的定义与 2008 SNA 相同。常住性的基础是经济领土和显著经济利益中心。经济领土是指任何有统计需求的地理区域或管辖区域。最普遍的经济领土概念是指处于单一政府有效经济控制下的区域，包括特殊区域。如果一个机构单位使用一个经济领土内的一些地点、住宅、生产场地或其他活动场所，从事而且有意持续（无限期或者相当长期限）从事具有显著规模的经济活动或交易，则称该机构单位在该经济领土上具有显著的经济利益中心。

（二）基本分类

2016 MFSMCG 采用了 2008 SNA 的分类标志：市场生产者和非市场生产者、有法律身份和没有法律身份、金融性公司和非金融性公司、营利与非营利、生产者和最终消费者。把经济体中的常住单位归为五个机构部门：金融性公司、非金融性公司、一般政府、住户和为住户服务的非营利机构。在货币统计中，住户和为住户服务的非营利机构合并成一个机构部门。

在最高级别的金融资产和负债分类上，2016 MFSMCG 使用 2008 SNA 的分类标志：流动性——把金融资产分为货币黄金和特别提款权，通货和存款，债务证券，贷款，股权和投资基金份额，保险、养老金和标准化担保计划，金融衍生产品和雇员股票期权，其他应收/应付款。

（三）基本原则

2016 MFSMCG 与 2008 SNA 一致，建议记录所有权变更的交易。这种权责发生制的记录方式意味着相应的存量变化与流量在经济价值创造、转换、交换、转移或消失时记录，而不是在付款时记录。原则上，交易双方应同时记录。金融资产交易将在交易日进行记录，而不在结算日进行记录。

第二节　2008 SNA 和货币统计对接的差异与调整

在分析了 2008 SNA 和 2016 MFSMCG 关于金融存流量的衔接基础后，接下来需要对二者之间的差异进行分析和调整，也就是对 2008 SNA 和货币统计之间的差异进行分析和调整。基于这样的思路，本节依次分析了机构部门分类差异与调整、金融资产和负债的差异与调整。

一　机构部门分类差异与调整

2008 SNA 关于机构部门的分类方法：首先根据常住性原则确定是常住单位还是国外部门；其次确定常住单位是住户部门还是机构部门；最后根据机构部门"是否为市场生产者？""是否受政府控制？""是否提供金融服务？""是否受国外控制？"确定机构单位的部门归类，具体归类如图 7.1 所示。

由图 7.1 可知，2008 SNA 将国内机构单位划分为 5 个相互独立的机构部门：非金融性公司、金融性公司、一般政府、住户、为住户服务的非营利性机构。根据是否受政府控制和是否受国外控制，金融性公司可以划分为公营金融性公司、国内私营金融性公司和国外控制的金融性公司；非金融性公司划分为公营非金融性公司、国内私营非金融性公司和国外控制的非金融性公司。

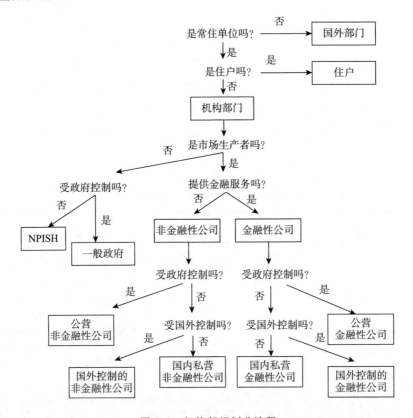

图 7.1　机构部门划分流程

资料来源：联合国、欧盟委员会、经济合作与发展组织、国际货币基金组织、世界银行编《2008 年国民账户体系》，国家统计局国民经济核算司、中国人民大学国民经济核算研究所译，中国统计出版社，2008，第 73 页。

2008 SNA 还根据金融性公司在金融市场上的作用和其负债的流动性，将其分为中央银行、中央银行以外的存款性公司、货币市场基金等 9 个子部门；根据非金融性公司的营利性，将其分为：非营利机构（NPI）和营利机构（FPI）。2008 SNA 对政府部门的划分有两种：一是把政府部门划分为中央政府、省级政府、地方政府、社保基金；二是把政府部门划分为中央政府、省级政府、地方政府（此处的社保基金则归入了相对应的政府层级中，不做单独展示）。

货币统计的目的是通过汇总、整理金融性公司部门以及子部门的资产和负债情况，利用金融活动的有关金融总量指标，如广义货币、基础货币、信贷与债务等，来反映货币政策的绩效。在货币统计中，金融性公司分为中央银行、其他存款性公司和其他金融性公司，从中可以看出，货币统计中金融性公司子部门的汇总程度要高于 SNA 的子部门。在划分非金融性公司子部门时，只需要考虑是否受政府控制，采用 2008 SNA 的第一种分类方法将非金融性公司分为公营非金融性公司和其他非金融性公司。同理，在划分政府子部门时，采取了 2008 SNA 的第二种分类方法，将其分为中央政府和省级与地方政府。2008 SNA 和货币统计对部门的具体分类和调整如表 7.1 所示。

表 7.1   2008 SNA 和货币统计对部门的具体分类和调整

部门	处理方法		合并调整
	货币统计	2008 SNA	
金融性公司	分为 3 个子部门：中央银行、其他存款性公司和其他金融性公司	分为 9 个子部门：中央银行、中央银行以外的存款性公司、货币市场基金、非货币市场基金、保险公司和养老基金以外的其他金融中介机构、金融辅助机构、专属金融机构和贷款人、保险公司和养老基金	货币统计中的其他存款性公司部门合并了 2008 SNA 中的中央银行以外的存款性公司和货币市场基金；货币统计中的其他金融性公司部门合并 2008 SNA 中除中央银行、中央银行以外的存款性公司和货币市场基金以外的所有部门
非金融性公司	分为两个类型：公营非金融性公司和其他非金融性公司	分为 3 个类型：公营非金融性公司、国外控制的非金融性公司和国内私营非金融性公司	货币统计中其他非金融性公司合并了 2008 SNA 的国内私营非金融性公司和国外控制的非金融性公司
一般政府	分为两个子部门：中央政府和省级与地方政府	中央政府、省级政府、地方政府、社会保障基金机构，中央政府、省级政府、地方政府（社会保障基金机构被列入不同级别的政府部门）	货币统计采用 2008 SNA 的第二种分类方法，将社会保障基金机构列入不同级别的政府部门；且将 2008 SNA 中的省级政府和地方政府合并成一个部门
住户和为住户服务的非营利机构	住户和为住户服务的非营利机构是以总的形式来表示的	以两个部门分别介绍了住户和为住户服务的非营利机构	2008 SNA 中将住户和为住户服务的非营利机构作为两个部门来介绍；货币统计中的备忘项目中分别介绍了与住户相关的金融资产和负债

资料来源：IMF, Monetary and Financial Statistics Manual and Compilation Guide（Prepublication Draft) 2016（2016 MFSMCG)，p. 11。

除此之外，2008 SNA 和货币统计的差异还体现在银行间头寸、股权负债、资产损失准备金、净值以及离岸银行的归属问题上。在 2008 SNA 中，所有离岸银行都划为中央银行以外的存款性公司。而货币统计建议：如果离岸银行与其所在经济体的常住单位进行交易，并发行包含在广义货币里的负债，则将离岸银行纳入其他存款性公司子部门；如果它们不发行这些负债，则归类为其他金融性公司，但其他金融性公司下的保险公司和养老基金除外。因此，在合并调整时，需要把这些离岸银行的账户分离出去，才能对数据进行调整。

至于 2008 SNA 和货币统计的其他差异和调整，我们将其归入金融资产和负债的差异和调整中，于下文详细分析。

二　金融资产和负债的差异与调整

在最高级别的金融资产和负债分类上，2008 SNA 和货币统计对其的分类完全相同。但更细的分类层次上，货币统计将通货和存款划分为通货、可转让存款和其他存款；对负债方存款，区分为包含在基础货币/广义货币之内与之外；对于股权和投资基金份额，将其划分为股权、货币市场基金份额/单位和非 MMF 投资基金份额/单位。

此外，2008 SNA 和货币统计关于银行间头寸、股权负债（除投资基金份额外）、资产损失准备金和净值有不同的处理方法，详见表 7.2 与图 7.2；关于金融资产和负债的存流量估值方法，2008 SNA 和货币统计基本上采用了一致的估值方法，但在股权和投资基金份额上有所差异，具体估值方法见表 7.3；对于上述二者不同的处理，具体协调办法也在表 7.2 和图 7.2 中展示。

表 7.2　2008 SNA 和货币统计的不同处理和协调

	处理方法		合并调整
	货币统计	2008 SNA	
银行间头寸	银行间（存款性公司之间）头寸全部由所有相关工具类别（股权负债除外）确定。当贷款与存款之间存在不确定性时，应当记入其他存款类下	除债务证券和应收或应付账款外的银行间头寸作为单独类别在可转让存款下显示	中央银行和其他存款性公司部门资产负债表的备忘项目分别确定了对 MMF 的债权和债务，并且允许按照 2008 SNA 的规定编制银行间头寸

续表

	处理方法		合并调整
	货币统计	2008 SNA	
股权负债（不包括投资基金份额）	金融性公司的股权负债分为五个组成部分，并没有确定对应持有部门，且以账面价值计价	股权负债按市场价值计价，且没有分类。对于非上市股权，自有基金基于五个类别以账面价值法记录	在货币统计方面，金融性公司股权负债的市场价值和对应持有部门在金融性公司的部门资产负债表中记录为备忘项目，以进行全面合并
资产损失准备金	资产损失准备金被视为负债，并列入其他应付账款。计提的准备金被记录为导致股权减少的OCVA	资产损失准备金被视为上报机构单位内部的记账条目，不包含在2008 SNA内，除了不良贷款的预期损失（在资产负债表中被列为备忘项目）	2008 SNA和货币统计的调整见表7.3
净值	货币统计没有显示净值。股权负债按照账面价值显示	净值定义为机构单位或部门所有资产的价值与未偿还负债（包括股权）的差值	在2008 SNA和货币统计中，所有资产的价值减去所有未偿还负债（包括股权）和净值（仅在2008 SNA中）的价值等于零。合并调整见表7.3

资料来源：IMF, Monetary and Financial Statistics Manual and Compilation Guide（Prepublication Draft）2016（2016 MFSMCG），p. 12。

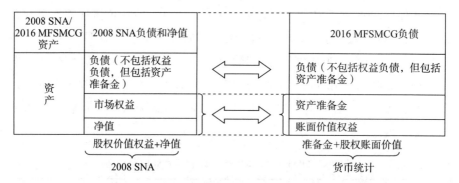

图7.2 2008 SNA和货币统计关于股权负债的合并调整

注：净值分为储蓄和资本转移、资产数量其他变化和名义持有损益，其中包含资产损失准备金。

资料来源：IMF, Monetary and Financial Statistics Manual and Compilation Guide（Prepublication Draft）2016（2016 MFSMCG），p. 15。

表 7.3　2008 SNA 和货币统计关于金融资产负债的不同估值方法

分类	估值方法
货币黄金（中央银行）	市场价值（2008 SNA 和货币统计）
特别提款权（中央银行）	市场价值（2008 SNA 和货币统计）
通货	票面价值（计价货币）（2008 SNA 和货币统计）
存款	名义价值（计价货币）（2008 SNA 和货币统计）
债务证券	市场或公允价值（2008 SNA 和货币统计）
贷款	名义价值（计价货币）（2008 SNA 和货币统计）
股权与投资基金份额	市场或公允价值（对资产和投资基金份额负债方）（2008 SNA 和货币统计）；货币统计股权负债按账面价值估值，2008 SNA 股权负债按市场价值估价
保险、养老金和标准化担保计划	市场或公允价值（2008 SNA 和货币统计）
金融衍生品和雇员股票期权	市场或公允价值（2008 SNA 和货币统计）
其他应收/应付款	名义价值（2008 SNA 和货币统计）

注：所有以外币计价的资产和负债需要以市场汇率转换为本币单位。

资料来源：IMF, Monetary and Financial Statistics Manual and Compilation Guide（Prepublication Draft）2016（2016 MFSMCG），pp. 14 – 15。

第三节　2008 SNA 与货币统计金融存流量的衔接

上节讨论了 2008 SNA 与货币统计在机构部门、金融资产分类方面的差异与调整，本节在此基础上，直接研究二者在金融资产和负债的存流量上的衔接。考虑到货币统计研究的对象是金融性公司的金融资产和负债的存流量，故 2008 SNA 与货币统计在金融资产和负债的存流量上的衔接，也就是货币统计与 2008 SNA 金融性公司金融资产和负债存流量上的衔接。

一　金融存量衔接

货币统计中关于金融性公司有三个资产负债表，分别为中央银行资产负债表、其他存款性公司资产负债表和其他金融性公司资产负债表。按理说，2008 SNA 与货币统计关于金融存量的衔接，只需将货币统计中三个资产负债表内的资产负债小类按 2008 SNA 资产负债八大类别进行合并，最后把三张资产负债表合并为一张金融性公司资产负债表即可。但是，这种整合存在重复计算的问题，主要是因为中央银行、其他存款性公司和其他金融性公司之间的资产负债没有对冲，所以，我们可以采用金融性公司概览中的数据（已经对冲过的中央银行、其他存款性公司和其他金融性公司之间的资产负债的数据）进行整合，但不足的是概览中的数据为高度汇总后的数据，无法满足二者金融资产负债八大类的衔接要求，因此，衔接时需要使用三个资产负债表和金融性公司概览中的核算数据进行对接才能完成。

首先以金融性公司概览为主，结合三个资产负债表，实现从货币统计中的金融性公司概览向 2008 SNA 资产负债表负债部分的转换[①]，具体方法如表 7.4 所示。

表 7.4　货币统计向 2008 SNA 资产负债表负债部分转换方法

2008 SNA 负债 （期初、期末）	转换方法（金融性公司概览）
货币黄金和 SDR	由于货币黄金和 SDR 只在中央银行资产负债表中出现，且货币黄金并没有对应负债，因此这里只需将中央银行资产负债表中的 SDR 分配这一负债项作为货币黄金和 SDR 的负债转入 2008 SNA 中即可
通货和存款	＝金融性公司外通货＋存款＋对非居民负债（存款）＋对中央政府负债（存款）
债务证券	＝债务证券＋对非居民负债（债务性）＋对中央政府负债（债务性）
贷款	＝贷款＋对非居民负债（贷款）＋对中央政府负债（贷款）
股权 和投资基金份额	＝股权＋投资基金份额＋对非居民负债（股权和投资基金份额）＋对中央政府负债（股权和投资基金份额）
保险、养老金 和标准化担保计划	＝保险、养老金和标准化担保计划＋对非居民负债（保险、养老金和标准化担保计划）＋对中央政府负债（保险、养老金和标准化担保计划）
金融衍生工具 和雇员股票期权	＝金融衍生工具和雇员股票期权＋对非居民负债（金融衍生工具和雇员股票期权）＋对中央政府负债（金融衍生工具和雇员股票期权）
其他应收/应付款	＝其他负债＋贸易信贷和预付款＋对非居民负债（其他）＋对中央政府负债（其他）－资产损失准备金

注：①对非居民负债和对中央政府负债的详细数据，需要在中央银行、其他存款性公司以及其他金融性公司资产负债表中寻找，找到后，须对同一金融工具下的各部门相应负债加总。②对非居民负债（其他）＝中央银行对非居民负债（其他）＋其他存款性公司对非居民负债（其他）＋其他金融性公司对非居民负债（其他），其他可依此类推。③2008 SNA 中的净值变化中包含资产损失准备金。

资料来源：根据 2016 MFSMCG 和 2008 SNA 关于八大类金融负债的不同记录整理的二者之间的转换方法。

---

① 王梓楠：《金融存量视角下的 SNA 与 MFS 协调性研究——基于 2008 SNA 与 2016 MFSMCG》，《统计与信息论坛》2017 年第 8 期。

然后，再来看货币统计向 2008 SNA 资产负债表资产部分转换的方法。这里，由于金融性公司概览中关于金融资产的数据不足，无法按照上述方法直接对接，故在此以三个资产负债表为主，对金融性公司中中央银行、其他存款性公司和其他金融性公司之间的资产负债各项目逐一对冲，之后，合并三个资产负债表的金融资产部分，形成金融性公司金融资产的八大类，具体如表 7.5 所示。

表 7.5 货币统计向 2008 SNA 资产负债表资产部分转换方法

2008 SNA 中金融性公司的金融资产存量	转换方法
货币黄金和 SDR	＝货币黄金和 SDR（中央银行）
通货和存款	＝持有外币（中央＋存款性＋金融性）＋对非居民存款（中央＋存款性＋金融性）
债务证券	＝对冲后的债务证券（中央＋存款性＋金融性）
贷款	＝对冲后的贷款（中央＋存款性＋金融性）
股权和投资基金份额	＝对冲后的股权和投资基金份额（中央＋存款性＋金融性）
保险、养老金和标准化担保计划	＝对冲后的保险、养老金和标准化担保计划（中央＋存款性＋金融性）
金融衍生工具和雇员股票期权	＝对冲后的金融衍生工具和雇员股票期权（中央＋存款性＋金融性）
其他应收/应付款	＝对冲后的其他应收/应付款（中央＋存款性＋金融性）

注：中央指中央银行资产负债表；存款性指其他存款性公司资产负债表；金融性指其他金融性公司资产负债表

资料来源：根据 2016 MFSMCG 和 2008 SNA 关于八大类金融资产的不同记录整理的二者之间的转换方法。

二 金融流量衔接

金融流量由金融交易账户、资产数量其他变化账户和重估账户记录。货币统计中三部门资产负债表和金融性公司概览统计了金融交易流量、资产数量其他变化流量和估值变化流量。要实现货币统计和 2008 SNA 对金融资产负债流量的衔接，就是以货币统计中资产负债流量统计为基础，转入 2008 SNA 资产负债表中的金融资产变化和净值变化。

（一）货币统计和 2008 SNA 金融性公司金融负债流量的衔接

以金融性公司概览为主，金融流量负债部分的对接以 2008 SNA 资产负债表中的流量分类为标准，实现货币统计中的金融性公司负债流量向 2008 SNA 资产负债表的净值转换。其中，货币统计中的金融性公司负债流量包括交易、重估和资产数量其他变化；2008 SNA 中的净值变化包括储蓄和资本转移、资产数量其他变化和名义持有损益。

2008 SNA 中的储蓄和资本转移/资产数量其他变化/名义持有损益对应由于金融交易/资产数量其他变化/重估而产生的负债的净增加/净减少，因此，可以先汇总金融性公司概览中金融性公司之外的通货、存款与投资基金份额等金融工具负债的金融交易/资产数量其他变化/重估流量，再加上概览中各自对应的合并调整与对中央政府的负债。2008 SNA 中金融性公司净值就等于上述三项对接之和。

（二）货币统计和 2008 SNA 金融性公司金融资产流量的衔接

与货币统计和 2008 SNA 金融存量对接情况类似，金融流量对接过程中由于金融性公司概览中关于金融资产的数据不足，且 2008 SNA 中的资产变化分八大类显示，故在此使用金融资产存量对接时合并好的金融性公司期初、期末资产负债表，这样，金融资产流量的衔接就可以直接从金融性公司期末资产负债表减金融性公司期初资产负债表中得出。

如果没有编制好的期末资产负债表，则可以采用另一种方法：以三个资产负债表为主，在对金融性公司、中央银行、其他存款性公司和其他金融性公司之间的交易、估值和资产数量其他变化各项目逐一对冲之后，按金融资产的八大类合并三个资产负债表资产方的金融流量部分，形成一张金融性公司资产方的金融流量表。至此，货币统计和 2008 SNA 金融资产的流量就可以直接衔接了。

本章小结

本章首先分析了 2008 SNA 与 2016 MFSMCG 这两套体系在金融存量和

流量核算方面关于核算思路、核算概念、核算原则及核算分类的一致性，说明二者协调的基础；其次讨论了 2008 SNA 与货币统计在机构部门、金融资产分类方面的差异与调整，为二者关于金融存量和流量的衔接做铺垫；最后分别剖析了金融资产和负债的存量和流量上的衔接，构建了关于金融资产和负债流量与存量由货币统计往 2008 SNA 金融性公司中转化的协调框架。此框架在实际操作中可以为统计人员从同一基本来源收集数据编制的 2008 SNA 和 2016 MFSMCG 提供交叉检验，大力推进了 2016 MF-SMCG 与 2008 SNA 在金融存量与流量统计数据上的协调一致研究。

第八章　我国货币与金融统计现状及修订完善建议

前面章节分析了国际货币基金组织发布的 2016 MFSMCG 的核算体系，以及 2016 MFSMCG 和源数据与 2008 SNA 的协调问题。本章在此基础上剖析我国货币与金融统计现状与问题，指出我国货币与金融统计体系和 2016 MFSMCG 的差距，提出完善和修订我国货币与金融统计体系的建议。

第一节　我国货币与金融统计现状与问题

我国货币与金融统计体系经历了从信贷收支平衡表到 IMF 发行的《货币与金融统计手册》的转换，现阶段我国货币与金融统计体系是以 2000 MFSM 为准则而建立的统计体系。

下面依据货币与金融统计相关问题分析当今我国货币与金融统计的范围、机构部门分类、统计框架现状及不足和总量指标现状与不足。

一　货币与金融统计范围

（一）从交易主体看

我国货币统计的范围是常住性和非常住性金融性公司部门。常住性金融性公司部门由中央银行及其子部门、其他存款性公司部门以及其他金融性公司部门构成。具体包括中国人民银行、中国工商银行、中国农业银行、中国银行、中国建设银行、国家开发银行、中国进出口银行、中国农业发展银行、交通银行、中信银行、光大银行、华夏银行、广东发展银行、深圳发展银行、招商银行、浦东发展银行、兴业银行、民生银行、恒丰银行、浙商银行、渤海银行、中原银行、城市商业银行、城市信用社、农村信用社、在华外资银行、邮政储汇局、财务公司、信托投资公司、租赁公司、保险公司、证券公司、证券投资基金管理公司、养老基金公司、资产管理公司、担保公司、期货公司、证券交易所、期货交易所等。

我国金融统计的范围由参与金融交易的常住单位和非常住单位组成。常住单位划分为广义政府部门、金融机构部门、非金融企业部门、住户部门和为住户服务的非营利机构部门。金融统计记录国民经济机构部门之间以及机构部门与非常住单位之间的所有金融交易，反映所有机构部门的金融资产、负债以及净金融投资状况。

（二）从交易内容看

货币统计的范围是金融机构部门从事金融交易而产生的金融资产和负债的存流量。金融统计的范围是所有常住单位和非常住单位从事金融交易而产生的金融资产和负债的存流量。

二　我国货币与金融统计的机构部门分类

首先根据 SNA 和 MFSM 的机构单位、常住单位等基本概念，我国货币与金融统计的机构部门分为常住单位和非常住单位；其次根据 SNA、MFSM 以及我国国民经济核算体系的机构部门划分原则和标准，将从事金融交易活动的常住单位分为五大类：广义政府部门、金融机构部门、非金融企业部门、住户部门和为住户服务的非营利机构部门。

非金融企业与非金融企业部门。非金融企业指主要从事市场性货物生产、提供非金融市场性服务的常住企业，包括农业企业、工业企业、建筑业企业、批发零售业企业、交通运输业企业等各类非金融法人。所有非金融企业组成非金融企业部门。

金融机构与金融机构部门。金融机构指主要从事金融媒介以及与金融媒介密切相关的辅助金融活动的常住单位，包括从事货币金融服务、资本市场服务、保险服务、其他金融服务等活动的法人。所有金融机构组成金融机构部门。

广义政府机构与广义政府部门。广义政府机构指在设定区域内对其他机构单位拥有立法、司法或行政权的法律实体及其附属单位，主要包括各级党政机关、群众团体、事业单位、基层群众自治组织等。广义政府机构的主要职能是利用征税和其他方式获得的资金向社会和公众提供货物和服务；通过转移支付，对社会收入和财产进行再分配；从事非市场性生产。所有广义政府机构组成广义政府部门。

为住户服务的非营利机构（NPISH）和为住户服务的非营利机构部门。为住户服务的非营利机构指从事非市场性生产、为住户提供服务、其资金主要来源于会员会费和社会捐赠且不受政府控制的非营利机构，例如宗教组织，各种社交、文化、娱乐和体育俱乐部，以及公众、企业、政府机构、非常住单位等以现金或实物提供资助的慈善、救济和援助组织等。所有为住户服务的非营利机构组成为住户服务的非营利机构部门。

住户与住户部门。住户指共享同一生活设施，共同使用部分或全部收入和财产，共同消费住房、食品和其他消费品与服务的常住个人或个人群体。住户部门既是生产者，也是消费者和投资者。作为生产者，住户部门包括所有农户和个体经营户，以及住户自给性服务的提供者。所有住户组成住户部门。

上述五个机构部门构成我国的经济总体。与我国常住单位发生交易的所有非常住单位，并不需要也不可能核算其发生的所有经济活动，只需核算它与我国常住单位间发生的交易活动以及累积形成的资产负债关系。其不是一个机构部门，但为表述方便，我国货币与金融统计将其视同为机构部门处理。

三 我国货币与金融统计框架现状及不足

为了统计货币总量指标，依据 MFSM，中国人民银行构建两个层次的数据编制和表述，第一个层次为货币当局资产负债表和其他存款性公司资产负债表，第二个层次为存款性公司概览。为了统计信贷和债务规模，编制了金融机构人民币信贷收支表、存款类金融机构人民币信贷收支表、金融机构外汇信贷收支表、存款类金融机构外汇信贷收支表、中资全国性大型银行人民币信贷收支表、中资全国性四家大型银行人民币信贷收支表和中资全国性中小型银行人民币信贷收支表。

（一）货币当局资产负债表

依据 MFSM 的资产负债表的项目要求，中国人民银行设置了货币当局资产负债表，其项目如下。

（1）国外资产

国外资产包括外汇、货币黄金和其他国外资产。其他国外资产包括特别提款权、在国际货币基金组织的储备头寸、对基金信贷的使用、对国外贷款、国外债券和股票等。

（2）国内资产

国内资产包括对政府债权、对其他存款性公司债权、对其他金融性公司债权、对非金融性部门债权和其他资产。我国对国内金融资产分类统计过于笼统，只有对部门总体的债权，没有对单个部门的金融资产进行具体分类，因此，为与 CSNA – 2016 相协调，应将每一个部门的债权拆分为通货、存款、贷款、股权和投资基金份额、债务性证券、保险准备金和社会保险基金权益、金融衍生品和雇员股票期权、国际储备、其他九大类。

（3）国外负债

我国货币当局资产负债表的国外负债只有总数，没有国外存款、贷款、债券、其他等具体的分类。

（4）国内负债

国内负债分为储备货币、不计入储备货币的金融性公司存款、发行债券、政府存款、自有资金和其他负债。储备货币分为货币发行和其他存款性公司存款。负债分类过于粗糙，不符合 MFSM 的要求，因此，应该把我国货币当局资产负债表的负债分为流通中的现金、纳入广义货币中的存款、不纳入广义货币的存款、纳入广义货币的债务证券、不纳入广义货币的债务证券、贷款、保险准备金和社会保险基金权益、金融衍生品和雇员股票期权、其他应付账款、特别提款权的分配和股权，然后对每一类再按照部门具体分类。我国货币当局资产负债表见表 8.1。

表 8.1　货币当局资产负债

资产	负债
国外资产	储备货币
外汇	货币发行
货币黄金	其他存款性公司存款
其他国外资产	——
对政府债权	不计入储备货币的金融性公司存款
其中：中央政府	发行债券
对其他存款性公司债权	国外负债
对其他金融性公司债权	政府存款
对非金融性部门债权	自有资金
其他资产	其他负债
总资产	总负债

资料来源：中国人民银行 – 调查统计司 – 统计数据 – 2017 年统计数据 – 货币统计概览，http://www. pbc. gov. cn/diaochatongjisi/116219/116319/3245697/3245856/index. html。

（二）其他存款性公司资产负债表

依据 MFSM 的资产负债表的项目要求，中国人民银行设置了其他存款性公司资产负债表，其项目如下。

1. 国外资产

我国其他存款性公司资产负债表的国外资产只有总数，没有对外币、国外存款、贷款、债券进行具体分类。

2. 国内资产

国内资产分为储备资产、对政府债权、对中央银行债权、对其他存款性公司债权、对其他金融机构债权、对非金融机构债权、对其他居民部门债权和其他资产。储备资产包括准备金存款和库存现金。我国其他存款性公司资产负债表没有按照 MFSM 的要求，把资产进一步分类，然后根据币种和机构部门再分类。

3. 国外负债

我国其他存款性公司资产负债表的国外负债只有总数，没有对非居民的外汇存款、国外贷款、债券等进行具体的分类。

4. 国内负债

国内负债分为对非金融机构及住户负债、对中央银行负债、对其他存款性公司负债、对其他金融性公司负债、债券发行、实收资本和其他负债。对非金融机构及住户负债包括纳入广义货币的存款、不纳入广义货币的存款和其他负债。纳入广义货币的存款包括单位活期存款、单位定期存款和个人存款；不纳入广义货币的存款包括可转让存款和其他存款。我国其他存款性公司资产、负债见表8.2。

表 8.2 我国其他存款性公司资产、负债

资产	负债
国外资产	对非金融机构及住户负债
储备资产	纳入广义货币的存款
准备金存款	单位活期存款
库存现金	单位定期存款
对政府债权	个人存款
其中：中央政府	不纳入广义货币的存款
对中央银行债权	可转让存款
对其他存款性公司债权	其他存款
对其他金融机构债权	其他负债
对非金融机构债权	对中央银行负债
对其他居民部门债权	对其他存款性公司负债
其他资产	对其他金融性公司负债
	其中：计入广义货币的存款
	国外负债
	债券发行
	实收资本
	其他负债
总资产	总负债

资料来源：中国人民银行-调查统计司-统计数据-2017年统计数据-货币统计概览，http://www.pbc.gov.cn/diaochatongjisi/116219/116319/3245697/3245856/index.html。

（三） 存款性公司概览

我国存款性公司概览是围绕货币当局资产负债表和其他存款性公司资

产负债表的会计等式编制的，这种编制结构主要是为了统计基础货币和广义货币。

我国存款性公司概览的资产方包括国外净资产和国内信贷，其中国内信贷包括对政府债权（净）、对非金融部门债权和对其他金融部门债权。负债方包括货币和准货币、不纳入广义货币的存款、债券、实收资本和其他（净），其中货币包括流通中货币和单位活期存款；准货币包括单位定期存款、个人存款和其他存款。具体情况见表8.3。

表 8.3 我国存款性公司概览

资产	负债
国外净资产	货币和准货币
国内信贷	货币
对政府债权（净）	流通中货币
对非金融部门债权	单位活期存款
对其他金融部门债权	准货币
	单位定期存款
	个人存款
	其他存款
	不纳入广义货币的存款
	债券
	实收资本
	其他（净）

资料来源：中国人民银行 - 调查统计司 - 统计数据 - 2017 年统计数据 - 货币统计概览，http://www.pbc.gov.cn/diaochatongjisi/116219/116319/3245697/3245856/index.html。

（四）金融机构人民币信贷收支

为了进一步显示金融机构对住户、非金融性企业、政府和非银行业金融机构的信贷和债务情况，中国人民银行设置了金融机构人民币信贷收支表。其来源方包括各项存款、金融债券、对国际金融机构负债和其他等。其运用方包括各项贷款、债券投资、股权及其他投资和在国际金融机构资产等。我国金融机构人民币信贷收支如表8.4所示。

表 8.4　金融机构人民币信贷收支

运用方	来源方
一、各项贷款	一、各项存款
（一）境内贷款	（一）境内存款
1. 住户贷款	1. 住户存款
（1）短期贷款	（1）活期存款
消费贷款	（2）定期及其他存款
经营贷款	2. 非金融企业存款
（2）中长期贷款	（1）活期存款
消费贷款	（2）定期及其他存款
经营贷款	3. 政府存款
2. 非金融企业及机关团体贷款	（1）财政性存款
（1）短期贷款	（2）机关团体存款
（2）中长期贷款	4. 非银行业金融机构存款
（3）票据融资	（二）境外存款
（4）融资租赁	二、金融债券
（5）各项垫款	三、流通中货币
3. 非银行业金融机构贷款	四、对国际金融机构负债
（二）境外贷款	五、其他
二、债券投资	
三、股权及其他投资	
四、黄金占款	
五、中央银行外汇占款	
六、在国际金融机构资产	
资金运用总计	资金来源总计

资料来源：中国人民银行 – 调查统计司 – 统计数据 – 2017 年统计数据 – 货币统计概览，http://www. pbc. gov. cn/diaochatongjisi/116219/116319/3245697/3245856/index. html。

（五）我国的货币与金融统计框架

根据 MFSM 的要求，中华人民共和国国家统计局和中国人民银行调查统计司共同编制了资金流量表，表式与国际上通用的表式相似，是机构部门和交易项目的矩阵表式。主栏为交易项目，主要反映分配方式和融资工具，具体包括通货、存款、贷款、证券、证券投资基金份额、证券公司客户保证金、保险准备金、未贴现的银行承兑汇票、金融机构往来、准备金、库存现金、中央银行贷款、其他（净）、直接投资、其他对外债权债务、国际储备资产、国际收支错误与遗漏。宾栏按机构部门分类，划分为非金融企业部门、金融机构、政府部门、住户部门和非常住单位五个部门，然后每一部门下再设资金来源与资金运用两栏。

尽管通过我国货币与金融统计框架可以分析货币统计的总量指标、机构部门资金来源及使用情况，但是，我国货币统计中的资产负债表的资产和负债分类无法与 CSNA－2016 对接，且没有编制其他金融性公司资产负债表，而是用金融机构人民币信贷收支表来代替，此外，与 2016 MFSMCG中的金融性公司概览相比，我国金融机构人民币信贷收支表中资产和负债分类存在差异，因此，我国货币与金融统计框架仍需要修订和完善。

四　我国货币与金融统计的总量指标现状与不足

货币统计的总量指标是分析、评价、检测经济和金融运行状况的主要依据。我国货币统计依据 MFSM 的要求，结合我国金融市场的具体发展状况，通过编制货币当局资产负债表、其他存款性公司资产负债表、存款性公司概览、信贷收支平衡表等，构建了狭义货币、广义货币、基础货币、流动性总量、信贷和债务总量等指标的统计框架。

（一）广义货币

参照 MFSM，我国对广义货币进行了多层次的统计，具体表示如下：

流通中货币(M0)

货币(M1) = M0 + 单位活期存款

货币和准货币(M2) = M1 + 单位定期存款 + 个人存款 + 其他存款

我国通过存款性公司概览对广义货币的三个层次进行了具体的统计。具体内容如表 8.5 所示。

表 8.5　我国不同层次的广义货币

货币和准货币（M2）
货币（M1）
流通中货币（M0）

单位活期存款
准货币
单位定期存款
个人存款
其他存款

资料来源：中国人民银行－调查统计司－统计数据－2017 年统计数据－货币统计概览，http：//www. pbc. gov. cn/diaochatongjisi/116219/116319/3245697/3245856/index. html。

由表 8.5 可以看出，概览仅显示广义货币包括的金融资产种类，对货币持有部门的种类划分不够详细。

（二）　基础货币

基础货币是货币的基础，是制定货币政策的重要指标。根据 MFSM 的定义，基础货币包括中央银行为广义货币和信贷扩张提供支持的各种负债，主要指银行持有的货币（库存现金）和银行外货币（流通中的现金），以及银行在货币当局的存款。我国基础货币，又称储备货币，由货币发行和其他存款性公司存款构成，其统计可以从货币当局资产负债表负债方得出，具体内容如表 8.6 所示。

表 8.6　我国储备货币的内容

储备货币
货币发行
其他存款性公司存款

资料来源：中国人民银行－调查统计司－统计数据－2017 年统计数据－货币统计概览，http：//www. pbc. gov. cn/diaochatongjisi/116219/116319/3245697/3245856/index. html。

（三）　流动性总量

根据 MFSM，流动性指的是"金融资产在多大程度上能够在短时间内以全部或接近市场的价格出售"，这一概念是在讨论广义货币的界定，判断不同金融资产在多大程度上执行交换手段（流动性）和储藏手段职能时提出的。无论是从覆盖的负债种类还是从包括的发行部门来看，流动性总量都要超过广义货币，除了广义货币负债之外，流动性总量还包括其他被认为具有一定流动性，但不足以纳入国家定义的广义货币之内的负债，例如，商业票据、证券、银行承兑汇票可以转换成现钞或可转让存款，由于它们具有耗时长、成本高、价格波动较大等特点，流动性较低，故被排除在广义货币之外，但一般被纳入流动性总量。

并不是所有的金融资产都被纳入流动性总量，绝大部分种类的贷款不具备流动性，股权和投资基金份额可进行交易，但交易成本高、价格变化大、流动性有限；保险准备金和社会保险基金权益也不具备流动性；金融衍生品虽然能够交易但价格波动幅度大，故流动性较差。以上金融资产通常被排除在流动性总量之外。

依据 MFSM 的要求，我国流动性总量指的是广义货币负债和不包含在广义货币中但具有一定流动性的负债的总和，并通过其他存款性公司资产负债表对流动性总量进行了具体的统计。具体内容如表 8.7 所示。

表 8.7 我国流动性总量

流动性总量
对非金融机构及住户负债
纳入广义货币的存款
单位活期存款
单位定期存款
个人存款
不纳入广义货币的存款
可转让存款
其他存款
其他负债
对中央银行负债
对其他存款性公司负债
对其他金融性公司负债
其中：计入广义货币的存款
国外负债
债券发行

资料来源：中国人民银行 – 调查统计司 – 统计数据 – 2017 年统计数据 – 货币统计概览，http://www.pbc.gov.cn/diaochatongjisi/116219/116319/3245697/3245856/index.html。

与 2016 MFSMCG 流动性总量统计对比，我国货币统计只编制了货币当局资产负债表和其他存款性公司资产负债表，所以我国流动性总量发行部门的统计范围只涵盖了存款性公司，对于其他金融性公司、政府和非常住单位发行的流动性负债并没有涉及。另外，不像 2016 MFSMCG 流动性总量那样（具体细分为长期存款和储蓄计划、银行承兑票据和长期债券等），我国关于其他存款性公司的负债类型划分并不明确。

（四）信贷总量

信贷是体现一定经济关系的不同所有者之间的借贷行为，是以偿还为条件的价值运动的特殊形式，是债权人贷出货币，债务人按期偿还并支付一定利息的信用活动。

从信贷包含的金融资产类型来看，分为狭义信贷和广义信贷。狭义信贷包括以贷款、债务证券、贸易信贷和预付款为表现形式的债权。广义信贷包括一个单位对另一个单位的大部分或所有债权，因此也就包括持有的股票和其他债权。信贷统计仅涵盖金融资产，而把信用额度、贷款承担额度和担保等或有资产排除在外。

从信贷的贷款人来看，信贷总量也有狭义和广义之分。狭义的信贷总量只包括存款性公司对其他部门的债权；广义的信贷总量不仅包括金融性公司的债权，还包括非金融性公司等其他常住单位及非常住单位的债权。

我国信贷总量依据金融机构人民币信贷收支表，从金融负债种类、持有部门和发行部门三个方面进行统计。从该表中不仅可以看出我国信贷总量的组成部分（各项贷款、债券投资、股权及其他投资、黄金占款、中央银行外汇占款和在国际金融机构的资产），还可以看出贷款的对应部门。具体如表 8.8 所示。

表 8.8　我国信贷总量统计

一、各项贷款
（一）境内贷款
1. 住户贷款
（1）短期贷款

　　　　消费贷款

　　　　经营贷款

　　　（2）中长期贷款

　　　　消费贷款

　　　　经营贷款

　　2. 非金融企业及机关团体贷款

　　　（1）短期贷款

　　　（2）中长期贷款

　　　（3）票据融资

　　　（4）融资租赁

　　　（5）各项垫款

　　3. 非银行业金融机构贷款

　（二）境外贷款

二、债券投资

三、股权及其他投资

四、黄金占款

五、中央银行外汇占款

六、在国际金融机构的资产

资料来源：中国人民银行 – 调查统计司 – 统计数据 – 2017 年统计数据 – 货币统计概览，http://www. pbc. gov. cn/diaochatongjisi/116219/116319/3245697/3245856/index. html。

（五）债务总量

　　债务工具是要求在未来的某一时点或某些时点支付本金或利息的工具，包括特别提款权、通货和存款、债务证券、贷款、保险专门准备金以及标准化担保代偿准备金和其他应收/应付款，但不包括股权和投资基金份额以及金融衍生工具和 ESO。MFSM 中债务数据包括住户债务、商业债务、公共部门债务和外债。

　　依据 MFSM，我国的债务统计从金融负债种类、持有部门和发行部门三个方面进行统计，并通过金融机构人民币信贷收支表中资金来源方住户存款、非金融企业存款、政府存款、非银行业金融机构存款、境外存款、金融债券、流通中货币、对国际金融机构负债、其他来反映。具体内容如

表 8.9 所示。

表 8.9　我国金融机构债务总量内容

一、各项存款

　　（一）境内存款

　　　　1. 住户存款

　　　　　　（1）活期存款

　　　　　　（2）定期及其他存款

　　　　2. 非金融企业存款

　　　　　　（1）活期存款

　　　　　　（2）定期及其他存款

　　　　3. 政府存款

　　　　　　（1）财政性存款

　　　　　　（2）机关团体存款

　　　　4. 非银行业金融机构存款

　　（二）境外存款

二、金融债券

三、流通中货币

四、对国际金融机构负债

五、其他

资料来源：中国人民银行 - 调查统计司 - 统计数据 - 2017 年统计数据 - 货币统计概览 http://www. pbc. gov. cn/diaochatongjisi/116219/116319/3245697/3245856/index. html。

第二节　完善和修订我国货币与金融统计体系的建议

基于我国货币与金融统计框架分析，并参照 2016 MFSMCG 与 CSNA - 2016 的框架结构，本节提出完善我国货币与金融统计体系的建议。

一　细化我国金融资产/负债分类

随着我国金融产品创新的兴起，金融产品种类越来越多，要想构建合理的货币与金融统计框架，必须对复杂多样的金融产品进行分类。只有建立了科学合理的金融资产分类，才能比较全面地反映金融的运行过程。

在对我国金融资产进行分类时，首先要把 CSNA－2016 与 2016 MFSMCG 关于金融资产分类的思想有机地结合起来，以金融资产流动性为一级分类标志，以债权人与债务人关系的法律特征、计价货币等为交叉分类标志进行分类，以满足国民经济核算和货币与金融统计对金融资产分类的基本要求。

其次在对金融负债进行分类时，还要考虑核算目的，分类满足中央银行货币政策制定与实施、宏观金融监管、政府经济金融统计、社会公众对金融信息的要求等，因此，应该把金融负债的不同种类区分为包含在基础货币之内/之外和包含在广义货币之内/之外。

最后在对金融资产/负债分类时，需要处理好承接性和前瞻性。从分类的内容看，既要保留金融性公司现行金融资产分类的合理内容，又要按照其不同性质对我国当前客观存在的绝大多数金融资产适当进行再分类。

具体做法，参照 CSNA－2016，首先将我国金融资产/负债划分为通货、存款、贷款、股权和投资基金份额、债务证券、保险准备金和社会保险基金权益、金融衍生品和雇员股票期权、国际储备、其他九大类。

1. 通货

通货指以现金形式存在于市场流通领域中的货币，包括纸币和硬币。通货是持有者的金融资产、中央银行的负债。

2. 存款

存款指金融机构接受客户存入的货币款项，存款人可随时或按约定时间支取款项的信用业务，主要包括活期存款、定期存款、财政存款、外汇存款、委托存款、信托存款、证券公司客户保证金、其他存款和金融机构往来。其中，金融机构往来包括中央银行与商业银行、商业银行之间的资金往来，如存款准备金、库存现金等。存款是存款者的金融资产、金融机构的负债。

3. 贷款

贷款指金融机构将其吸收的资金，按一定的利率贷放给客户并约期归还的信用业务，主要包括短期贷款及票据融资、中长期贷款、外汇贷款、委托贷款和其他贷款。贷款是金融机构的金融资产、贷入者的负债。

4. 股权和投资基金份额

股权指对清偿全部债权后的公司或准法人的剩余财产有索取权的所有票据或证明记录，包括上市股票、非上市股票和其他股权。股权是持有者的金融资产、发行机构单位的负债。

投资基金份额是将投资者的资金集中起来进行金融或非金融资产的集体投资时，证明投资人持有的基金单位数量的受益凭证。投资基金份额是基金持有者的金融资产、金融机构的负债。

5. 债务证券

债务证券是作为债务证明的可转让工具，包括票据、债券、资产支持证券和通常可在金融市场交易的类似工具。其中，债券指机构单位为筹措资金而发行，并且承诺按约定条件偿还的有价证券，主要包括国债、金融债券、中央银行债券、企业债券等。债务证券是持有者的金融资产、发行单位的负债。

6. 保险准备金和社会保险基金权益

保险准备金和社会保险基金权益指社会保险和商业保险基金的净权益、保险费预付款和未决索赔准备金，包括人身保险准备金和其他保险准备金。保险准备金和社会保险基金权益是投保人的金融资产、金融机构的负债。

7. 金融衍生品和雇员股票期权

金融衍生品指以货币、债券、股票等传统金融产品为基础，以杠杆性信用交易为特征的金融产品，通常与某种特定金融产品、特定指标或特定商品挂钩，对特定金融风险本身进行交易。金融衍生品是持有者的金融资产、金融机构的负债。雇员股票期权是一种劳动者报酬形式，是企业向其雇员提供的一种购买企业股权的期权，即雇主与雇员在某日（授权日）签订的一种协议，根据协议，在未来约定时间（含权期）或紧接着的一段时间（行权期）内，雇员能以约定价格（执行价格）购买约定数量的雇主股票。雇员股票期权是雇员的金融资产、发行企业的负债。

8. 国际储备

国际储备指中央银行拥有的、可以随时动用并有效控制的对外资产，包括货币黄金、特别提款权、外汇储备、在国际货币基金组织的储备头寸和其他债权。国际储备是中央银行的金融资产、国外的负债（作为储备资产的金块除外）。

9. 其他

其他指除上述八类金融交易以外的其他金融交易，主要为其他应收/应付款，包括商业信用、在建工程或拟建工程的预付款等。其中，其他应收/应付款是应收方的金融资产、应付方的负债。

依据住户部门、金融机构、非金融企业部门、政府部门、为住户服务的非营利组织对金融资产/负债可做进一步分类。

依据计价货币、纳入广义货币和基础货币、到期日和利率等可进行交叉分类。

二 完善统计框架结构

在讨论了我国货币与金融统计的机构部门分类、金融资产分类以及货币与金融统计框架与 MFSMCG 之间存在的差距之后，应参照国际货币基金组织的要求完善我国的货币统计框架。

国际货币基金组织编制的货币统计框架包含两个层次的数据编制和表述：第一个层次是汇总金融性公司子部门的资产负债表；第二个层次是金融性公司子部门资产负债表汇总成各种概览。为了与国际货币与金融统计体系接轨，我们要参照国际货币基金组织的要求，完善符合我国金融发展实际情况的货币统计框架结构。

（一）金融性公司子部门的资产负债表

国际货币基金组织要求金融性公司部门资产负债的格式是垂直式的，其结构为：列分为期初存量和期末存量、期间的交易、估值变化、资产数量的其他变化；行分为三大类：资产、负债和备忘项目。资产和负债都采用"建筑块"模式构建，就是每种金融资产和负债根据金融工具和债权人/债务人部门进行分类。

（二）概览

概览是对资产负债表的汇总合并，其结构分为资产和负债两大块，资产方集中在国外资产和为国内其他部门提供的信贷上，其中国外资产和国内其他部门的债权都以净值表示；负债方主要显示广义货币的构成。

为了与资产负债表保持一致，概览也包括单列的期初存量、交易、估值变化、资产数量其他变化和期末存量。当今我国还没有编制其他金融性公司的资产负债表，因此仅在货币当局资产负债表、其他存款性公司负债的基础上设计存款性公司概览。

根据 2016 MFSMCG 的要求，应该编制其他金融性公司的资产负债表和中央银行概览、其他存款性公司概览与其他金融性公司概览。

第三节　案例框架设计

参照 2016 MFSMCG，货币统计框架由两个层次构成，分别为资产负债表和概览。其中，资产负债表包括中央银行资产负债表、其他存款性公司资产负债表和其他金融性公司资产负债表；概览包括中央银行概览、存款性公司概览、其他存款性公司概览、金融性公司概览和其他金融性公司概览。

本节基于上述完善后的统计框架，试编中国货币与金融统计案例框架。案例编制是基于目前我国货币统计框架中已编制的中央银行资产负债表、其他存款性公司资产负债表、金融性机构信贷收支平衡表来修订和完善的。

在案例框架设计之前，要按照 2016 MFSMCG 和 CSNA – 2016 的要求，对我国金融工具的分类做一些调整。

一　我国金融工具分类调整

从前面分析知道我国资产负债表、概览以及资金流量表的金融工具分类和 2016 MFSMCG 的分类存在差距，因此参照 2016 MFSMCG 的要求对我国金融工具进行分类调整，调整的结果为通货、存款、贷款、股权和投资基金份额、债务证券、保险准备金和社会保险基金权益、金融衍生品和雇员股票期权、国际储备、其他九大类，然后根据币种和部门做进一步交叉分类。

为了实现上述分类，必须经过一系列拆分、调整、归并，才能使我国的货币与金融统计口径与 2016 MFSMCG 的口径一致。

下面具体分析我国金融性公司子部门的资产负债表和资金流量表的项

目与 2016 MFSMCG 的转换关系。

1. 我国货币当局资产负债表的项目与 2016 MFSMCG 的资产负债表的项目对照关系如下。

（1）国外资产

外汇和黄金货币口径相同，其他国外资产包括特别提款权、在国际货币基金组织的储备头寸、对基金信贷的使用、对国外贷款、国外债券和股票，因此要对其他国外资产根据不同类型拆分为特别提款权、对非居民的存款、购买国外的债券、对国外贷款、购买国外的股票、金融衍生产品及对国外的其他应收款。

（2）国内资产

国内资产包括对政府债权、对其他存款性公司债权、对其他金融性公司债权、对非金融性部门债权和其他资产。我国对国内金融资产分类统计过于笼统，只有部门总体的债权，没有单个部门的金融资产的具体分类，因此应将每一个部门的债权拆分为通货、存款、贷款、股权和投资基金份额、债务证券、保险准备金和社会保险基金权益、金融衍生品和雇员股票期权、国际储备、其他九大类。

（3）国外负债

我国货币当局资产负债表的国外负债只有总数，没有具体的分类，因此把国外负债也应该按上述金融工具分类标准来拆分。

（4）国内负债

国内负债分为储备货币、不计入储备货币的金融性公司存款、发行债券、政府存款、自有资金和其他负债。储备货币分为货币发行和其他存款性公司存款。负债分类过于粗糙，不符合 2016 MFSMCG 的要求。应该把我国货币当局资产负债表的负债分为通货，纳入广义货币的存款，不纳入广义货币的存款，纳入广义货币的债券，不纳入广义货币的债券，贷款，保险、养老金和标准担保计划，金融衍生产品和雇员股票期权，其他应付账款，特别提款权分配和股权。然后对每一类再按照部门具体分类。

2. 我国存款性公司资产负债表的项目与 2016 MFSMCG 的资产负债表的项目对照关系如下。

（1）国外资产

国外资产没有分类，应该把国外资产分为外币、国外存款、贷款、债券等。然后合并到相应的分类里面。

（2）国内资产

国内资产分为储备资产、对中央银行债权、对政府债权、对其他存款性公司债权、对其他金融机构债权、对非金融机构债权、对其他居民部门债权、其他资产。按照 2016 MFSMCG 的要求，应该把资产分为符合 2016 MFSMCG 要求的类别。然后根据币种和机构部门再分类。

（3）国外负债

国外负债只有总数，没有具体的分类。应把国外负债分为非居民的外汇存款、国外贷款、债券、股票、其他应付款。

（4）国内负债

国内负债分为对非金融机构及住户负债、对中央银行负债、对其他存款性公司负债、对其他金融性公司负债、债券发行、实收资本和其他负债。按照 2016 MFSMCG 的要求应该把负债分为通货，纳入广义货币的存款，不纳入广义货币的存款，纳入广义货币的债券，不纳入广义货币的债券，贷款，保险、养老金和标准担保计划，金融衍生产品和雇员股票期权，其他应付账款，特别提款权分配和股权。然后对每一类再按照部门具体分类。

3. 我国存款性公司概览的项目与 2016 MFSMCG 的存款性公司概览的项目对照关系如下。

（1）资产

我国存款性公司概览中国外净资产只有总数，应该细分债权和债务；国内信贷包含对政府债权（净）、对非金融部门债权和对其他金融部门债权，其中对政府债权（净）应该细分债权和债务，对非金融部门债权应该根据部门进一步分类。

（2）负债

我国存款性公司概览中负债包含货币和准货币、不纳入广义货币的存款和债券、实收资本、其他（净）。对于货币和准货币应该按金融工具划分为活期存款、其他存款、可转让的货币市场基金份额、其他货币市场基金份额和债务证券，并且应对每一类金融工具按部门进一步细化；对于不纳入广义货币的存款和债券应标出其他金融性公司相应的部分，有利于金融性公司概览编制时的对冲；另外，应列出贷款，金融衍生品，雇员股票期权，保险、养老金和标准化担保计划，贸易信贷和预付款，并且在每一项中应标出其他金融性公司的相应部分；最后，为了避免资产和负债的不平衡，应加上合并调整项目。

4. 我国金融性公司概览的项目与 2016 MFSMCG 的金融性公司概览的项目对照关系如下。

我国金融性公司概览采用金融机构人民币信贷收支表编制，我国金融机构人民币信贷收支表分为资金来源方和资金使用方。资金来源方代表金融机构的负债，资金使用方代表金融机构的存款。

二 编制案例的数据来源

案例框架编制时需要的数据来源于金融统计年鉴、政府财政年鉴、国民经济统计年鉴、中国人民银行信贷收支统计、中国对外发行债券和股票、国际收支统计等国内外统计公报，一部分经过汇总、拆分和调整得到，还有的需要抽样调查。

三 货币统计案例框架编制

参照前面分析的金融性公司分类、金融工具分类以及设计的金融性公司子部门资产负债表、概览，根据货币统计的基本框架以及数据来源，可以编制及修订我国中央银行概览、存款性公司概览、其他存款性公司概览、金融性公司概览和其他金融性公司概览。它们分别采用 2016 MFSMCG 中相应的表式结构，分别列出了项目内容，具体内容框架如表 8.10 ~ 8.14 所示。

表 8.10 我国中央银行概览

	期初存量	交易	估值变化	资产数量 其他变化	期末存量
净外资					
对非常住单位的债权					
持有的黄金货币					
外币存款					
非股票债券					
贷款					
金融衍生工具					
其他					

	期初存量	交易	估值变化	资产数量 其他变化	期末存量
减：对非常住单位的负债					
存款					
非股票债券					
金融衍生工具					
贷款					
其他					
对其他存款性公司债权					
对政府债权					
对中央政府的债权					
债券					
其他债权					
减：对中央政府的负债					
存款					
其他负债					
对其他部门债权					
其他金融性公司					
地方政府					
非金融性公司					
其他居民部门					
基础货币					
流通中货币					
对其他存款性公司负债					
准备金					
其他负债					
对其他金融性公司负债					
准备金					
其他负债					
包含在广义货币内的存款					
可转让存款					
其他存款					
包含在广义货币内的债务证券					
对其他存款性公司的其他负债					
包括在广义货币中的存款					
可转让存款					
其他存款					
包括在广义货币中的债务证券					

续表

	期初存量	交易	估值变化	资产数量 其他变化	期末存量
广义货币外的存款 　其中：其他金融性公司					
广义货币外的债务证券 　其中：其他金融性公司					
贷款 　其中：其他金融性公司					
保险、养老金和标准化担保计划 　其中：其他金融性公司					
金融衍生产品和股票雇员期权 　其中：其他金融性公司					
贸易信贷和预付款 　其中：其他金融性公司					
股权 　所有者贡献的资金 　留存收益 　本年度业绩 　估值调整					
其他项目（净值） 　其他负债 　减：其他资产					
垂直检查					

表 8.11　我国其他存款性公司概览

	期初存量	交易	估值变化	资产数量 其他变化	期末存量
净外资 　对非常住单位的债权 　　外币 　　存款 　　债务证券 　　贷款 　　股权和投资基金份额 　　金融衍生品 　　其他 　减：对非常住单位的负债 　　存款 　　债务证券					

178

	期初存量	交易	估值变化	资产数量 其他变化	期末存量
贷款					
金融衍生品和雇员股票期权					
其他					
对中央银行债权					
货币					
法定存款准备金					
其他债权					
对政府的净债权					
对中央政府的债权					
债务证券					
贷款					
其他债权					
减：对政府负债					
存款					
其他负债					
对其他部门的债权					
其他金融性公司					
地方政府					
非金融性公司					
其他居民					
对中央银行负债					
包含在广义货币中的存款					
可转让存款					
其他金融性公司					
地方政府					
非金融性公司					
其他居民					
其他存款					
包含在广义货币中的货币市场基金 份额					
可转让的货币市场基金份额					
其他货币市场基份额金					
包含在广义货币中的债务证券					
其他金融性公司					
地方政府					
其他非金融性公司					
非金融性公司					
其他居民					

续表

	期初存量	交易	估值变化	资产数量 其他变化	期末存量
广义货币外的存款 　其中：其他金融性公司					
广义货币外的债务证券 　其中：其他金融性公司					
贷款 　其中：其他金融性公司					
金融衍生产品和雇员股票期权 　其中：其他金融性公司					
保险、养老金和标准化担保计划 　其中：其他金融性公司					
贸易信贷和预付款 　其中：其他金融性公司					
股权 　所有者贡献的资金 　留存收益 　本年度业绩 　一般和特殊准备金 　估值调整					
其他项目（净值） 　其他负债 　减：其他资产 　合并调整					
垂直检查					

表 8.12　存款性公司概览

	期初存量	交易	估值变化	资产数量 其他变化	期末存量
净外资 　对非常住单位的债权 　减：对非常住单位的负债					
国内债权 　对中央政府的净债权 　　对中央政府的债权 　　减：对中央政府的负债 　对其他部门债权					

180

续表

	期初存量	交易	估值变化	资产数量 其他变化	期末存量
其他金融性公司 　　地方政府 　　其他非金融性公司 　　其他居民 包含在广义货币内的负债 　存款性公司之外的货币 　可转让存款 　　其他金融性公司					
政府 　　其他非金融性公司 　　其他居民部门 　　减：中央银行浮存资金 　其他存款 　　其他金融性公司 　　政府 　　其他非金融性公司 　　其他居民部门 　可转让的货币市场基金份额 　其他货币市场基金份额 　债务证券					
广义货币外的存款 　其中：其他金融性公司					
广义货币外的债务证券 　其中：其他金融性公司					
贷款 　其中：其他金融性公司					
金融衍生产品和雇员股票期权 　其中：其他金融性公司					
保险、养老金和标准化担保计划 　其中：其他金融性公司					
贸易信贷和预付款 　其中：其他金融性公司					
股权					
其他项目（净） 　其他负债 　减：其他资产 　合并调整					
垂直检查					

表 8.13　其他金融性公司概览

	期初存量	交易	估值变化	资产数量 其他变化	期末存量
净外资					
对非常住单位的债权					
外币					
存款					
债务证券					
贷款					
股权和投资基金份额					
金融衍生品					
其他					
减：对非常住单位的负债					
存款					
债务证券					
贷款					
金融衍生品和雇员股票期权					
其他					
对存款性公司债权					
货币					
其他债权					
对政府净债权					
对政府债权					
债务证券					
贷款					
其他债权					
减：对政府负债					
存款					
其他负债					
对其他部门债权					
其他金融性公司					
地方政府					
其他非金融性公司					
其他居民					
存款					
其中：对存款性公司					
非货币市场基金份额					
其中：对存款性公司					
债务证券					
其中：对存款性公司					

续表

	期初存量	交易	估值变化	资产数量 其他变化	期末存量
贷款 　其中：对存款性公司					
金融衍生产品和雇员股票期权 　其中：对存款性公司					
保险、养老金和标准化担保计划 　住户的人寿保险和年金权益 　住户的养老金权益 　非人寿保险技术准备金 　　其中：对存款性公司					
养老金经理人的养老基金负债 　其中：对存款性公司					
贸易信贷和预付款 　其中：对存款性公司					
股权 　所有者贡献的资金 　留存收益 　本年度业绩 　一般和特殊准备金 　估值调整					
其他项目（净值） 　其他负债 　减：其他资产 　合并调整					
垂直检查					

表 8.14　金融性公司概览

	期初存量	交易	估值变化	资产数量 其他变化	期末存量
净外资 　对非常住单位的债权 　减：对非常住单位的负债					
国内债权 　对中央政府的净债权 　　对中央政府的债权 　　减：对中央政府的负债 　对其他部门债权 　　其他金融性公司					

183

续表

	期初存量	交易	估值变化	资产数量 其他变化	期末存量

地方政府
    其他非金融性公司
    其他居民					

金融性公司之外的货币					
存款					
投资基金份额					
债务证券					
贷款					
金融衍生产品和雇员股票期权					
保险、养老金和标准化担保计划					
贸易信贷和预付款					
股权					

其他项目（净）
    其他负债
    减：其他资产
    合并调整					

垂直检查					

四 资金流量表案例框架设计

我国现行的资金流量表是把部门金融账户和金融交易账户汇总而形成的，表式结构简单，主栏为交易项目，主要反映分配方式和融资工具，具体包括通货、存款、贷款、证券、证券投资基金份额、证券公司客户保证金、保险准备金、未贴现的银行承兑汇票、金融机构往来、准备金、库存现金、中央银行贷款、其他（净）、直接投资、其他对外债权债务。这些交易项目分类不符合 2016 MFSMCG 与 CSNA－2016 的要求。应将我国交易项目对应的金融资产/负债划分为通货、存款、贷款、股权和投资基金份额、债务性证券、保险准备金和社会保险基金权益、金融衍生品和雇员股票期权、国际储备、其他九大类。

我国现行的资金流量表的宾栏是机构部门，机构部门分为金融性公司和非金融性公司、政府、住户以及非常住单位。这种资金流量表中的金融性公司是作为一个整体出现的，因此表式显示的是金融性公司与其他各机构部门之间的资金流动情况，金融性公司内部的各机构单位之间的资金流动情况不能反映，因为在合并金融性公司流量数据时部门之间的资金流动数据被抵消。

为了反映货币政策在金融系统内的传导过程，更完整地反映资金在全社会各部门之间的流量和流向，加强金融性公司内部之间的资金流量的描述，可以构造重点反映金融性公司内部资金流动的资金流量表，表式结构见表8.15。

由于表8.15采用汇总账户的形式，因此具有更高的综合性，综合性在于它能全面反映金融性部门和非金融性部门、政府、住户以及非常住单位之间的复杂资金流动情况。表式的编制结构提供了检验数据的平衡关系。从经济关系上看，部门数据要满足以下平衡关系：

净金融投资 = 资金运用合计 – 资金来源合计；

净金融投资 = 储蓄投资差 + 统计误差；

每项金融交易的资金运用 = 该项金融交易的资金来源 + 统计误差；

全社会各类金融交易的资金运用 = 全社会该项金融交易的资金来源 + 统计误差。

表 8.15　我国资金流量表的结构

	金融性公司						国内其他部门		国内合计		国外		总计	
	中央银行		其他存款性公司		其他金融公司									
	运用	来源	运用	来源	运用	来源	运用	来源	运用	来源	运用	来源	运用	来源
储蓄和资本转移														
资本积累														
净借款或净贷款														
资金运用总计														
资金来源总计														
通货														
存款														
贷款														

续表

	金融性公司												
	中央银行		其他存款性公司		其他金融性公司		国内其他部门		国内合计		国外		总计	
	运用	来源	运用	来源	运用	来源	运用	来源	运用	来源	运用	来源	运用	来源
债务证券														
股权和投资基金份额														
保险准备金和社会保险基金权益														
金融衍生品和雇员股票期权														
国际储备														
其他														
国际收支错误和遗漏														

本章小结

本章首先分析了我国货币与金融统计的核算对象、核算范围、分类框架和金融总量指标等，指出了我国货币与金融统计不足之处；其次参照 2016 MFSMCG 的要求，以我国金融性公司的部门分类、金融工具分类、金融总量指标为基础，结合 CSNA–2016 和 2016 MFSMCG 提出了修订、完善我国货币与金融统计框架的建议；最后在修订、完善的基础上，设计了与国际接轨的、符合中国现实的货币与金融统计框架，该框架为我国货币与金融统计改革提供样板。

第九章 结论

本书基于 2016 年国际货币基金组织完成的 2008 MFSCG 与 2000 MFSM 合并的修改版的草稿《货币与金融统计手册及编制指南》，站在宏观经济核算的高度，紧跟《2008 年国民账户体系》（2008 SNA）、《政府财政体系》（GFS 2014）和《国际收支与国际投资头寸手册 第六版》（BPM 6）等相继修订出版的新内容，采用规范分析与实证分析相结合、定性研究与定量分析相结合、比较研究与综合分析相结合、具体分析与抽象分析相结合、历史分析和现实分析相结合、原理和实务相结合等多种研究方法，研究了货币与金融统计核算的功能、核算对象和范围、指标体系、核算框架、编制方法、数据源及其与其他宏观经济核算的协调等内容。

一 研究结论

1. 基于宏观经济核算的逻辑思路，研究了货币与金融统计核算体系的核算目的、核算对象、核算范围、核算原则、机构部门分类和金融工具分类等，其研究内容为构建货币与金融统计框架提供支撑。

2. 结合存流量之间的关系：期末存量 = 期初存量 + 交易 + 估值变化 + 资产数量其他变化。以金融性公司为例，先讨论了每类金融资产和负债的存量与流量核算方法；然后，以外币存款/贷款为例，分析了其流量核算，又以远期合约为例，详细论述了其每期存量与流量核算。

3. 阐述了测度货币总量的金融理论，以此理论为基础，首先，从三个维度测度基础货币、广义货币、信贷和债务等；其次，为了从三个维度统计货币总量指标，剖析了货币统计框架中的部门资产负债表及各个层次概览的构成；最后，给出货币统计的编制原则和汇总原则。

4. 阐述了金融流量和存量的产生机理，以此作为建立金融统计框架的理论基础；研究了金融统计核算范围、分类，二维和三维资金流量表的构建基础和框架结构，以及二维和三维资金流量表的源数据和编制方法。

5. 比较分析了微观核算和宏观核算国际准则的金融存量和流量分类及核算原则差异，建立了二者关于金融资产和负债流量与存量的协调框架。

6. 基于金融存流量视角，研究了货币与金融统计和国民经济账户体系对金融存量和流量指标体系、核算主体及其他处理等方面的差异，结合二者的一致性和差异，分析金融资产和负债的有关转换方式。

7. 研究了我国货币与金融统计体系的现状，指出在总量指标、框架结构等方面存在的问题。参照 2016 MFSMCG 和 CSNA－2016，结合我国金融市场及我国货币与金融统计实际，提出修订、完善我国货币与金融统计核算体系的建议，并试编了货币与金融统计框架案例。

二 研究创新

1. 2016 MFSMCG 是国际货币基金组织编制的最新国际统计准则，现在只有英文版，还没有中文版。目前我国有关 2016 MFSMCG 的相关研究成果甚少，本书将全面、系统、准确地阐述 2016 MFSMCG 的统计指导原则。

2. 将国际货币基金组织指导实际工作的 2016 MFSMCG 升华为系统的货币与金融统计核算基础理论和基本方法，实现了由指导性的准则到核算理论的升级。

3. 研究了我国货币与金融统计体系的现状，指出在总量指标、框架结构等方面存在的问题。参照 2016 MFSMCG 和 CSNA－2016，结合我国金融市场及我国货币与金融统计实际，提出修订、完善我国货币与金融统计核算体系的建议。

4. 从两个方面研究货币与金融统计的协调问题。一方面基于金融存流量的微观核算和宏观核算国际准则在分类及核算原则上的差异，研究了货币与金融统计从微观核算到宏观经济核算的具体过渡方法，建立了二者关于金融资产和负债流量与存量的协调框架；另一方面基于货币与金融统计和国民经济账户体系对金融存量和流量指标体系、核算主体及其他处理等方面的差异，结合二者的一致性和差异，分析了金融资产和负债的有关转换方式。

三　研究局限

1. 货币金融理论的局限

货币金融理论是货币与金融统计的理论基础，随着经济和金融市场的不断变化，金融理论还存在许多不完善的地方，由此限制了货币与金融统计的核算研究。例如，货币的定义是多年来金融学界一直在争论的问题，正是由于货币没有一个准确的定义，不同国家对货币的统计不一致，出现不同层次的货币统计。尽管 2016 MFSMCG 采用了广义货币，但是广义货币包括的金融资产种类随着金融市场的发展也在不断变化，所以广义货币统计核算范围仍存在争议。再如，金融资产的定价是金融学研究的难题，金融产品的定价方法不确定，金融交易形成的金融流量和存量统计精确性不够科学。

2. 货币与金融统计框架案例编制受到限制

我国编制的中央资产负债表、其他存款性公司资产负债表里面的数据量少，并且资金流量表统计信息不够全面，其他金融性公司资产负债表没有编制，银行数据是内部资料，限制了案例数据的编制。

3. 三维资金流量表编制受到限制

二维资金流量表只能反映每一个机构部门的资金来源和使用情况，无法反映资金的来源方和使用方。三维资金流量表虽然能够反映机构部门之间的资金的来源和使用去向，但由于编制时所需数据过多，限制了我国三维资金流量表的编制。

四　未来方向

基于对货币与金融统计核算研究局限的认识，本着理论和实践相结合的原则，本书认为未来研究需要重点考虑以下几个方面。

1. 加强货币与金融统计和源数据的协调性研究。货币与金融统计数据的质量不仅依赖于货币与金融体系的完整性，还依赖于编制货币与金融统计所需要的源数据的质量与完整性。为了提高货币与金融统计数据的质量，需要加强对其微观基础的研究，进一步拓展国际会计准则和国际货币与金融统计准则协调研究的范围。

2. 加强统计数据缺失问题研究。由于编制货币统计和资金流量表需要大量的数据资料，数据的缺失是不可避免的问题，在编制统计报表时如何采用科学合理的方法处理缺失数据是今后研究的重点。

3. 政府评价经济运行的主要工具为国民经济账户体系、政府财政统计、货币与金融统计及国际收支。四个核算体系的目的不同，使它们在核算相同的指标时出现差异，导致政府和学者对指标概念不清，因此，货币与金融统计和国民经济账户体系、政府财政统计及国际收支的协调性成为今后的研究方向。

参考文献

[1] 崔名铠：《中国货币与信贷统计改革研究》，西南财经大学博士学位论文，2013。

[2] 陈梦根、张唯婧：《IMF 对货币与金融统计体系的最新修订解析》，《经济社会体制比较》2014 年第 3 期。

[3] 陈梦根、张唯婧：《货币与金融统计国际标准的发展、修订与影响》，《国际经济评论》2015 年第 5 期。

[4] 陈梦根、尹德才：《政府债务统计国际比较研究》，《统计研究》2015 年第 11 期。

[5] 陈师、郑欢、郭丽丽：《中国货币政策规则、最优单一规则与宏观效应》，《统计研究》2015 年第 1 期。

[6] 陈信华：《金融衍生工具》，上海财经大学出版社，2004。

[7] 戴国强主编《货币金融学》，上海财经大学出版社，2006。

[8] 杜金富主编《货币与金融统计学》，中国统计出版社，2003。

[9] 国际货币基金组织：《政府财政统计手册（GFS，1986）》第一版，中国金融出版社，1993。

[10] 国际货币基金组织：《货币与金融统计手册（2000 MFSM）》，国际货币基金组织语音局译，2000。

[11] 国际货币基金组织：《政府财政统计手册（GFS，2001）》第二版，国际货币基金组织出版物，2001。

[12] 国际货币基金组织：《国际收支与国际投资头寸手册第六版（BPM 6）》，2016，http://www.imf.org/external/index.htm。

[13] 国际会计准则委员会：《国际会计准则（中文版2015）》，2015，http://doc.mbalib.com/view/b779e87ee1f467ceb65696adf0d5ad63.html。

［14］国家统计局国民经济核算司、中国人民银行调查统计司编《中国资金流量表编制方法》，中国统计出版社，1997。

［15］国家统计局：《中国国民经济核算体系 2016》，2016，中华人民共和国国家统计局，http://www. stats. gov. cn/#。

［16］国家外汇管理局国际收支司：《诠释国际收支统计新标准》，中国经济出版社，2015。

［17］高敏雪：《美国国民核算体系及其卫星账户应用》，经济科学出版社，2001。

［18］高敏雪等编著《国民经济核算原理与中国实践》，中国人民大学出版社，2013。

［19］葛守中：《中国政府财政统计核算体系（GFS）通论》，中国财政经济出版社，2000。

［20］葛守中、朱力琦：《宏观经济理论的新基础———资源－环境经济核算研究》，《当代财经》2003 年第 5 期。

［21］葛守中：《SNA、GFS 与 MFS 比较研究》，《统计研究》2004 年第 7 期。

［22］蒋萍等：《国民经济核算初级教程》，中国统计出版社，2014。

［23］蒋萍等编著《社会与人口核算教程》，中国统计出版社，2016。

［24］罗良清：《非市场服务产出核算问题研究》，中国统计出版社，2003。

［25］李宝瑜、李原：《资金流量表模型体系的建立与应用》，《统计研究》2014 年第 4 期。

［26］黎春、王菲：《解读 IMF 的货币金融统计体系》，《统计与决策》2002 年第 9 期。

［27］联合国、世界银行、国际货币基金组织等：《国民经济核算体系（SNA1993）》，国家统计局国民经济核算司译，中国统计出版社，1993。

［28］联合国、欧盟委员会、经济合作与发展组织、国际货币基金组织、世界银行编《2008 国民账户体系》，国家统计局国民经济核算司、中国人民大学国民经济核算研究所译，中国统计出版社，2008。

［29］林建浩、赵文庆：《中国央行沟通指数的测度与谱分析》，《统计研究》2015 年第 1 期。

［30］ 李叶涵等：《MFS 核算体系的发展、修订及启示》，《金融纵横》2016 年第 8 期。

［31］ 李正辉：《基于 MFS 的中国货币与金融统计体系国际接轨研究》，《统计教育》2007 年第 4 期。

［32］ 聂富强等：《〈货币与金融统计编制指南（CGMFS2008）〉的比较与思考》，《统计研究》2009 年第 9 期。

［33］ 聂富强、崔名铠：《金融市场视角下的货币与金融统计——由近期金融统计新国际标准相继出台引发的思考》，《华北金融》2010 年第 1 期。

［34］ 庞皓等：《中国货币与金融统计体系研究》，中国统计出版社，2003。

［35］ 彭兴韵、包敏丹：《改进货币统计与货币层次划分的研究》，《世界经济》2005 年第 11 期。

［36］ 钱伯海主编《国民经济统计学》，中国统计出版社，2000。

［37］ 邱东：《国民经济核算史论》，《统计研究》1997 年第 4 期。

［38］ 邱东编《国民经济统计学》，东北财经大学出版社，2001。

［39］ 邱东等编《国民经济核算》，经济科学出版社，2002。

［40］ 宋光辉等：《互联网金融风险度量模型选择研究》，《金融理论与实践》2014 年第 12 期。

［41］ 王德发：《综合环境与经济核算体系》，《财经研究》2004 年第 5 期。

［42］ 王静：《政府财政统计核算体系微观基础研究》，上海财经大学博士学位论文，2008。

［43］ 汪洋：《对我国货币供应量统计中若干问题的讨论》，《管理世界》2006 年第 5 期。

［44］ 王梓楠：《金融存流量视角下的 SNA 与 MFS 协调性研究——基于 2008 SNA 与 2015 MFSMCG》，河南大学硕士学位论文，2016。

［45］ 王梓楠：《金融存流量视角下的 SNA 和 MFS 协调性研究——基于 2008 SNA 与 2016 MFSMCG》，《统计与信息论坛》2017 年第 8 期。

［46］ 魏祖元、易清华：《新会计准则对金融统计的影响》，《武汉金融》2007 年第 1 期。

［47］ 许涤龙：《中国货币与金融统计国际接轨的制度经济学解释》，《金融理论与实践》2006 年第 10 期。

［48］许涤龙、李正辉：《SNA 中的货币与金融统计研究》，《财经理论与实践》2002 年第 3 期。

［49］许涤龙、欧阳胜银：《货币与金融统计国际准则体系的发展与启示》，《财经理论与实践》2012 年第 1 期。

［50］许涤龙、王芳：《货币与金融统计的国际准则及其启示》，《统计与信息论坛》2003 年第 2 期。

［51］徐国祥、代吉慧：《中国大宗商品现货价格指数的构建及预测能力研究》，《统计研究》2014 年第 12 期。

［52］谢小燕等：《关于金融工具分类的若干思考》，《财经科学》2004 年第 2 期。

［53］杨灿：《国民核算与分析通论》，中国统计出版社，2005。

［54］杨凤娟：《MFS 中的货币统计与我国货币统计的比较》，《统计与决策》2009 年第 16 期。

［55］杨凤娟：《MFS 与 SNA 的研究》，《统计与决策》2010 年第 7 期。

［56］杨凤娟：《2006 版 MFS 与 2000 版 MFS 的比较研究》，《统计与决策》2010 年第 3 期。

［57］余莹：《货币与金融统计核算的微观基础研究》，河南大学硕士学位论文，2016。

［58］杨仲山：《国民经济核算方法论纲》，中国统计出版社，2002。

［59］中国人民银行调查统计司：金融统计数据，http://www.pbc.gov.cn/diaochatongjisi/116219/index.html。

［60］中国人民银行：《中国人民银行年报》，http://www.pbc.gov.cn/chubanwu/114566/115296/index.html。

［61］中国人民银行调查统计司：《2011 年金融统计制度手册》，中国人民公安大学出版社，2011。

［62］中华人民共和国国家统计局：《中国国民经济核算体系（2002）》，中国统计出版社，2003。

［63］郑菊生、卞祖武主编《国民经济核算体系原理：宏观经济统计学》，上海财经大学出版社，2000。

［64］张南：《资金循环分析的理论与实践》，北京大学出版社，2014。

［65］曾五一、王开科：《美国的消费价格指数体系及其对我国的启示》，

《统计研究》2014 年第 8 期。

[66] 张岩、张晓峒:《季节异方差序列的季节调整问题研究》,《统计研究》2014 年第 12 期。

[67] Bank for International Settlements , *The New Basel Capital Accord*, BIS, 2001, http://www. bis. org/bcbs/.

[68] Bank for International Settlements , *The New Basel Capital Accord: An explanatory note*, BIS, 2001, www. bis. org.

[69] Bank for International Settlements, *Operational Risk, Supporting Document to the New Basel Capital Accord*, 2001, http://www. bis. org.

[70] Bank for International Settlements , *Supporting Document to the New Basel Capital Accord*, 2001, www. bis. org.

[71] Bank for International Settlements, *Supporting Document to the New Basel Capital Accord*, 2001, www. bis. org.

[72] Bank for International Settlements , *Overview of The New Basel Capital Accord*, 2003, http://www. bis. org/bcbs/cp3ov. pdf.

[73] Bank for International Settlements, *The New Basel Capital Accord*, 2003, http://www. bis. org/bcbs/cp3part1. pdf.

[74] Bank for International Settlements , *Part 3: The Second Pillar – Supervisory Review Process* , 2003, http://www. bis. org/bcbs/cp3part3. pdf.

[75] Bank for International Settlements , *Part 4: The Third Pillar – Market Discipline*, 2003, http://www. bis. org/bcbs/cp3part4. pdf.

[76] IMF, *Government Finance Statistics Manual* (2014), http://www. imf. org/external/data. htm.

[77] IMF, *Balance of Payments Manual* (6th edition), 2013, http://www. imf. org/external/pubs/ft/bop/2007/bopman6. htm.

[78] IMF, *Monetary and Financial Statistics Manual* , 2000, http://www. imf. org/external/pubs/ft/mfs/manual/index. htm.

[79] IMF, *Government Finance Statistics Manual*2001 (*GFSM*2001), 2001, http://www. imf. org/external/pubs/ft/gfs/manual/gfs. htm.

[80] IMF, *Financial Soundness IndicatorsCompilation Guide*, 2006, http://www. imf. org/external/pubs/ft/fsi/guide/2006/index. htm.

［81］ IMF, *Enhanced General Data Dissemination System* (*e - GDDS*), 2015, http：∥www. imf. org/en/data.

［82］ IMF, *Financial Soundness Indicators Reference Group* (*FSIRG*), 2011, http：∥www. imf. org/en/data.

［82］ IMF, *Monetary and Financial Statistics Manual and Compilation Guide*, 2016, http：∥www. imf. org/external/index. htm.

［83］ International Accounting Standards Board, *International Financial Reporting Standards* , 2015, https：∥www. investopedia. com/terms/i/ifrs. asp.

［84］ IMF：*Monetary and Financial Statistics：Compilation Guide*, 2008, http：∥www. imf. org/external/data. htm.

［85］ IMF, *System of National Accounts*, 2008, http：∥www. imf. org/external/data. htm.

［86］ IMF, *Quarterly National Accounts Manual*, 2017, http：∥www. imf. org/external/data. htm.

［87］ IMF, *Monetary and Financial Statistics Manual*, 2000, http：∥www. imf. org/external/data. htm.

［88］ IMF, *External Debt Statistics：Guide for Compilers and Users* (2013 *EDS Guide*), 2013, http：∥www. imf. org/external/data. htm.

附　录

附录 A　本书使用的资产负债

表 A.1　中央银行的资产负债/2016 MFSMCG 标准化报告

资产	期初存量	交易	估值变化	*OCVA*	期末存量
货币黄金和特别提款权控股	**33836**	**361**	**182**	**311**	**34690**
货币黄金	27258	0	100	311	27669
SDR 控股	6578	361	82	0	7021
货币和存款	**118844**	**10464**	**2464**	**0**	**131772**
持有外币	2329	523	25	0	2877
包括在储备资产中	2329	523	25	0	2877
其他	0	0	0	0	0
可转让存款	23042	1443	301	0	24787
本币	1	1	0	0	2
其他存款性公司	1	1	0	0	2
其他金融性公司	0	0	0	0	0
非常住单位	0	0	0	0	0
外币	23041	1443	301	0	24787
其他存款性公司	0	0	0	0	0
其他金融性公司	0	0	0	0	0
非常住单位	23041	1443	301	0	24787
包括在储备资产中	23041	1443	301	0	24787
其他	0	0	0	0	0

续表

资产	期初存量	交易	估值变化	OCVA	期末存量
其他存款	93473	8498	2138	0	104109
本币	0	0	0	0	0
其他存款性公司	0	0	0	0	0
其他金融性公司	0	0	0	0	0
非常住单位	0	0	0	0	0
外币	93473	8498	2138	0	104109
其他存款性公司	0	0	0	0	0
其他金融性公司	0	0	0	0	0
非常住单位	93473	8498	2138	0	104109
包括在储备资产中	93473	8498	2138	0	104109
基金中的储备头寸	0	0	0	0	0
国际基金部分储备头寸	0	0	0	0	0
向 IMF 的贷款和持有 IMF 的票据	0	0	0	0	0
其他	93473	8498	2138	0	104109
其他	0	0	0	0	0
债务证券	**651860**	**−11302**	**5097**	**0**	**621303**
本币	33459	−8422	−685	0	24352
其他存款性公司	0	0	0	0	0
其他金融性公司	0	0	0	0	0
中央政府	33459	−8422	−685	0	24352
州和地方政府	0	0	0	0	0
公营非金融性公司	0	0	0	0	0
其他非金融性公司	0	0	0	0	0
住户和为住户服务的非营利机构	0	0	0	0	0
非常住单位	0	0	0	0	0
外币	618401	−2880	5782	0	621303
其他存款性公司	0	0	0	0	0
其他金融性公司	0	0	0	0	0
中央政府	0	0	0	0	0
州和地方政府	0	0	0	0	0
公营非金融性公司	0	0	0	0	0

续表

资产	期初存量	交易	估值变化	OCVA	期末存量
其他非金融性公司	0	0	0	0	0
住户和为住户服务的非营利机构	0	0	0	0	0
非常住单位	618401	−2880	5782	0	621303
包括在储备资产中	618401	−2880	5782	0	621303
IMF 的债务证券	0	0	0	0	0
其他	0	0	0	0	0
贷款	**38180**	**−706**	**49**	**−328**	**37195**
本币	34458	−802	0	−328	33327
其他存款性公司	27334	−171	0	0	27162
回购协议	6850	−1	0	0	6849
其他	20484	−170	0	0	20314
其他金融性公司	0	0	0	0	0
回购协议	0	0	0	0	0
其他	0	0	0	0	0
中央政府	0	0	0	0	0
州和地方政府	0	0	0	0	0
公营非金融性公司	4658	−494	0	−54	4110
其他非金融性公司	1644	0	0	−274	1370
住户和为住户服务的非营利机构	822	−137	0	0	685
非常住单位	0	0	0	0	0
IMF 的贷款	0	0	0	0	0
回购协议	0	0	0	0	0
其他	0	0	0	0	0
外币	3723	96	49	0	3868
其他存款性公司	0	0	0	0	0
回购协议	0	0	0	0	0
其他	0	0	0	0	0
其他金融性公司	0	0	0	0	0
回购协议	0	0	0	0	0
其他	0	0	0	0	0
中央政府	0	0	0	0	0

续表

资产	期初存量	交易	估值变化	OCVA	期末存量
州和地方政府	0	0	0	0	0
公营非金融性公司	0	0	0	0	0
其他非金融性公司	0	0	0	0	0
住户和为住户服务的非营利机构	0	0	0	0	0
非常住单位	3723	96	49	0	3868
IMF 的贷款	298	0	8	0	306
回购协议	0	0	0	0	0
包括在储备资产中	0	0	0	0	0
其他	0	0	0	0	0
其他	3425	96	41	0	3562
包括在储备资产中	0	0	0	0	0
其他	3425	96	41	0	3562
投资基金份额	**0**	**0**	**0**	**0**	**0**
本币	0	0	0	0	0
货币市场基金	0	0	0	0	0
非货币市场基金	0	0	0	0	0
非常住单位投资基金份额	0	0	0	0	0
外币	0	0	0	0	0
货币市场基金	0	0	0	0	0
非货币市场基金	0	0	0	0	0
非常住单位投资基金份额	0	0	0	0	0
包括在储备资产中	0	0	0	0	0
其他	0	0	0	0	0
股权	**2692**	**0**	**6**	**0**	**2698**
本币	0	0	0	0	0
其他存款性公司	0	0	0	0	0
其他金融性公司	0	0	0	0	0
中央政府	0	0	0	0	0
公营非金融性公司	0	0	0	0	0
非常住单位	0	0	0	0	0
其他非金融性公司	0	0	0	0	0

资产	期初存量	交易	估值变化	OCVA	期末存量
外币	2692	0	6	0	2698
其他存款性公司	0	0	0	0	0
其他金融性公司	0	0	0	0	0
中央政府	0	0	0	0	0
公营非金融性公司	0	0	0	0	0
其他非金融性公司	0	0	0	0	0
非常住单位	2692	0	6	0	2698
包括在储备资产中	0	0	0	0	0
其他	2692	0	6	0	2698
保险、养老金和标准化担保计划	**685**	**137**	**0**	**0**	**822**
非寿险专门准备金和标准化担保代偿准备金	685	137	0	0	822
本币	685	137	0	0	822
其他金融性公司	685	137	0	0	822
非常住单位	0	0	0	0	0
外币	0	0	0	0	0
其他金融性公司	0	0	0	0	0
非常住单位	0	0	0	0	0
养老金经理人的养老基金债权	0	0	0	0	0
本币	0	0	0	0	0
其他存款性公司	0	0	0	0	0
其他金融性公司	0	0	0	0	0
非常住单位	0	0	0	0	0
外币	0	0	0	0	0
其他存款性公司	0	0	0	0	0
其他金融性公司	0	0	0	0	0
非常住单位	0	0	0	0	0
金融衍生品	**11371**	**128**	**85**	**0**	**11584**
本币	7946	159	−59	0	8046
其他存款性公司	1781	1085	174	111	3151
其他金融性公司	6165	−926	−233	−111	489
中央政府	0	0	0	0	5

续表

资产	期初存量	交易	估值变化	OCVA	期末存量
州和地方政府	0	0	0	0	0
公营非金融性公司	0	0	0	0	0
其他非金融性公司	0	0	0	0	0
住户和为住户服务的非营利机构	0	0	0	0	0
非常住单位	0	0	0	0	0
外币	3425	−31	144	0	3538
其他存款性公司	0	0	0	0	0
其他金融性公司	0	0	0	0	0
中央政府	0	0	0	0	0
州和地方政府	0	0	0	0	0
公营非金融性公司	0	0	0	0	0
其他非金融性公司	0	0	0	0	0
住户和为住户服务的非营利机构	0	0	0	0	0
非常住单位	3425	−31	144	0	3538
包括在储备资产中	0	0	0	0	0
其他	3425	−31	144	0	3538
其他应收款	**15372**	**2922**	**135**	**0**	**18430**
贸易信贷和预付款	1111	269	3	0	1383
本币	837	135	0	0	972
其他存款性公司	274	0	0	0	274
其他金融性公司	0	0	0	0	0
中央政府	0	0	0	0	0
州和地方政府	0	0	0	0	0
公营非金融性公司	0	0	0	0	0
其他非金融性公司	548	137	0	0	685
住户和为住户服务的非营利机构	15	−2	0	0	13
非常住单位	0	0	0	0	0
外币	274	134	3	0	411
其他存款性公司	0	0	0	0	0
其他金融性公司	0	0	0	0	0
中央政府	0	0	0	0	0

续表

资产	期初存量	交易	估值变化	OCVA	期末存量
州和地方政府	0	0	0	0	0
公营非金融性公司	0	0	0	0	0
其他非金融性公司	0	0	0	0	0
住户和为住户服务的非营利机构	0	0	0	0	0
非常住单位	274	134	3	0	411
其他	14261	2654	132	0	17046
本币	3706	2664	0	0	6370
常住单位	3706	2664	0	0	6370
非常住单位	0	0	0	0	0
外币	10555	− 10	132	0	10676
常住单位	7	− 3	0	0	4
非常住单位	10547	− 7	132	0	10672
国际货币基金组织配额	9726	0	122	0	9848
其他	821	− 7	10	0	824
非金融资产	**2058**	**− 567**	**0**	**− 379**	**1112**
固定资产	1784	− 617	0	− 68	1099
回收/抵押资产	0	0	0	0	0
其他非金融资产	548	50	0	− 311	287
减：累计折旧	274	0	0	0	274
总资产	**874898**	**1438**	**8018**	**− 396**	**883958**
负债	期初存量	交易	估值变化	OCVA	期末存量
流通中的货币	**174384**	**20879**	**0**	**0**	**195264**
包含在广义货币中的存款	**5513**	**424**	**67**	**− 58**	**5947**
包含在基础货币中的存款	1814	76	15	− 58	1848
可转让存款	1814	76	15	− 58	1848
本币	567	171	0	0	738
其他金融性公司	64	− 60	0	0	5
州和地方政府	122	174	0	0	296
公营非金融性公司	381	56	0	0	437
其他非金融性公司	0	0	0	0	0
住户和为住户服务的非营利机构	0	0	0	− 58	0

续表

负债	期初存量	交易	估值变化	OCVA	期末存量
外币	1247	−94	15	−58	1110
其他金融性公司	822	−226	10	0	548
州和地方政府	0	0	0	0	0
公营非金融性公司	425	132	5	0	562
其他非金融性公司	0	0	0	0	0
住户和为住户服务的非营利机构	0	0	0	0	0
其他存款	0	0	0	0	0
本币	0	0	0	0	0
其他金融性公司	0	0	0	0	0
州和地方政府	0	0	0	0	0
公营非金融性公司	0	0	0	0	0
其他非金融性公司	0	0	0	0	0
住户和为住户服务的非营利机构	0	0	0	0	0
外币	0	0	0	0	0
其他金融性公司	0	0	0	0	0
州和地方政府	0	0	0	0	0
公营非金融性公司	0	0	0	0	0
其他非金融性公司	0	0	0	0	0
住户和为住户服务的非营利机构	0	0	0	0	0
基础货币之外的存款	3699	348	52	0	4099
可转让存款	3699	348	52	0	0
本币	0	0	0	0	0
其他金融性公司	0	0	0	0	0
州和地方政府	0	0	0	0	0
公营非金融性公司	0	0	0	0	0
其他非金融性公司	0	0	0	0	0
住户和为住户服务的非营利机构	0	0	0	0	0
外币	3699	348	52	0	4099
其他金融性公司	0	0	0	0	0
州和地方政府	0	0	0	0	0
公营非金融性公司	3699	348	52	0	4099

负债	期初存量	交易	估值变化	OCVA	期末存量
其他非金融性公司	0	0	0	0	0
住户和为住户服务的非营利机构	0	0	0	0	0
其他存款	0	0	0	0	0
本币	0	0	0	0	0
其他金融性公司	0	0	0	0	0
州和地方政府	0	0	0	0	0
公营非金融性公司	0	0	0	0	0
其他非金融性公司	0	0	0	0	0
住户和为住户服务的非营利机构	0	0	0	0	0
外币	0	0	0	0	0
其他金融性公司	0	0	0	0	0
州和地方政府	0	0	0	0	0
公营非金融性公司	0	0	0	0	0
其他非金融性公司	0	0	0	0	0
住户和为住户服务的非营利机构	0	0	0	0	0
广义货币之外的存款	93297	−13257	149	58	80247
包含在基础货币中的存款	18581	−2559	27	58	16107
可转让存款	16389	−2748	0	0	13641
本币	16389	−2748	0	0	13641
其他存款性公司	16389	−2748	0	0	13641
所需准备金和结算余额	16389	−2748	0	0	13641
其他	0	0	0	0	0
其他金融性公司	0	0	0	0	0
所需准备金和结算余额	0	0	0	0	0
其他	0	0	0	0	0
外币	0	0	0	0	0
其他存款性公司	0	0	0	0	0
所需准备金和结算余额	0	0	0	0	0
其他	0	0	0	0	0
其他金融性公司	0	0	0	0	0
所需准备金和结算余额	0	0	0	0	0

负债	期初存量	交易	估值变化	OCVA	期末存量
其他	0	0	0	0	0
其他存款	2192	189	27	58	2466
本币	0	0	0	0	0
其他存款性公司	0	0	0	0	0
所需准备金和结算余额	0	0	0	0	0
其他	0	0	0	0	0
其他金融性公司	0	0	0	0	0
所需准备金和结算余额	0	0	0	0	0
其他	0	0	0	0	0
外币	2192	189	27	58	2466
其他存款性公司	2192	189	27	58	2466
所需准备金和结算余额	0	0	0	0	0
其他	2192	189	27	58	2466
其他金融性公司	0	0	0	0	0
所需准备金和结算余额	0	0	0	0	0
其他	0	0	0	0	0
基础货币之外的存款	74716	−10698	122	0	64140
可转让存款	73168	−11624	122	0	61665
本币	63442	−11624	0	0	51817
其他存款性公司	0	0	0	0	0
其他金融性公司	0	0	0	0	0
中央政府	55879	−12029	0	0	43849
州和地方政府	0	0	0	0	0
公营非金融性公司	785	159	0	0	944
其他非金融性公司	0	0	0	0	0
住户和为住户服务的非营利机构	0	0	0	0	0
非常住单位	6778	246	0	0	7024
外币	9726	0	122	0	9848
其他存款性公司	0	0	0	0	0
其他金融性公司	0	0	0	0	0
中央政府	0	0	0	0	0

续表

负债	期初存量	交易	估值变化	OCVA	期末存量
州和地方政府	0	0	0	0	0
公营非金融性公司	0	0	0	0	0
其他非金融性公司	0	0	0	0	0
住户和为住户服务的非营利机构	0	0	0	0	0
非常住单位	9726	0	122	0	9848
国际货币基金组织 1 号和证券账户	9716	0	122	0	9838
国际货币基金组织 2 号账户	10	0	0	0	10
使用基金信用	0	0	0	0	0
负债相关的储备金	0	0	0	0	0
其他	0	0	0	0	0
其他存款	1548	926	0	0	2474
本币	1546	926	0	0	2472
其他存款性公司	1542	925	0	0	2467
其他金融性公司	4	2	0	0	6
中央政府	0	0	0	0	0
州和地方政府	0	0	0	0	0
公营非金融性公司	0	0	0	0	0
其他非金融性公司	0	0	0	0	0
住户和为住户服务的非营利机构	0	0	0	0	0
非常住单位	0	0	0	0	0
外币	2	0	0	0	2
其他存款性公司	0	0	0	0	0
其他金融性公司	0	0	0	0	0
中央政府	2	0	0	0	2
州和地方政府	0	0	0	0	0
公营非金融性公司	0	0	0	0	0
其他非金融性公司	0	0	0	0	0
住户和为住户服务的非营利机构	0	0	0	0	0
非常住单位	0	0	0	0	0
负债相关的储备金	0	0	0	0	0

其他	期初存量	交易	估值变化	OCVA	期末存量
包含在广义货币中债务证券	**13645**	**781**	**0**	**0**	**14426**
包含在基础货币中的债务证券	0	0	0	0	0
本币	0	0	0	0	0
其他金融性公司	0	0	0	0	0
州和地方政府	0	0	0	0	0
公营非金融性公司	0	0	0	0	0
其他非金融性公司	0	0	0	0	0
住户和为住户服务的非营利机构	0	0	0	0	0
外币	0	0	0	0	0
其他金融性公司	0	0	0	0	0
州和地方政府	0	0	0	0	0
公营非金融性公司	0	0	0	0	0
其他非金融性公司	0	0	0	0	0
住户和为住户服务的非营利机构	0	0	0	0	0
基础货币之外的债务证券	13645	781	0	0	14426
本币	13645	781	0	0	14426
其他金融性公司	5425	411	0	0	5836
州和地方政府	0	0	0	0	0
公营非金融性公司	5480	685	0	0	6165
其他非金融性公司	2740	−315	0	0	2425
住户和为住户服务的非营利机构	0	0	0	0	0
外币	0	0	0	0	0
其他金融性公司	0	0	0	0	0
州和地方政府	0	0	0	0	0
公营非金融性公司	0	0	0	0	0
其他非金融性公司	0	0	0	0	0
住户和为住户服务的非营利机构	0	0	0	0	0
广义货币之外的债务证券	**393369**	**−7396**	**−1591**	**0**	**384383**
包含在基础货币中债务证券	0	0	0	0	0
本币	0	0	0	0	0
其他存款性公司	0	0	0	0	0

其他	期初存量	交易	估值变化	OCVA	期末存量
要求储备金	0	0	0	0	0
其他	0	0	0	0	0
其他金融性公司	0	0	0	0	0
要求储备金	0	0	0	0	0
其他	0	0	0	0	0
外币	0	0	0	0	0
其他存款性公司	0	0	0	0	0
要求储备金	0	0	0	0	0
其他	0	0	0	0	0
其他金融性公司	0	0	0	0	0
要求储备金	0	0	0	0	0
其他	0	0	0	0	0
基础货币之外的债务证券	393369	-7396	-1591	0	384383
本币	393369	-7396	-1591	0	384383
其他存款性公司	252333	-1076	-1010	0	250247
其他金融性公司	90880	-2111	-905	0	87865
中央政府	19245	1330	148	0	20723
州和地方政府	0	0	0	0	0
公营非金融性公司	210	-147	19	0	82
其他非金融性公司	9671	-1523	677	0	8825
住户和为住户服务的非营利机构	1830	-303	-130	0	1397
非常住单位	19200	-3566	-390	0	15244
外币	0	0	0	0	0
其他存款性公司	0	0	0	0	0
其他金融性公司	0	0	0	0	0
中央政府	0	0	0	0	0
州和地方政府	0	0	0	0	0
公营非金融性公司	0	0	0	0	0
其他非金融性公司	0	0	0	0	0
住户和为住户服务的非营利机构	0	0	0	0	0
非常住单位	0	0	0	0	0

续表

其他	期初存量	交易	估值变化	OCVA	期末存量
负债相关的储备金	0	0	0	0	0
其他	0	0	0	0	0
贷款	**126970**	**3410**	**0**	**0**	**130380**
本币	126970	3410	0	0	130380
其他存款性公司	126970	3410	0	0	130380
回购协议	35469	− 145	0	0	35324
其他贷款	91501	3555	0	0	95056
其他金融性公司	0	0	0	0	0
回购协议	0	0	0	0	0
其他贷款	0	0	0	0	0
中央政府	0	0	0	0	0
州和地方政府	0	0	0	0	0
公营非金融性公司	0	0	0	0	0
其他非金融性公司	0	0	0	0	0
住户和为住户服务的非营利机构	0	0	0	0	0
非常住单位	0	0	0	0	0
IMF 的贷款	0	0	0	0	0
回购协议	0	0	0	0	0
其他贷款	0	0	0	0	0
外币	0	0	0	0	0
其他存款性公司	0	0	0	0	0
回购协议	0	0	0	0	0
其他贷款	0	0	0	0	0
其他金融性公司	0	0	0	0	0
回购协议	0	0	0	0	0
其他贷款	0	0	0	0	0
中央政府	0	0	0	0	0
州和地方政府	0	0	0	0	0
公营非金融性公司	0	0	0	0	0
其他非金融性公司	0	0	0	0	0
住户和为住户服务的非营利机构	0	0	0	0	0

其他	期初存量	交易	估值变化	OCVA	期末存量
非常住单位	0	0	0	0	0
IMF 的贷款	0	0	0	0	0
回购协议	0	0	0	0	0
负债相关的储备金	0	0	0	0	0
其他	0	0	0	0	0
其他	0	0	0	0	0
负债相关的储备金	0	0	0	0	0
其他	0	0	0	0	0
保险、养老金和标准化担保计划	**0**	**0**	**0**	**0**	**0**
住户养老金待遇	0	0	0	0	0
本币	0	0	0	0	0
常住单位	0	0	0	0	0
非常住单位	0	0	0	0	0
外币	0	0	0	0	0
常住单位	0	0	0	0	0
非常住单位	0	0	0	0	0
养老金经理人的养老基金负债	0	0	0	0	0
本币	0	0	0	0	0
其他存款性公司	0	0	0	0	0
其他金融性公司	0	0	0	0	0
非常住单位	0	0	0	0	0
外币	0	0	0	0	0
其他存款性公司	0	0	0	0	0
其他金融性公司	0	0	0	0	0
非常住单位	0	0	0	0	0
标准化担保代偿准备金	0	0	0	0	0
本币	0	0	0	0	0
其他存款性公司	0	0	0	0	0
其他金融性公司	0	0	0	0	0
中央政府	0	0	0	0	0
州和地方政府	0	0	0	0	0

其他	期初存量	交易	估值变化	OCVA	期末存量
公营非金融性公司	0	0	0	0	0
其他非金融性公司	0	0	0	0	0
住户和为住户服务的非营利机构	0	0	0	0	0
非常住单位	0	0	0	0	0
外币	0	0	0	0	0
其他存款性公司	0	0	0	0	0
其他金融性公司	0	0	0	0	0
中央政府	0	0	0	0	0
州和地方政府	0	0	0	0	0
公营非金融性公司	0	0	0	0	0
其他非金融性公司	0	0	0	0	0
住户和为住户服务的非营利机构	0	0	0	0	0
非常住单位	0	0	0	0	0
金融衍生品和雇员股票期权	**12604**	**854**	**−641**	**0**	**12817**
本币	12604	854	−641	0	12817
其他存款性公司	6713	907	−359	411	7672
其他金融性公司	5891	−53	−282	−411	5145
中央政府	0	0	0	0	0
州和地方政府	0	0	0	0	0
公营非金融性公司	0	0	0	0	0
其他非金融性公司	0	0	0	0	0
住户和为住户服务的非营利机构	0	0	0	0	0
非常住单位	0	0	0	0	0
外币	0	0	0	0	0
其他存款性公司	0	0	0	0	0
其他金融性公司	0	0	0	0	0
中央政府	0	0	0	0	0
州和地方政府	0	0	0	0	0
公营非金融性公司	0	0	0	0	0
其他非金融性公司	0	0	0	0	
住户和为住户服务的非营利机构	0	0	0	0	

其他	期初存量	交易	估值变化	OCVA	期末存量
非常住单位	0	0	0	0	0
负债相关的储备金	0	0	0	0	0
其他	0	0	0	0	0
其他应付款	**5394**	**−541**	**1**	**−258**	**4596**
贸易信贷和预付款	1753	151	0	0	1905
本币	1342	151	0	0	1494
其他存款性公司	36	0	0	0	36
其他金融性公司	18	0	0	0	18
中央政府	327	14	0	0	341
州和地方政府	0	0	0	0	0
公营非金融性公司	0	0	0	0	0
其他非金融性公司	959	137	0	0	1096 3
住户和为住户服务的非营利机构	2	0	0	0	
非常住单位	0	0	0	0	0
外币	411	0	0	0	411
其他存款性公司	0	0	0	0	0
其他金融性公司	0	0	0	0	0
中央政府	0	0	0	0	0
州和地方政府	0	0	0	0	0
公营非金融性公司	0	0	0	0	0
其他非金融性公司	0	0	0	0	0
住户和为住户服务的非营利机构	0	0	0	0	0
非常住单位	411	0	0	0	411
其他	3640	−692	1	−258	2692
损失准备	1703	30	0	−258	1475
贷款损失准备	1233	30	0	−258	1005
其他损失准备	470	0	0	0	470
总部和分行的合并调整	−2	−5	0	0	−7
其他本币	1822	−660	0	0	1161
常住单位	1822	−660	0	0	1161
非常住单位	0	0	0	0	0

续表

其他	期初存量	交易	估值变化	OCVA	期末存量
其他外币	118	−57	1	0	62
常住单位	98	−39	1	0	60
非常住单位	20	−18	92	0	2
特别提款权分配	**6629**	**0**	**0**	**0**	**6720**
股权	**43093**	**−3718**	**9941**	**−138**	**49178**
所有者提供的资金	3	0	0	0	3
留存收益	54704	180	0	−2198	52686
本年度结果	−16580	−3001	2596	−70	−17054
一般和特别储备金	3827	−897	0	2130	5060
估值调整	1139	0	7344	0	8483
负债总额	**874898**	**1438**	**8018**	**−396**	**883958**
垂直检查	0	0	0	0	0
备忘项目	期初存量	交易	估值变化	OCVA	期末存量
期末汇率	4411	—	—	—	4466
资产	期初存量	交易	估值变化	OCVA	期末存量
1. 中央银行浮动资金	**155**	**19**	**0**	**0**	**174**
2. 存款应计利息	**1644**	**137**	**0**	**0**	**1781**
3. 贷款应计利息	**822**	**137**	**0**	**0**	**959**
4. 贷款拖欠（本金和利息）	**0**	**0**	**0**	**0**	**0**
5. 预期贷款损失	**328**	**0**	**0**	**−328**	**0**
其他存款性公司	0	0	0	0	0
其他金融性公司	0	0	0	0	0
中央政府	0	0	0	0	0
州和地方政府	0	0	0	0	0
公营非金融性公司	54	0	0	−54	0
其他非金融性公司	274	0	0	−274	0
住户和为住户服务的非营利机构	0	0	0	0	0
非常住单位	0	0	0	0	0
6. 债务证券的应计利息	7535	137	0	0	7672
7. 清算中对其他存款性公司的债权	**0**	**0**	**0**	**0**	**0**
可转让存款	0	0	0	0	0

资产	期初存量	交易	估值变化	OCVA	期末存量
本币	0	0	0	0	0
外币	0	0	0	0	0
其他存款	0	0	0	0	0
本币	0	0	0	0	0
外币	0	0	0	0	0
债务证券	0	0	0	0	0
本币	0	0	0	0	0
外币	0	0	0	0	0
贷款	0	0	0	0	0
本币	0	0	0	0	0
外币	0	0	0	0	0
股权和投资基金份额	0	0	0	0	0
本币	0	0	0	0	0
外币	0	0	0	0	0
金融衍生品	0	0	0	0	0
本币	0	0	0	0	0
外币	0	0	0	0	0
其他应收款	0	0	0	0	0
本币	0	0	0	0	0
外币	0	0	0	0	0
8. 非常住单位债务证券	618401	−2880	5782	0	621303
其中：金融性公司发行	203445	137	548	0	204130
9. 非常住单位贷款	3723	96	49	0	3868
其中：金融性公司	0	0	0	0	0
10. 股权	2692	0	6	0	2698
其中：金融性公司发行	0	0	0	0	0
11. 非常住单位保险、养老金、标准化担保计划	0	0	0	0	0
其中：与金融性公司	0	0	0	0	0
12. 非常住单位金融衍生品	3425	−31	144	0	3538
其中：与金融性公司	2740	−274	274	0	2740

资产	期初存量	交易	估值变化	OCVA	期末存量
13. 其他存款性公司贷款	**27334**	**－171**	**0**	**0**	**27162**
其中：货币市场基金贷款	0	0	0	0	0
14. 到期日为 1 年或以下的债务证券	**553617**	**－10784**	**6537**	**0**	**549370**
本币	27400	－5617	0	0	21783
其他存款性公司	0	0	0	0	0
其他金融性公司	0	0	0	0	0
中央政府	27400	－5617	0	0	21783
州和地方政府	0	0	0	0	0
公营非金融性公司	0	0	0	0	0
其他非金融性公司	0	0	0	0	0
住户和为住户服务的非营利机构	0	0	0	0	0
非常住单位	0	0	0	0	0
外币	526217	－5617	6537	0	527587
其他存款性公司	0	0	0	0	0
其他金融性公司	0	0	0	0	0
中央政府	0	0	0	0	0
州和地方政府	0	0	0	0	0
公营非金融性公司	0	0	0	0	0
其他非金融性公司	0	0	0	0	0
住户和为住户服务的非营利机构	0	0	0	0	0
非常住单位	526217	－5617	6537	0	527587
15. 到期期限为 1 年或以下的贷款	**27400**	**－137**	**0**	**0**	**27263**
本币	27400	－137	0	0	27263
其他存款性公司	27400	－137	0	0	27263
其他金融性公司	0	0	0	0	0
中央政府	0	0	0	0	0
州和地方政府	0	0	0	0	0
公营非金融性公司	0	0	0	0	0
其他非金融性公司	0	0	0	0	0
住户和为住户服务的非营利机构	0	0	0	0	0
非常住单位	0	0	0	0	0

资产	期初存量	交易	估值变化	OCVA	期末存量
外币	0	0	0	0	0
其他存款性公司	0	0	0	0	0
其他金融性公司	0	0	0	0	0
中央政府	0	0	0	0	0
州和地方政府	0	0	0	0	0
公营非金融性公司	0	0	0	0	0
其他非金融性公司	0	0	0	0	0
住户和为住户服务的非营利机构	0	0	0	0	0
非常住单位	0	0	0	0	0
负债	期初存量	交易	估值变化	OCVA	期末存量
1. 存款应计利息	**2**	**0**	**0**	**0**	**2**
2. 贷款应计利息	**2466**	**137**	**0**	**0**	**2603**
3. 贷款拖欠（本金和利息）	**0**	**0**	**0**	**0**	**0**
其中：国际货币基金组织的贷款	0	0	0	0	0
4. 债务证券的应计利息	**9042**	**−1370**	**0**	**0**	**7672**
5. 权益：持有部门的市值	**43093**	**0**	**6085**	**0**	**49178**
其他存款性公司	0	0	0	0	0
其他金融性公司	0	0	0	0	0
中央政府	43093	0	6085	0	49178
州和地方政府	0	0	0	0	0
公营非金融性公司	0	0	0	0	0
其他非金融性公司	0	0	0	0	0
住户和为住户服务的非营利机构	0	0	0	0	0
非常住单位	0	0	0	0	0
6. 清算中对其他存款性公司的负债	**0**	**0**	**0**	**0**	**0**
可转让存款	0	0	0	0	0
本币	0	0	0	0	0
外币	0	0	0	0	0
其他存款	0	0	0	0	0
本币	0	0	0	0	0
外币	0	0	0	0	0

续表

负债	期初存量	交易	估值变化	OCVA	期末存量
债务证券	0	0	0	0	0
本币	0	0	0	0	0
外币	0	0	0	0	0
贷款	0	0	0	0	0
本币	0	0	0	0	0
外币	0	0	0	0	0
金融衍生品和雇员股票期权	0	0	0	0	0
本币	0	0	0	0	0
外币	0	0	0	0	0
其他应付款	0	0	0	0	0
本币	0	0	0	0	0
外币	0	0	0	0	0
7. 非常住单位债务证券	**19200**	**−3566**	**−390**	**0**	**15244**
其中：金融控股公司	17810	−3425	−411	0	13974
8. 非常住单位 . 贷款	**0**	**0**	**0**	**0**	**0**
其中：金融控股公司	0	0	0	0	0
9. 非常住单位金融衍生品和雇员股票期权	**0**	**0**	**0**	**0**	**0**
其中：与金融性公司	0	0	0	0	0
10. 其他存款性公司的可转让存款	**16389**	**−2748**	**0**	**0**	**13641**
其中：货币市场基金的可转让存款	0	0	0	0	0
11. 其他存款性公司的其他存款	**2192**	**189**	**27**	**58**	**2466**
其中：货币市场基金的其他存款	0	0	0	0	0
12. 其他存款性公司贷款	**126970**	**3410**	**0**	**0**	**130380**
其中：货币市场基金贷款	0	0	0	0	0
13. 到期日为 1 年或以下的债务证券	**348291**	**−5611**	**−925**	**0**	**341755**
本币	348291	−5611	−925	0	341755
其他存款性公司	248773	−1515	−1010	0	246247
其他金融性公司	44388	−959	−494	0	42935
中央政府	20204	1330	148	0	21682
州和地方政府	0	0	0	0	0
公营非金融性公司	2950	596	0	0	3546

负债	期初存量	交易	估值变化	OCVA	期末存量
其他非金融性公司	11041	−838	1362	0	11565
住户和为住户服务的非营利机构	1830	−714	−541	0	575
非常住单位	19105	−3511	−390	0	15205
外币	0	0	0	0	0
其他存款性公司	0	0	0	0	0
其他金融性公司	0	0	0	0	0
中央政府	0	0	0	0	0
州和地方政府	0	0	0	0	0
公营非金融性公司	0	0	0	0	0
其他非金融性公司	0	0	0	0	0
住户和为住户服务的非营利机构	0	0	0	0	0
非常住单位	0	0	0	0	0
14. 到期期限为 1 年或以下的贷款	**126970**	**3410**	**0**	**0**	**130380**
本币	126970	3410	0	0	130380
其他存款性公司	126970	3410	0	0	130380
其他金融性公司	0	0	0	0	0
中央政府	0	0	0	0	0
州和地方政府	0	0	0	0	0
公营非金融性公司	0	0	0	0	0
其他非金融性公司	0	0	0	0	0
住户和为住户服务的非营利机构	0	0	0	0	0
非常住单位	0	0	0	0	0
外币	0	0	0	0	0
其他存款性公司	0	0	0	0	0
其他金融性公司	0	0	0	0	0
中央政府	0	0	0	0	0
州和地方政府	0	0	0	0	0
公营非金融性公司	0	0	0	0	0
其他非金融性公司	0	0	0	0	0
住户和为住户服务的非营利机构	0	0	0	0	0
非常住单位	0	0	0	0	0

续表

负债	期初存量	交易	估值变化	OCVA	期末存量
15. 债务证券面值	395519	−6352	0	0	389167

注：OCVA = 资产量的其他变化；SDR = 特别提款权。

表 A.2　其他存款性公司的资产负债/2016 MFSMCG 标准报告

资产	期初存量	交易	估值变化	OCVA	期末存量
货币和存款	**184865**	**6256**	**1376**	**4209**	**196706**
货币	32898	7482	25	1171	41575
本币	31722	7093	0	860	39675
外币	1176	388	25	311	1900
可转让存款	62550	−221	487	440	63256
本币	20131	−2613	0	261	17778
中央银行	17083	−2502	0	74	14655
所需准备金和结算余额	16261	−2702	0	0	13559
其他	822	200	0	74	1096
其他存款性公司	1433	−50	0	187	1570
其他金融性公司	0	0	0	0	0
非常住单位	1616	−61	0	0	1554
外币	42419	2393	487	179	45478
中央银行	3014	316	37	58	3425
所需准备金和结算余额	0	0	0	0	0
其他	3014	316	37	58	3425
其他存款性公司	1671	290	21	121	2103
其他金融性公司	0	0	0	0	0
非常住单位	37734	1787	429	0	39950
其他存款	89418	−1005	865	2598	91875
本币	27856	−1015	0	2561	29402
中央银行	1539	555	0	548	2643
所需准备金和结算余额	0	0	0	0	0
其他	1539	555	0	548	2643
其他存款性公司	26313	−1570	0	2013	2013

资产	期初存量	交易	估值变化	OCVA	期末存量
其他金融性公司	0	0	0	0	0
非常住单位	3	0	0	0	3
外币	61562	10	865	37	62473
中央银行	0	0	0	0	0
所需准备金和结算余额	0	0	0	0	0
其他	0	0	0	0	0
其他存款性公司	596	−107	7	37	533
其他金融性公司	0	0	0	0	0
非常住单位	60966	117	857	0	61940
债务证券	**936425**	**13544**	**2814**	**11536**	**964319**
本币	846059	12488	1542	11536	871625
中央银行	249983	−1007	−1459	0	247517
所需准备金和结算余额	0	0	0	0	0
其他	249983	−1007	−1459	0	247517
其他存款性公司	110851	−1184	978	2535	113180
其他金融性公司	7168	−197	86	248	7305
中央政府	239650	15033	2237	3096	260016
州和地方政府	1644	20	0	117	1781
公营非金融性公司	59607	774	−284	185	60282
其他非金融性公司	168933	−486	−648	4733	172532
住户和为住户服务的非营利机构	81	−1	0	0	79
非常住单位	8143	−464	632	622	8933
外币	90366	1056	1273	0	92695
中央银行	0	0	0	0	0
所需准备金和结算余额	0	0	0	0	0
其他	0	0	0	0	0
其他存款性公司	0	0	0	0	0
其他金融性公司	0	0	0	0	0
中央政府	0	0	0	0	0
州和地方政府	0	0	0	0	0
公营非金融性公司	0	0	0	0	0

续表

资产	期初存量	交易	估值变化	*OCVA*	期末存量
其他非金融性公司	0	0	0	0	0
住户和为住户服务的非营利机构	0	0	0	0	0
非常住单位	90366	1056	1273	0	92695
贷款	**2710280**	**−10710**	**2118**	**10416**	**2712104**
本币	2574637	−12344	0	10416	2572708
中央银行	127630	4746	0	0	132376
回购协议	35627	−125	0	0	35502
其他	92003	4871	0	0	96874
其他存款性公司	158850	4931	0	0	163781
回购协议	41100	−6850	0	0	34250
其他	117750	11781	0	0	129531
其他金融性公司	86188	−2052	0	0	84136
回购协议	2335	−144	0	0	2191
其他	83853	−1908	0	0	81945
中央政府	104602	−11890	0	0	92713
州和地方政府	14367	−11	0	0	14356
公营非金融性公司	127420	1816	0	685	129921
其他非金融性公司	732399	2711	0	5998	741107
住户和为住户服务的非营利机构	1205042	−12942	0	3628	1195727
非常住单位	18139	346	0	105	18589
回购协议	274	0	0	0	274
其他	17865	346	0	105	18315
外币	135644	1634	2118	0	139396
中央银行	3	−3	0	0	0
回购协议	0	0	0	0	0
其他	3	−3	0	0	0
其他存款性公司	5199	−368	60	0	4891
回购协议	0	0	0	0	0
其他	5199	−368	60	0	4891
其他金融性公司	4883	705	121	0	5709
回购协议	0	0	0	0	0

资产	期初存量	交易	估值变化	OCVA	期末存量
其他	4883	705	121	0	5709
中央政府	1	0	0	0	1
州和地方政府	0	0	0	0	0
公营非金融性公司	2158	1	27	0	2186
其他非金融性公司	81715	126	1315	0	83157
住户和为住户服务的非营利机构	157	−46	2	0	113
非常住单位	41528	1219	593	0	43340
回购协议	0	0	0	0	0
其他	41528	1219	593	0	43340
投资基金份额	**143850**	**3094**	**285**	**2900**	**150129**
本币	123300	1580	0	2900	127780
货币市场基金	68500	525	0	2900	71925
非货币市场基金	54800	1055	0	0	55855
非常住单位投资基金份额	0	0	0	0	0
外币	20550	1514	285	0	22349
货币市场基金	20550	1514	285	0	22349
非货币市场基金	0	0	0	0	0
非常住单位投资基金份额	0	0	0	0	0
股权	**64110**	**−3411**	**−861**	**418**	**60256**
本币	60185	−3361	−919	418	56323
中央银行	0	0	0	0	0
其他存款性公司	4685	0	−93	0	4593
其他金融性公司	29834	−3369	−748	0	25717
中央政府	0	0	0	0	0
州和地方政府	0	0	0	0	0
公营非金融性公司	1048	0	−101	0	947
其他非金融性公司	17206	8	−292	418	17340
非常住单位	7412	0	315	0	7727
外币	3925	−50	59	0	3934
中央银行	0	0	0	0	0
其他存款性公司	0	0	0	0	0

资产	期初存量	交易	估值变化	OCVA	期末存量
其他金融性公司	0	0	0	0	0
中央政府	0	0	0	0	0
州和地方政府	0	0	0	0	0
公营非金融性公司	0	0	0	0	0
其他非金融性公司	0	0	0	0	0
非常住单位	3925	− 50	59	0	3934
保险、养老金和标准化担保计划	**2055**	**137**	**0**	**0**	**2192**
非寿险专门准备金和标准化担保代偿准备金	2055	137	0	0	2192
本币	2055	137	0	0	2192
其他金融性公司	2055	137	0	0	2192
非常住单位	0	0	0	0	0
外币	0	0	0	0	0
其他金融性公司	0	0	0	0	0
非常住单位	0	0	0	0	0
养老金经理人的养老基金债权	0	0	0	0	0
本币	0	0	0	0	0
其他存款性公司	0	0	0	0	0
其他金融性公司	0	0	0	0	0
非常住单位	0	0	0	0	0
外币	0	0	0	0	0
其他存款性公司	0	0	0	0	0
其他金融性公司	0	0	0	0	0
非常住单位	0	0	0	0	0
金融衍生品	**13837**	**2455**	**− 1894**	**672**	**15070**
本币	9316	2126	− 1948	644	10138
中央银行	6165	548	− 1096	411	6028
其他存款性公司	3151	1578	− 852	233	4110
其他金融性公司	0	0	0	0	0
中央政府	0	0	0	0	0
州和地方政府	0	0	0	0	0

资产	期初存量	交易	估值变化	OCVA	期末存量
公营非金融性公司	0	0	0	0	0
其他非金融性公司	0	0	0	0	0
住户和为住户服务的非营利机构	0	0	0	0	0
非常住单位	0	0	0	0	0
外币	4521	329	54	28	4932
中央银行	0	0	0	0	0
其他存款性公司	0	0	0	0	0
其他金融性公司	2740	798	24	0	3562
中央政府	0	0	0	0	0
州和地方政府	0	0	0	0	0
公营非金融性公司	0	0	0	0	0
其他非金融性公司	0	0	0	0	0
住户和为住户服务的非营利机构	0	0	0	0	0
非常住单位	1781	-469	30	28	1370
其他应收款	**75343**	**9630**	**9**	**138**	**85120**
贸易信贷和预付款	2136	-29	0	121	2228
本币	2136	-29	0	121	2228
中央银行	0	0	0	0	0
其他存款性公司	0	0	0	0	0
其他金融性公司	783	227	0	47	1057
中央政府	0	0	0	0	0
州和地方政府	0	0	0	0	0
公营非金融性公司	0	0	0	0	0
其他非金融性公司	1237	-223	0	74	1088
住户和为住户服务的非营利机构	116	-33	0	0	82
非常住单位	0	0	0	0	0
外币	0	0	0	0	0
中央银行	0	0	0	0	0
其他存款性公司	0	0	0	0	0
其他金融性公司	0	0	0	0	0
中央政府	0	0	0	0	0

资产	期初存量	交易	估值变化	OCVA	期末存量
州和地方政府	0	0	0	0	0
公营非金融性公司	0	0	0	0	0
其他非金融性公司	0	0	0	0	0
住户和为住户服务的非营利机构	0	0	0	0	0
非常住单位	0	0	0	0	0
其他	73207	9660	9	17	82893
本币	72522	9548	0	0	82071
常住单位	72522	9548	0	0	82071
非常住单位	0	0	0	0	0
外币	685	111	9	17	822
常住单位	0	0	0	0	0
非常住单位	685	111	9	17	822
非金融资产	**76636**	**−1456**	**0**	**563**	**75743**
固定资产	53818	719	0	307	54844
回收/抵押资产	0	0	0	0	0
其他非金融资产	25284	−2175	0	248	23357
减：累计折旧	2466	0	0	−8	2458
总资产	**4207402**	**19538**	**3848**	**30852**	**4261641**
负债	期初存量	交易	估值变化	OCVA	期末存量
包含在广义货币中的存款	**2184210**	**40680**	**396**	**−2237**	**2223049**
可转让存款	119557	3860	0	−187	123230
本币	119557	3860	0	−187	123230
其他金融性公司	2223	1391	0	−187	3427
州和地方政府	5109	609	0	0	5718
公营非金融性公司	1966	−641	0	0	1325
其他非金融性公司	45756	−2778	0	0	42978
住户和为住户服务的非营利机构	64502	5280	0	0	69782
外币	0	0	0	0	0
其他金融性公司	0	0	0	0	0
州和地方政府	0	0	0	0	0
公营非金融性公司	0	0	0	0	0

负债	期初存量	交易	估值变化	OCVA	期末存量
其他非金融性公司	0	0	0	0	0
住户和为住户服务的非营利机构	0	0	0	0	0
其他存款	2064653	36820	396	−2050	2099818
本币	2033733	37912	0	−2013	2069631
其他金融性公司	114457	−1682	0	−2013	110762
州和地方政府	49693	10674	0	0	60367
公营非金融性公司	118532	8858	0	0	127390
其他非金融性公司	400244	4460	0	0	404704
住户和为住户服务的非营利机构	1350806	15602	0	0	1366409
外币	30920	−1092	396	−37	30187
其他金融性公司	2079	−2000	31	−37	73
州和地方政府	0	0	0	0	0
公营非金融性公司	6819	−362	100	0	6556
其他非金融性公司	20866	1268	249	0	22384
住户和为住户服务的非营利机构	1156	1	16	0	1174
广义货币之外的存款	**171140**	**−19667**	**79**	**2237**	**153789**
可转让存款	29507	−13512	0	187	16181
本币	25933	−13233	0	187	12886
中央银行	4	−2	0	0	3
其他存款性公司	1204	235	0	187	1626
其他金融性公司	0	0	0	0	0
中央政府	11037	−3461	0	0	7576
州和地方政府	0	0	0	0	0
公营非金融性公司	0	0	0	0	0
其他非金融性公司	714	606	0	0	1320
住户和为住户服务的非营利机构	0	0	0	0	0
非常住单位	12974	−10612	0	0	2362
外币	3574	−279	0	0	3295
中央银行	0	0	0	0	0
其他存款性公司	1589	−265	0	121	1445
其他金融性公司	1985	−14	0	−121	1850

续表

负债	期初存量	交易	估值变化	*OCVA*	期末存量
中央政府	0	0	0	0	0
州和地方政府	0	0	0	0	0
公营非金融性公司	0	0	0	0	0
其他非金融性公司	0	0	0	0	0
住户和为住户服务的非营利机构	0	0	0	0	0
非常住单位	0	0	0	0	0
其他存款	141633	−6155	79	2050	137607
本币	135894	−6348	0	2013	131558
中央银行	0	0	0	0	0
其他存款性公司	23618	−2378	0	2013	23253
其他金融性公司	0	0	0	0	0
中央政府	83092	−4840	0	0	78252
州和地方政府	0	0	0	0	0
公营非金融性公司	0	0	0	0	0
其他非金融性公司	0	0	0	0	0
住户和为住户服务的非营利机构	685	137	0	0	822
非常住单位	28499	732	0	0	29231
外币	5739	193	79	37	6,049
中央银行	28	−28	0	0	1
其他存款性公司	357	−65	4	37	333
其他金融性公司	0	0	0	0	0
中央政府	47	−4	1	0	44
州和地方政府	0	0	0	0	0
公营非金融性公司	0	0	0	0	0
其他非金融性公司	0	0	0	0	0
住户和为住户服务的非营利机构	0	0	0	0	0
非常住单位	5307	291	74	0	5671
包含在广义货币中的债务证券	**27515**	**−3108**	**1363**	**1192**	**26962**
本币	27515	−3108	1363	1192	26962
其他金融性公司	6300	1497	−65	−1548	6184
州和地方政府	2	0	0	0	2

负债	期初存量	交易	估值变化	OCVA	期末存量
公营非金融性公司	202	87	−15	39	314
其他非金融性公司	16249	−3542	859	1587	15153
住户和为住户服务的非营利机构	4762	−1150	584	1114	5310
外币	0	0	0	0	0
其他金融性公司	0	0	0	0	0
州和地方政府	0	0	0	0	0
公营非金融性公司	0	0	0	0	0
其他非金融性公司	0	0	0	0	0
住户和为住户服务的非营利机构	0	0	0	0	0
广义货币之外的债务证券	**196717**	**7215**	**−2527**	**3263**	**204668**
本币	191081	6814	−2603	3055	198347
中央银行	0	0	0	0	0
其他存款性公司	110815	3325	−1350	2546	115336
其他金融性公司	33576	3038	−670	509	36453
中央政府	4740	90	0	0	4830
州和地方政府	0	0	0	0	0
公营非金融性公司	229	5	−5	0	229
其他非金融性公司	5911	568	−89	0	6390
住户和为住户服务的非营利机构	34614	−212	−473	0	33929
非常住单位	1195	0	−15	0	1179
外币	5636	401	76	208	6321
中央银行	0	0	0	0	0
其他存款性公司	0	0	0	0	0
其他金融性公司	0	0	0	0	0
中央政府	0	0	0	0	0
州和地方政府	0	0	0	0	0
公营非金融性公司	0	0	0	0	0
其他非金融性公司	548	−76	5	208	685
住户和为住户服务的非营利机构	0	0	0	0	0
非常住单位	5088	477	71	0	5636
贷款	**344167**	**−3788**	**1728**	**1747**	**343854**

续表

负债	期初存量	交易	估值变化	OCVA	期末存量
本币	205319	318	0	1747	207383
中央银行	27584	-200	0	0	27384
回购协议	6850	0	0	0	6850
其他	20734	-200	0	0	20534
其他存款性公司	157157	3386	0	0	160543
回购协议	41100	-6850	0	0	34250
其他	116057	10236	0	0	126293
其他金融性公司	8482	-116	0	0	8365
回购协议	0	0	0	0	0
其他	8482	-116	0	0	8365
中央政府	6418	-852	0	1674	7240
州和地方政府	0	0	0	0	0
公营非金融性公司	517	23	0	0	539
其他非金融性公司	4104	-2011	0	0	2093
住户和为住户服务的非营利机构	985	21	0	0	1007
非常住单位	71	67	0	73	212
回购协议	0	0	0	0	0
其他	71	67	0	73	212
外币	138848	-4106	1728	0	136470
中央银行	0	0	0	0	0
回购协议	0	0	0	0	0
其他	0	0	0	0	0
其他存款性公司	5818	-1111	111	0	4818
回购协议	0	0	0	0	0
其他	5818	-1111	111	0	4818
其他金融性公司	731	-11	9	0	729
回购协议	0	0	0	0	0
其他	731	-11	9	0	729
中央政府	0	0	0	0	0
州和地方政府	0	0	0	0	0
公营非金融性公司	0	0	0	0	0

负债	期初存量	交易	估值变化	OCVA	期末存量
其他非金融性公司	133	−271	2	0	−137
住户和为住户服务的非营利机构	0	0	0	0	0
非常住单位	132167	−2713	1606	0	131060
回购协议	220	263	0	0	483
其他	131947	−2975	1606	0	130578
货币市场基金份额	**637050**	**20558**	**1568**	**0**	**659176**
包含在广义货币中的货币市场基金份额	548000	16588	1702	0	566290
可转让货币市场基金份额	130150	4592	340	0	135082
本币	102750	4110	0	0	106860
其他金融性公司	41100	1370	0	0	42470
州和地方政府	2740	137	0	0	2877
公营非金融性公司	4110	137	0	0	4247
其他非金融性公司	27400	822	0	0	28222
住户和为住户服务的非营利机构	27400	1644	0	0	29044
外币	27400	482	340	0	28222
其他金融性公司	0	0	0	0	0
州和地方政府	0	0	0	0	0
公营非金融性公司	0	0	0	0	0
其他非金融性公司	20550	430	255	0	21235
住户和为住户服务的非营利机构	6850	52	85	0	6987
其他货币市场基金份额	417850	11996	1361	0	431208
本币	308250	5277	0	0	313527
其他金融性公司	130150	8905	0	0	139055
州和地方政府	24660	822	0	0	25482
公营非金融性公司	30140	−5149	0	0	24991
其他非金融性公司	68500	8055	0	0	76555
住户和为住户服务的非营利机构	54800	−7356	0	0	47444
外币	109600	6719	1361	0	117681
其他金融性公司	54800	664	681	0	56145
州和地方政府	0	0	0	0	0
公营非金融性公司	8220	35	102	0	8357

续表

负债	期初存量	交易	估值变化	OCVA	期末存量
其他非金融性公司	39730	5968	494	0	46192
住户和为住户服务的非营利机构	6850	52	85	0	6987
广义货币之外的货币市场基金份额	89050	3970	−134	0	92886
本币	68500	3797	−372	0	71925
中央银行	0	0	0	0	0
其他存款性公司	68500	0	0	0	0
中央政府	0	3797	−372	0	71925
非常住单位	0	0	0	0	0
外币	20550	0	0	0	0
中央银行	0	173	238	0	20961
其他存款性公司	20550	0	0	0	0
中央政府	0	173	238	0	20961
非常住单位	0	0	0	0	0
保险、养老金和标准化担保计划	**0**	**0**	**0**	**0**	**0**
住户的人寿保险和年金权利	0	0	0	0	0
本币	0	0	0	0	0
常住单位	0	0	0	0	0
非常住单位	0	0	0	0	0
外币	0	0	0	0	0
常住单位	0	0	0	0	0
非常住单位	0	0	0	0	0
住户的养老金待遇	0	0	0	0	0
本币	0	0	0	0	0
常住单位	0	0	0	0	0
非常住单位	0	0	0	0	0
外币	0	0	0	0	0
常住单位	0	0	0	0	0
非常住单位	0	0	0	0	0
非寿险专门准备金和标准化担保代偿准备金	0	0	0	0	0
本币	0	0	0	0	0
中央银行	0	0	0	0	0

负债	期初存量	交易	估值变化	OCVA	期末存量
其他存款性公司	0	0	0	0	0
其他金融性公司	0	0	0	0	0
中央政府	0	0	0	0	0
州和地方政府	0	0	0	0	0
公营非金融性公司	0	0	0	0	0
其他非金融性公司	0	0	0	0	0
住户和为住户服务的非营利机构	0	0	0	0	0
非常住单位	0	0	0	0	0
外币	0	0	0	0	0
中央银行	0	0	0	0	0
其他存款性公司	0	0	0	0	0
其他金融性公司	0	0	0	0	0
中央政府	0	0	0	0	0
州和地方政府	0	0	0	0	0
公营非金融性公司	0	0	0	0	0
其他非金融性公司	0	0	0	0	0
住户和为住户服务的非营利机构	0	0	0	0	0
非常住单位	0	0	0	0	0
养老金经理人的养老基金负债	0	0	0	0	0
本币	0	0	0	0	0
其他存款性公司	0	0	0	0	0
其他金融性公司	0	0	0	0	0
非常住单位	0	0	0	0	0
外币	0	0	0	0	0
其他存款性公司	0	0	0	0	0
其他金融性公司	0	0	0	0	0
非常住单位	0	0	0	0	0
金融衍生品和雇员股票期权	**15618**	**1377**	**−680**	**947**	**17262**
本币	15344	1490	−656	947	17125
中央银行	1781	684	27	111	2603
其他存款性公司	3836	1096	−411	0	4521

续表

负债	期初存量	交易	估值变化	OCVA	期末存量
其他金融性公司	1644	−311	−237	548	1644
中央政府	0	0	0	0	0
州和地方政府	0	0	0	0	0
公营非金融性公司	548	100	0	174	822
其他非金融性公司	0	0	0	0	0
住户和为住户服务的非营利机构	4795	0	0	0	4795
非常住单位	2740	−79	5	114	2740
外币	274	−113	−24	0	137
中央银行	0	0	0	0	0
其他存款性公司	0	0	−24	0	0
其他金融性公司	274	−113	0	0	137
中央政府	0	0	0	0	0
州和地方政府	0	0	0	0	0
公营非金融性公司	0	0	0	0	0
其他非金融性公司	0	0	0	0	0
住户和为住户服务的非营利机构	0	0	0	0	0
非常住单位	0	0	0	0	0
其他应付款	**244363**	**−23345**	**0**	**11561**	**232580**
贸易信贷和预付款	4838	399	0	544	5781
本币	4838	399	0	544	5781
中央银行	274	0	0	0	274
其他存款性公司	1	0	0	0	1
其他金融性公司	316	−1	0	0	315
中央政府	0	0	0	0	0
州和地方政府	0	0	0	0	0
公营非金融性公司	1644	100	0	385	2129
其他非金融性公司	2603	300	0	159	3062
住户和为住户服务的非营利机构	0	0	0	0	0
非常住单位	0	0	0	0	0
外币	0	0	0	0	0
中央银行	0	0	0	0	0

负债	期初存量	交易	估值变化	OCVA	期末存量
其他存款性公司	0	0	0	0	0
其他金融性公司	0	0	0	0	0
中央政府	0	0	0	0	0
州和地方政府	0	0	0	0	0
公营非金融性公司	0	0	0	0	0
其他非金融性公司	0	0	0	0	0
住户和为住户服务的非营利机构	0	0	0	0	0
非常住单位	0	0	0	0	0
其他	239525	−23743	0	11017	226799
损失准备	131607	−374	0	114	131348
贷款损失准备	92499	−374	0	−434	91691
其他损失准备	39109	0	0	548	39657
总部和分行的合并调整	−911	−234	0	0	−1145
其他本币	108829	−23135	0	10903	96596
常住单位	108829	−23135	0	10903	96596
非常住单位	0	0	0	0	0
其他外币	0	0	0	0	0
常住单位	0	0	0	0	0
非常住单位	0	0	0	0	0
股权	**386623**	**−383**	**1920**	**12142**	**400302**
所有者提供的资金	214394	1814	0	9843	226051
常住单位	186544	1814	0	9843	198202
非常住单位	27850	0	0	0	27850
留存收益	101424	−13253	0	8502	96673
本年度结果	23136	11489	−1369	−7320	25936
一般和特别准备金	33420	−433	0	1117	34103
估值调整	14249	0	3289	0	17538
负债总额	**4207402**	**19538**	**3848**	**30852**	**4261641**
垂直检查	0	0	0	0	0
备忘项目	期初存量	交易	估值变化	OCVA	期末存量
期末汇率	4411	—	—	—	4466

续表

资产	期初存量	交易	估值变化	*OCVA*	期末存量
1. 存款应计利息	**1644**	**0**	**0**	**0**	**1644**
2. 贷款应计利息	**20550**	**1756**	**0**	**162**	**22468**
3. 贷款拖欠（本金和利息）	**103243**	**－421**	**0**	**516**	**103338**
4. 贷款预期损失	**34310**	**0**	**0**	**－6473**	**27837**
其他存款性公司	0	0	0	0	0
其他金融性公司	0	0	0	0	0
中央政府	0	0	0	0	0
州和地方政府	0	0	0	0	0
公营非金融性公司	685	0	0	－274	411
其他非金融性公司	9714	0	0	－2200	7514
住户和为住户服务的非营利机构	23911	0	0	－3999	19912
非常住单位	0	0	0	0	0
5. 债务证券的应计利息	**10275**	**52**	**0**	**0**	**12604**
6. 清算中对其他存款性公司的债权	**0**	**0**	**0**	**0**	**0**
可转让存款	0	0	0	0	0
本币	0	0	0	0	0
外币	0	0	0	0	0
其他存款	0	0	0	0	0
本币	0	0	0	0	0
外币	0	0	0	0	0
债务证券	0	0	0	0	0
本币	0	0	0	0	0
外币	0	0	0	0	0
贷款	0	0	0	0	0
本币	0	0	0	0	0
外币	0	0	0	0	0
股权和投资基金份额	0	0	0	0	0
本币	0	0	0	0	0
外币	0	0	0	0	0
金融衍生品	0	0	0	0	0

资产	期初存量	交易	估值变化	OCVA	期末存量
本币	0	0	0	0	0
外币	0	0	0	0	0
其他应收款	0	0	0	0	0
本币	0	0	0	0	0
外币	0	0	0	0	0
7. 非常住单位债务证券	98508	593	1905	622	101628
其中：金融性公司发行	70829	571	1470	425	73295
8. 非常住单位贷款	59667	1564	593	105	61929
其中：金融性公司	55485	1554	541	97	57677
9. 股权	11337	−50	374	0	11660
其中：金融性公司发行	6867	0	257	0	7124
10. 非常住单位保险、养老金和标准化担保计划	0	0	0	0	0
其中：与金融性公司	0	0	0	0	0
11. 非常住单位金融衍生品	1781	−469	30	28	1370
其中：与金融性公司	1781	−469	30	28	1370
12. 非常住单位银行间头寸合计	99051	1918	548	137	101654
其中：关联公司	34250	527	158	0	34935
13. 其他存款性公司可转让存款	3104	240	21	308	3673
其中：接受存款性公司货币市场基金的可转让存款	548	99	0	0	647
14. 其他存款性公司的其他存款	26909	−1677	7	2050	27289
其中：接受存款性公司货币市场基金的其他存款	5206	274	0	0	5480
15. 其他存款性公司贷款	164049	4563	60	0	168672
其中：接受存款性公司货币市场基金的贷款	10138	274	0	0	10412
16. 住户和为住户服务的非营利机构的贷款	1205199	−12988	2	3628	1195840
其中：住户	1096000	−10004	2	3837	1089835
17. 到期日为 1 年或以下的债券	732552	5844	266	8507	747169
本币	652133	4825	−907	8507	664558
中央银行	249983	−1007	−1459	0	247517

续表

资产	期初存量	交易	估值变化	OCVA	期末存量
其他存款性公司	108093	−1117	908	2264	110148
其他金融性公司	6302	−136	75	198	6439
中央政府	165907	7120	−173	3048	175902
州和地方政府	785	−30	0	67	822
公营非金融性公司	30003	263	−142	153	30277
其他非金融性公司	87817	−261	−424	2466	89598
住户和为住户服务的非营利机构	0	0	0	0	0
非常住单位	3243	−7	308	311	3855
外币	80419	1019	1173	0	82611
中央银行	0	0	0	0	0
其他存款性公司	0	0	0	0	0
其他金融性公司	0	0	0	0	0
中央政府	0	0	0	0	0
州和地方政府	0	0	0	0	0
公营非金融性公司	0	0	0	0	0
其他非金融性公司	0	0	0	0	0
住户和为住户服务的非营利机构	0	0	0	0	0
非常住单位	80419	1019	1173	0	82611
18. 到期期限为 1 年或以下的贷款	**1513891**	**−1016**	**1520**	**4216**	**1518611**
本币	1435326	−1785	0	4216	1437757
中央银行	127630	4746	0	0	132376
其他存款性公司	143439	4247	0	0	147686
其他金融性公司	81172	−2037	0	0	79135
中央政府	89872	−9316	0	0	80556
州和地方政府	4932	0	0	0	4932
公营非金融性公司	47128	822	0	0	47950
其他非金融性公司	379764	1134	0	3798	384696
住户和为住户服务的非营利机构	546904	−1701	0	331	545534
非常住单位	14485	320	0	87	14892
外币	78565	769	1520	0	80854
中央银行	3	−3	0	0	0

资产	期初存量	交易	估值变化	OCVA	期末存量
其他存款性公司	4699	−317	50	0	4432
其他金融性公司	4110	374	448	0	4932
中央政府	0	0	0	0	0
州和地方政府	0	0	0	0	0
公营非金融性公司	1233	0	0	0	1233
其他非金融性公司	30414	−42	453	0	30825
住户和为住户服务的非营利机构	157	−46	2	0	113
非常住单位	37949	803	567	0	39319

负债	期初存量	交易	估值变化	OCVA	期末存量
1. 存款应计利息	**18386**	**−15500**	**0**	**15760**	**18646**
2. 贷款应计利息	**4015**	**−91**	**0**	**99**	**4023**
3. 贷款拖欠（本金和利息）	**4076**	**−15782**	**0**	**15760**	**4054**
4. 债务证券的应计利息	**4485**	**119**	**0**	**29**	**4633**
5. 权益：持有部门的市场价值	**482235**	**0**	**14613**	**10093**	**506942**
其他存款性公司	4685	0	−92	0	4593
其他金融性公司	53490	−3425	−915	0	49150
中央政府	28848	−2308	1147	0	27687
州和地方政府	0	0	0	0	0
公营非金融性公司	0	0	0	0	0
其他非金融性公司	191907	3425	4823	5667	205822
住户和为住户服务的非营利机构	140528	2308	5155	4426	152417
非常住单位	62778	0	4495	0	67273
6. 清算中对其他存款性公司的负债	**0**	**0**	**0**	**0**	**0**
可转让存款	0	0	0	0	0
本币	0	0	0	0	0
外币	0	0	0	0	0
其他存款	0	0	0	0	0
本币	0	0	0	0	0
外币	0	0	0	0	0
债务证券	0	0	0	0	0
本币	0	0	0	0	0

续表

负债	期初存量	交易	估值变化	OCVA	期末存量
外币	0	0	0	0	0
贷款	0	0	0	0	0
本币	0	0	0	0	0
外币	0	0	0	0	0
金融衍生品和雇员股票期权	0	0	0	0	0
本币	0	0	0	0	0
外币	0	0	0	0	0
其他应付款	0	0	0	0	0
本币	0	0	0	0	0
外币	0	0	0	0	0
7. 非常住单位债务证券	**6283**	**477**	**56**	**0**	**6815**
其中：由金融性公司持有	1507	115	22	0	1644
8. 非常住单位贷款	**132238**	**−2645**	**1606**	**73**	**131272**
其中：由金融性公司持有	110559	−2474	1408	62	109555
9. 非常住单位股权和投资基金份额	**0**	**0**	**0**	**0**	**0**
其中：由金融性公司持有	0	0	0	0	0
10. 非常住单位保险、养老金和标准化担保计划	**0**	**0**	**0**	**0**	**0**
其中：与金融性公司	0	0	0	0	0
11. 非常住单位金融衍生品和雇员股票期权	**2740**	**−79**	**−35**	**114**	**2740**
其中：与金融性公司	2740	−79	−35	114	2740
12. 非常住单位银行间头寸合计	**61787**	**−137**	**−548**	**274**	**61376**
其中：关联公司	20824	0	−137	137	20824
13. 住户和为住户服务的非营利机构的存款	1417150	21021	16	0	1438186
其中：住户	1377398	16972	16	0	1394386
14. 到期日为 1 年或以下的债务证券	**146566**	**594**	**−302**	**1701**	**148558**
本币	141478	117	−373	1701	142922
中央银行	0	0	0	0	0
其他存款性公司	108093	958	−1248	2345	110148
其他金融性公司	6302	2758	−550	−2345	6165
中央政府	4740	90	0	0	4830

负债	期初存量	交易	估值变化	OCVA	期末存量
州和地方政府	0	0	0	0	0
公营非金融性公司	137	3	−3	0	137
其他非金融性公司	16249	−3542	859	1587	15153
住户和为住户服务的非营利机构	4762	−150	584	114	5310
非常住单位	1195	0	−15	0	1179
外币	5088	477	71	0	5636
中央银行	0	0	0	0	0
其他存款性公司	0	0	0	0	0
其他金融性公司	0	0	0	0	0
中央政府	0	0	0	0	0
州和地方政府	0	0	0	0	0
公营非金融性公司	0	0	0	0	0
其他非金融性公司	0	0	0	0	0
住户和为住户服务的非营利机构	0	0	0	0	0
非常住单位	5088	477	71	0	5636
15. 到期期限为 1 年或以下的贷款	**252611**	**1204**	**1069**	**0**	**254885**
本币	178220	3147	0	0	181367
中央银行	27584	−200	0	0	27384
其他存款性公司	143439	4247	0	0	147686
其他金融性公司	4110	137	0	0	4247
中央政府	0	0	0	0	0
州和地方政府	0	0	0	0	0
公营非金融性公司	0	0	0	0	0
其他非金融性公司	2102	−1059	0	0	1043
住户和为住户服务的非营利机构	985	22	0	0	1007
非常住单位	0	0	0	0	0
外币	74391	−1942	1069	0	73518
中央银行	0	0	0	0	0
其他存款性公司	4247	42	98	0	4387
其他金融性公司	0	0	0	0	0
中央政府	0	0	0	0	0

续表

负债	期初存量	交易	估值变化	OCVA	期末存量
州和地方政府	0	0	0	0	0
公营非金融性公司	0	0	0	0	0
其他非金融性公司	0	0	0	0	0
住户和为住户服务的非营利机构	0	0	0	0	0
非常住单位	70144	−1984	971	0	69131
16. 债务证券名义价值	**215227**	**838**	**0**	**1354**	**217419**

注：OCVA = 资产数量的其他变化。

表 A.3　其他金融性公司的资产负债/2016 MFSMCG 标准报告

资产	期初存量	交易	估值变化	OCVA	期末存量
货币和存款	**178140**	**24369**	**789**	**−4209**	**199089**
货币	25619	−676	84	−1171	23857
本币	19591	−501	9	−860	18240
外币	6028	−175	75	−311	5617
可转让存款	4920	288	46	−440	4813
本币	2713	839	0	−261	3292
中央银行	685	−200	0	−74	412
所需准备金和结算余额	0	0	0	0	0
其他	685	−200	0	−74	412
其他存款性公司	2027	1039	0	−187	2880
其他金融性公司	0	0	0	0	0
非常住单位	1	0	0	0	1
外币	2027	−551	45	−179	1522
中央银行	959	−234	18	−58	685
所需准备金和结算余额	0	0	0	0	0
其他	959	−234	18	−58	685
其他存款性公司	1233	−317	27	−121	822
其他金融性公司	0	0	0	0	0
非常住单位	15	0	0	0	15
其他存款	147602	24756	659	0	170419
本币	104297	21820	0	−2598	123556

242

资产	期初存量	交易	估值变化	OCVA	期末存量
中央银行	1507	2	0	−2561	961
所需准备金和结算余额	0	0	0	−548	0
其他	1507	2	0	0	961
其他存款性公司	102687	21755	0	−548	122429
其他金融性公司	0	0	0	−2013	0
非常住单位	102	64	0	0	166
外币	43305	2936	659	−37	46863
中央银行	0	0	0	0	0
所需准备金和结算余额	0	0	0	0	0
其他	0	0	0	0	0
其他存款性公司	2435	−17	18	−37	2399
其他金融性公司	0	0	0	0	0
非常住单位	40869	2953	641	0	44463
债务证券	**688622**	**10452**	**4993**	**−9006**	**695060**
本币	623334	10631	3963	−9006	628921
中央银行	55436	1145	−243	0	56339
要求储备金	0	0	0	0	0
其他	55436	1145	−243	0	56339
其他存款性公司	53242	5114	407	−2535	56228
其他金融性公司	12108	1266	154	−248	13280
中央政府	291426	4786	3720	−3096	296836
州和地方政府	27811	−576	556	−117	27674
公营非金融性公司	62908	1498	−301	−185	63920
其他非金融性公司	110570	−2217	−717	−2203	105433
住户和为住户服务的非营利机构	5486	225	0	0	5711
非常住单位	4346	−611	387	−622	3501
外币	65288	−179	1030	0	66139
中央银行	0	0	0	0	0
要求储备金	0	0	0	0	0
其他	0	0	0	0	0
其他存款性公司	4073	70	103	0	4245

续表

资产	期初存量	交易	估值变化	OCVA	期末存量
其他金融性公司	78	− 1	0	0	77
中央政府	3	0	0	0	3
州和地方政府	0	0	0	0	0
公营非金融性公司	1596	− 969	30	0	656
其他非金融性公司	5842	− 471	178	0	5549
住户和为住户服务的非营利机构	0	0	0	0	0
非常住单位	53696	1193	720	0	55609
贷款	**374456**	**− 8358**	**1**	**− 22075**	**344025**
本币	374344	− 8358	0	− 22075	343911
中央银行	0	0	0	0	0
回购协议	0	0	0	0	0
其他	0	0	0	0	0
其他存款性公司	13581	− 293	0	0	13287
回购协议	338	− 220	0	0	118
其他	13242	− 74	0	0	13169
其他金融性公司	41839	− 101	0	0	41737
回购协议	6850	0	0	0	6850
其他	34989	− 101	0	0	34887
中央政府	9	49	0	0	58
州和地方政府	0	0	0	0	0
公营非金融性公司	3151	0	0	− 959	2192
其他非金融性公司	144082	− 303	0	− 12484	131295
住户和为住户服务的非营利机构	171528	− 7660	0	− 8527	155341
非常住单位	154	− 49	0	− 105	0
回购协议	0	0	0	0	0
其他	154	− 49	0	− 105	0
外币	113	0	1	0	114
中央银行	0	0	0	0	0
回购协议	0	0	0	0	0
其他	0	0	0	0	0
其他存款性公司	0	0	0	0	0

资产	期初存量	交易	估值变化	OCVA	期末存量
回购协议	0	0	0	0	0
其他	0	0	0	0	0
其他金融性公司	0	0	0	0	0
回购协议	0	0	0	0	0
其他	0	0	0	0	0
中央政府	0	0	0	0	0
州和地方政府	0	0	0	0	0
公营非金融性公司	0	0	0	0	0
其他非金融性公司	0	0	0	0	0
住户和为住户服务的非营利机构	0	0	0	0	0
非常住单位	113	0	1	0	114
回购协议	0	0	0	0	0
其他	113	0	1	0	114
投资基金份额	321950	17152	681	−2900	336883
本币	267150	16463	0	−2900	280713
货币市场基金	171250	13175	0	−2900	181525
非货币市场基金	95900	3288	0	0	99188
非常住单位投资基金份额	0	0	0	0	0
外币	54800	689	681	0	56170
货币市场基金	54800	689	681	0	56170
非货币市场基金	0	0	0	0	0
非常住单位投资基金份额	0	0	0	0	0
股权	356472	−7118	−1472	−168	347715
本币	253559	13427	−2750	−168	264068
中央银行	0	0	0	0	0
其他存款性公司	43991	−3425	−411	0	40155
其他金融性公司	34304	3214	0	0	37518
中央政府	0	0	0	0	0
州和地方政府	0	0	0	0	0
公营非金融性公司	5944	−306	0	0	5637
其他非金融性公司	169104	13941	−2339	−168	180538

资产	期初存量	交易	估值变化	OCVA	期末存量
非常住单位	216	3	0	0	219
外币	102913	−20545	1278	0	83647
中央银行	0	0	0	0	0
其他存款性公司	3	3	0	0	6
其他金融性公司	0	0	0	0	0
中央政府	0	0	0	0	0
州和地方政府	0	0	0	0	0
公营非金融性公司	0	0	0	0	0
其他非金融性公司	0	0	0	0	0
非常住单位	102911	−20548	1278	0	83641
保险、养老金和标准化担保计划	**12399**	**−1861**	**0**	**0**	**10539**
非寿险专门准备金和标准化担保代偿准备金	12399	−1861	0	0	10539
本币	12399	−1861	0	0	10539
其他金融性公司	12186	−1873	0	0	10313
非常住单位	213	12	0	0	225
外币	0	0	0	0	0
其他金融性公司	0	0	0	0	0
非常住单位	0	0	0	0	0
养老金经理人的养老基金债权	0	0	0	0	0
本币	0	0	0	0	0
其他存款性公司	0	0	0	0	0
其他金融性公司	0	0	0	0	0
非常住单位	0	0	0	0	0
外币	0	0	0	0	0
其他存款性公司	0	0	0	0	0
其他金融性公司	0	0	0	0	0
非常住单位	0	0	0	0	0
金融衍生品	**10150**	**−200**	**−167**	**−672**	**9112**
本币	9316	83	−124	−644	8631
中央银行	5480	371	−97	−411	5343
其他存款性公司	2055	−937	−63	−233	822

资产	期初存量	交易	估值变化	OCVA	期末存量
其他金融性公司	1781	649	36	0	2466
中央政府	0	0	0	0	0
州和地方政府	0	0	0	0	0
公营非金融性公司	0	0	0	0	0
其他非金融性公司	0	0	0	0	0
住户和为住户服务的非营利机构	0	0	0	0	0
非常住单位	0	0	0	0	0
外币	834	− 283	− 43	− 28	481
中央银行	0	0	0	0	0
其他存款性公司	596	− 179	− 43	0	375
其他金融性公司	0	0	0	0	0
中央政府	0	0	0	0	0
州和地方政府	0	0	0	0	0
公营非金融性公司	0	0	0	0	0
其他非金融性公司	1	0	0	0	1
住户和为住户服务的非营利机构	0	0	0	0	0
非常住单位	237	− 104	0	− 28	105
其他应收款	**91900**	**43**	**2**	**− 138**	**91807**
贸易信贷和预付款	1423	− 459	0	− 121	843
本币	1423	− 459	0	− 121	843
中央银行	0	0	0	0	0
其他存款性公司	0	0	0	0	0
其他金融性公司	822	− 227	0	− 47	548
中央政府	76	0	0	0	76
州和地方政府	0	0	0	0	0
公营非金融性公司	0	0	0	0	0
其他非金融性公司	371	− 239	0	− 74	58
住户和为住户服务的非营利机构	154	7	0	0	161
非常住单位	0	0	0	0	0
外币	0	0	0	0	0
中央银行	0	0	0	0	0

续表

资产	期初存量	交易	估值变化	OCVA	期末存量
其他存款性公司	0	0	0	0	0
其他金融性公司	0	0	0	0	0
中央政府	0	0	0	0	0
州和地方政府	0	0	0	0	0
公营非金融性公司	0	0	0	0	0
其他非金融性公司	0	0	0	0	0
住户和为住户服务的非营利机构	0	0	0	0	0
非常住单位	0	0	0	0	0
其他	90477	502	2	-17	90964
本币	90355	653	0	0	91009
常住单位	89361	666	0	0	90027
非常住单位	994	-12	0	0	982
外币	121	-152	2	-17	-45
常住单位	35	-20	0	0	16
非常住单位	86	-131	2	-17	-61
非金融资产	**76247**	**8903**	**0**	**-787**	**84364**
固定资产	30311	4335	0	-539	34106
回收/抵押资产	0	0	0	0	0
其他非金融资产	46622	4569	0	-248	50942
减：累计折旧	685	0	0	0	685
总资产	**2110337**	**43384**	**4828**	**-39955**	**2118594**
负债	期初存量	交易	估值变化	OCVA	期末存量
广义货币之外的存款	**0**	**0**	**0**	**0**	**0**
本币	0	0	0	0	0
中央银行	0	0	0	0	0
其他存款性公司	0	0	0	0	0
其他金融性公司	0	0	0	0	0
中央政府	0	0	0	0	0
州和地方政府	0	0	0	0	0
公营非金融性公司	0	0	0	0	0
其他非金融性公司	0	0	0	0	0

负债	期初存量	交易	估值变化	OCVA	期末存量
住户和为住户服务的非营利机构	0	0	0	0	0
非常住单位	0	0	0	0	0
外币	0	0	0	0	0
中央银行	0	0	0	0	0
其他存款性公司	0	0	0	0	0
其他金融性公司	0	0	0	0	0
中央政府	0	0	0	0	0
州和地方政府	0	0	0	0	0
公营非金融性公司	0	0	0	0	0
其他非金融性公司	0	0	0	0	0
住户和为住户服务的非营利机构	0	0	0	0	0
非常住单位	0	0	0	0	0
广义货币之外的债务证券	**51509**	**1697**	**937**	**−4455**	**49688**
本币	45370	−33	801	−4247	41890
中央银行	0	0	0	0	0
其他存款性公司	12197	559	145	0	12900
其他金融性公司	15336	−816	408	−1507	13421
中央政府	24	0	0	0	24
州和地方政府	0	0	0	0	0
公营非金融性公司	10275	−216	118	−39	10138
其他非金融性公司	1535	45	35	−1587	28
住户和为住户服务的非营利机构	6002	395	95	−1114	5378
非常住单位	0	0	0	0	0
外币	6140	1730	136	−208	7797
中央银行	0	0	0	0	0
其他存款性公司	0	0	0	0	0
其他金融性公司	0	0	0	0	0
中央政府	0	0	0	0	0
州和地方政府	0	0	0	0	0
公营非金融性公司	0	0	0	0	0
其他非金融性公司	274	66	5	−208	137

续表

负债	期初存量	交易	估值变化	OCVA	期末存量
住户和为住户服务的非营利机构	0	0	0	0	0
非常住单位	5866	1664	131	0	7660
贷款	**191069**	**4946**	**363**	**−1747**	**194630**
本币	163035	4098	0	−1747	165385
中央银行	0	0	0	0	0
回购协议	0	0	0	0	0
其他	0	0	0	0	0
其他存款性公司	91287	1916	0	0	93203
回购协议	242	−151	0	0	91
其他	91045	2067	0	0	93112
其他金融性公司	41960	−158	0	0	41802
回购协议	6850	0	0	0	6850
其他	35110	−158	0	0	34952
中央政府	17125	1400	0	−1674	16851
州和地方政府	0	0	0	0	0
公营非金融性公司	3618	480	0	0	4098
其他非金融性公司	5774	494	0	0	6267
住户和为住户服务的非营利机构	2552	47	0	0	2599
非常住单位	719	−81	0	−73	565
回购协议	0	0	0	0	0
其他	719	−81	0	−73	565
外币	28034	848	363	0	29245
中央银行	0	0	0	0	0
回购协议	0	0	0	0	0
其他	0	0	0	0	0
其他存款性公司	4110	497	51	0	4658
回购协议	0	0	0	0	0
其他	4110	497	51	0	4658
其他金融性公司	0	0	0	0	0
回购协议	0	0	0	0	0
其他	0	0	0	0	0

负债	期初存量	交易	估值变化	OCVA	期末存量
中央政府	0	0	0	0	0
州和地方政府	0	0	0	0	0
公营非金融性公司	0	0	0	0	0
其他非金融性公司	0	0	0	0	0
住户和为住户服务的非营利机构	0	0	0	0	0
非常住单位	23924	351	312	0	24587
回购协议	0	0	0	0	0
其他	23924	351	312	0	24587
非货币市场基金份额	**438400**	**−7833**	**8792**	**0**	**439359**
本币	356200	13199	7351	0	376750
中央银行	0	0	0	0	0
其他存款性公司	54800	1095	960	0	56855
其他金融性公司	95900	1077	2211	0	99188
中央政府	0	0	0	0	0
州和地方政府	0	0	0	0	0
公营非金融性公司	41100	−7737	887	0	34250
其他非金融性公司	95900	11883	1817	0	109600
住户和为住户服务的非营利机构	68500	6882	1476	0	76857
非常住单位	0	0	0	0	0
外币	82200	−21032	1,441	0	62609
中央银行	0	0	0	0	0
其他存款性公司	0	0	0	0	0
其他金融性公司	0	0	0	0	0
中央政府	0	0	0	0	0
州和地方政府	0	0	0	0	0
公营非金融性公司	0	0	0	0	0
其他非金融性公司	0	0	0	0	0
住户和为住户服务的非营利机构	20550	−3474	460	0	17536
非常住单位	61650	−17558	981	0	45073
保险、养老金和标准化担保计划	**616904**	**15312**	**−148**	**0**	**632068**
住户的人寿保险和年金权利	172721	5433	1184	0	179338

251

续表

负债	期初存量	交易	估值变化	OCVA	期末存量
本币	172721	5433	1184	0	179338
常住单位	172721	5433	1184	0	179338
非常住单位	0	0	0	0	0
外币	0	0	0	0	0
常住单位	0	0	0	0	0
非常住单位	0	0	0	0	0
住户的养老金待遇	390407	11632	660	0	402699
本币	335607	10922	0	0	346529
常住单位	335607	10922	0	0	346529
非常住单位	0	0	0	0	0
外币	54800	710	660	0	56170
常住单位	41100	427	532	0	42059
非常住单位	13700	283	128	0	14111
非寿险专门准备金和标准化担保代偿准备金	53777	−1754	−1992	0	50031
本币	53777	−1754	−1992	0	50031
中央银行	0	0	0	0	0
其他存款性公司	2055	137	0	0	2192
其他金融性公司	6092	−15	0	0	6076
中央政府	0	0	0	0	0
州和地方政府	0	0	0	0	0
公营非金融性公司	0	0	0	0	0
其他非金融性公司	11181	660	0	0	11841
住户和为住户服务的非营利机构	29372	−1992	−1992	0	25389
非常住单位	5076	−544	0	0	4533
外币	0	0	0	0	0
中央银行	0	0	0	0	0
其他存款性公司	0	0	0	0	0
其他金融性公司	0	0	0	0	0
中央政府	0	0	0	0	0
州和地方政府	0	0	0	0	0
公营非金融性公司	0	0	0	0	0

负债	期初存量	交易	估值变化	OCVA	期末存量
其他非金融性公司	0	0	0	0	0
住户和为住户服务的非营利机构	0	0	0	0	0
非常住单位	0	0	0	0	0
养老金经理人的养老基金负债	0	0	0	0	0
本币	0	0	0	0	0
其他存款性公司	0	0	0	0	0
其他金融性公司	0	0	0	0	0
非常住单位	0	0	0	0	0
外币	0	0	0	0	0
其他存款性公司	0	0	0	0	0
其他金融性公司	0	0	0	0	0
非常住单位	0	0	0	0	0
金融衍生品和雇员股票期权	**25579**	**2367**	**−262**	**−947**	**26737**
本币	22544	664	−300	−947	21961
中央银行	5891	485	−511	−111	5754
其他存款性公司	214	−37	0	0	177
其他金融性公司	2192	612	211	−548	2467
中央政府	0	0	0	0	0
州和地方政府	0	0	0	0	0
公营非金融性公司	1644	−100	0	−174	1370
其他非金融性公司	0	0	0	0	0
住户和为住户服务的非营利机构	10823	0	0	0	10823
非常住单位	1781	−297	0	−114	1370
外币	3035	1703	38	0	4776
中央银行	0	0	0	0	0
其他存款性公司	2884	1626	36	0	4546
其他金融性公司	32	25	0	0	57
中央政府	0	0	0	0	0
州和地方政府	0	0	0	0	0
公营非金融性公司	0	0	0	0	0
其他非金融性公司	5	0	1	0	6

负债	期初存量	交易	估值变化	OCVA	期末存量
住户和为住户服务的非营利机构	0	0	0	0	0
非常住单位	114	52	1	0	167
其他应付款	**315206**	**－16918**	**3**	**－12467**	**285823**
贸易信贷和预付款	3800	－1125	0	－544	2131
本币	3800	－1125	0	－544	2131
中央银行	0	0	0	0	0
其他存款性公司	10	0	0	0	10
其他金融性公司	625	－47	0	0	578
中央政府	0	0	0	0	0
州和地方政府	0	0	0	0	0
公营非金融性公司	1507	－300	0	－385	822
其他非金融性公司	1226	－787	0	－159	280
住户和为住户服务的非营利机构	431	8	0	0	439
非常住单位	0	0	0	0	0
外币	0	0	0	0	0
中央银行	0	0	0	0	0
其他存款性公司	0	0	0	0	0
其他金融性公司	0	0	0	0	0
中央政府	0	0	0	0	0
州和地方政府	0	0	0	0	0
公营非金融性公司	0	0	0	0	0
其他非金融性公司	0	0	0	0	0
住户和为住户服务的非营利机构	0	0	0	0	0
非常住单位	0	0	0	0	0
其他	311406	－15794	3	－11923	283692
损失准备	188442	530	0	－1020	187952
贷款损失准备	170750	530	0	－1032	170248
其他损失准备	17692	0	0	12	17704
总部和分行的合并调整	0	0	0	0	0
其他本币	122763	－16215	0	－10903	95645
常住单位	119870	－16036	0	－10903	92931

续表

负债	期初存量	交易	估值变化	OCVA	期末存量
非常住单位	2893	−179	0	0	2715
其他外币	201	−109	3	0	95
常住单位	164	−91	2	0	75
非常住单位	37	−18	1	0	20
股权	**471669**	**43815**	**−4856**	**−20339**	**490289**
所有者提供的资金	357257	36607	0	−9843	384020
常住单位	357257	36607	0	−9843	384020
非常住单位	0	0	0	0	0
留存收益	93701	−614	0	−9496	83591
本年度结果	17102	6985	−5678	−567	17842
一般和特别储备金	2651	837	0	−433	3054
估值调整	958	0	822	0	1780
负债总额	**2110337**	**43384**	**4828**	**−39955**	**2118594**
垂直检查	**0**	**0**	**0**	**0**	**0**
备忘项目	期初存量	交易	估值变化	OCVA	期末存量
期末汇率	4411	—	—	—	4466
资产	期初存量	交易	估值变化	OCVA	期末存量
1. 存款应计利息	**3014**	**47**	**0**	**−53**	**3008**
2. 贷款应计利息	**15481**	**−557**	**0**	**−789**	**14135**
3. 贷款拖欠（本金和利息）	**17599**	**−3583**	**0**	**−2204**	**17443**
4. 贷款预期损失	**16514**	**651**	**0**	**0**	**17165**
其他存款性公司	0	0	0	0	0
其他金融性公司	730	71	0	0	801
中央政府	0	0	0	0	0
州和地方政府	0	0	0	0	0
公营非金融性公司	90	−5	0	0	85
其他非金融性公司	6597	67	0	0	6664
住户和为住户服务的非营利机构	9091	524	0	0	9615
非常住单位	6	−6	0	0	0
5. 债务证券的应计利息	**28907**	**−1794**	**0**	**−535**	**26578**
6. 清算中对其他存款性公司的债权	**0**	**0**	**0**	**0**	**0**

续表

资产	期初存量	交易	估值变化	OCVA	期末存量
可转让存款	0	0	0	0	0
本币	0	0	0	0	0
外币	0	0	0	0	0
其他存款	0	0	0	0	0
本币	0	0	0	0	0
外币	0	0	0	0	0
债务证券	0	0	0	0	0
本币	0	0	0	0	0
外币	0	0	0	0	0
贷款	0	0	0	0	0
本币	0	0	0	0	0
外币	0	0	0	0	0
股权和投资基金份额	0	0	0	0	0
本币	0	0	0	0	0
外币	0	0	0	0	0
金融衍生品	0	0	0	0	0
本币	0	0	0	0	0
外币	0	0	0	0	0
其他应收款	0	0	0	0	0
本币	0	0	0	0	0
外币	0	0	0	0	0
7. 非常住单位债务证券	58043	582	1107	−622	59110
其中：金融性公司发行	33428	576	822	−302	34524
8. 非常住单位贷款	267	−49	1	−105	114
其中：金融性公司发行	132	−10	0	−75	47
9. 股权	103127	−20544	1278	0	83861
其中：金融性公司发行	16988	−1855	211	0	15344
10. 非常住单位保险、养老金、标准化担保计划	213	12	0	0	225
其中：与金融性公司	213	12	0	0	225
11. 非常住单位金融衍生品	237	−104	0	−28	105

256

资产	期初存量	交易	估值变化	OCVA	期末存量
其中：与金融性公司	237	−104	0	−28	105
12. 非常住单位金融性公司的总资产	54389	−6028	685	0	49046
其中：关联公司	16577	−1644	137	0	15070
13. 住户和为住户服务的非营利机构的贷款	171528	−7660	0	−8527	155341
其中：住户	158509	−4864	0	−7672	145973
14. 到期日为1年或以下的债务证券	430180	1323	−116	−6633	424754
本币	387573	194	−768	−6633	380366
中央银行	44388	−959	−494	0	42935
其他存款性公司	6302	163	0	−300	6165
其他金融性公司	0	0	0	0	0
中央政府	221666	−522	411	−2355	219200
州和地方政府	0	0	0	0	0
公营非金融性公司	30140	89	0	−89	30140
其他非金融性公司	82611	1070	−685	−3536	79460
住户和为住户服务的非营利机构	0	0	0	0	0
非常住单位	2466	353	0	−353	2466
外币	42607	1129	652	0	44388
中央银行	0	0	0	0	0
其他存款性公司	0	0	0	0	0
其他金融性公司	0	0	0	0	0
中央政府	0	0	0	0	0
州和地方政府	0	0	0	0	0
公营非金融性公司	0	0	0	0	0
其他非金融性公司	0	0	0	0	0
住户和为住户服务的非营利机构	0	0	0	0	0
非常住单位	42607	1129	652	0	44388
15. 到期期限为1年或以下的贷款	119464	9603	0	−6315	122752
本币	119464	9603	0	−6315	122752
中央银行	0	0	0	0	0
其他存款性公司	4110	137	0	0	4247
其他金融性公司	10549	0	0	0	10549

续表

资产	期初存量	交易	估值变化	OCVA	期末存量
中央政府	0	0	0	0	0
州和地方政府	0	0	0	0	0
公营非金融性公司	685	198	0	− 198	685
其他非金融性公司	58225	4393	0	− 3845	58773
住户和为住户服务的非营利机构	45895	4875	0	− 2272	48498
非常住单位	0	0	0	0	0
外币	0	0	0	0	0
中央银行	0	0	0	0	0
其他存款性公司	0	0	0	0	0
其他金融性公司	0	0	0	0	0
中央政府	0	0	0	0	0
州和地方政府	0	0	0	0	0
公营非金融性公司	0	0	0	0	0
其他非金融性公司	0	0	0	0	0
住户和为住户服务的非营利机构	0	0	0	0	0
非常住单位	0	0	0	0	0

负债	期初存量	交易	估值变化	OCVA	期末存量
1. 存款应计利息	**0**	**0**	**0**	**0**	**0**
2. 贷款应计利息	**7645**	**212**	**0**	**− 70**	**7787**
3. 贷款拖欠（本金和利息）	**2055**	**0**	**0**	**0**	**2055**
4. 债务证券的应计利息	**2329**	**141**	**0**	**− 213**	**2257**
5. 权益：持有部门的市场价值	**520647**	**39912**	**33554**	**− 10093**	**584020**
其他存款性公司	29834	− 3369	− 748	0	25717
其他金融性公司	34304	3214	0	0	37518
中央政府	157333	0	12006	0	169339
州和地方政府	1626	0	0	0	1626
公营非金融性公司	0	0	0	0	0
其他非金融性公司	76346	29963	9828	− 5667	110470
住户和为住户服务的非营利机构	150035	10104	11372	− 4426	167085
非常住单位	71169	0	1096	0	72265
6. 清算中对其他存款性公司的负债	**0**	**0**	**0**	**0**	**0**

负债	期初存量	交易	估值变化	OCVA	期末存量
可转让存款	0	0	0	0	0
本币	0	0	0	0	0
外币	0	0	0	0	0
其他存款	0	0	0	0	0
本币	0	0	0	0	0
外币	0	0	0	0	0
债务证券	0	0	0	0	0
本币	0	0	0	0	0
外币	0	0	0	0	0
贷款	0	0	0	0	0
本币	0	0	0	0	0
外币	0	0	0	0	0
金融衍生品和雇员股票期权	0	0	0	0	0
本币	0	0	0	0	0
外币	0	0	0	0	0
其他应付款	0	0	0	0	0
本币	0	0	0	0	0
外币	0	0	0	0	0
7. 非常住单位债务证券	**5866**	**1664**	**131**	**0**	**7660**
其中：与金融性公司	5206	1522	122	0	6850
8. 非常住单位贷款	**24643**	**270**	**312**	**−73**	**25152**
其中：与金融性公司	24643	270	312	−73	25152
9. 非常住单位股权	**61650**	**−17558**	**981**	**0**	**45073**
其中：与金融性公司	57677	−15207	548	0	43018
10. 非常住单位保险、养老金、标准化担保计划	**18776**	**−261**	**128**	**0**	**18644**
其中：与金融性公司	3425	0	0	0	3425
11. 非常住单位金融衍生品和雇员股票期权	**1895**	**−245**	**1**	**−114**	**1537**
其中：与金融性公司	1895	−245	1	−114	1537
12. 非常住单位金融性公司（股本除外）的负债总额	**35483**	**−5695**	**685**	**−59**	**30414**
其中：关联公司	11097	−1763	137	−18	9453

续表

负债	期初存量	交易	估值变化	OCVA	期末存量
13. 住户和为住户服务的非营利机构的存款	**0**	**0**	**0**	**0**	**0**
其中：住户	0	0	0	0	0
14. 到期日为 1 年或以下的债务证券	**6302**	**−209**	**72**	**0**	**6165**
本币	6302	−209	72	0	6165
中央银行	0	0	0	0	0
其他存款性公司	6302	−209	72	0	6165
其他金融性公司	0	0	0	0	0
中央政府	0	0	0	0	0
州和地方政府	0	0	0	0	0
公营非金融性公司	0	0	0	0	0
其他非金融性公司	0	0	0	0	0
住户和为住户服务的非营利机构	0	0	0	0	0
非常住单位	0	0	0	0	0
外币	0	0	0	0	0
中央银行	0	0	0	0	0
其他存款性公司	0	0	0	0	0
其他金融性公司	0	0	0	0	0
中央政府	0	0	0	0	0
州和地方政府	0	0	0	0	0
公营非金融性公司	0	0	0	0	0
其他非金融性公司	0	0	0	0	0
住户和为住户服务的非营利机构	0	0	0	0	0
非常住单位	0	0	0	0	0
15. 到期期限为 1 年或以下的贷款	**80556**	**−896**	**153**	**0**	**79813**
本币	68637	−1507	0	0	67130
中央银行	0	0	0	0	0
其他存款性公司	58088	−1507	0	0	56581
其他金融性公司	10549	0	0	0	10549
中央政府	0	0	0	0	0
州和地方政府	0	0	0	0	0
公营非金融性公司	0	0	0	0	0

负债	期初存量	交易	估值变化	OCVA	期末存量
其他非金融性公司	0	0	0	0	0
住户和为住户服务的非营利机构	0	0	0	0	0
非常住单位	0	0	0	0	0
外币	11919	611	153	0	12683
中央银行	0	0	0	0	0
其他存款性公司	4110	497	51	0	4658
其他金融性公司	0	0	0	0	0
中央政府	0	0	0	0	0
州和地方政府	0	0	0	0	0
公营非金融性公司	0	0	0	0	0
其他非金融性公司	0	0	0	0	0
住户和为住户服务的非营利机构	0	0	0	0	0
非常住单位	7809	114	102	0	8025
16. 债务证券名义价值	**50827**	**1781**	**0**	**−3425**	**49183**

注：OCVA = 资产数量的其他变化。

附录 B　本书使用的概览的合并调整

表 B.1　其他存款性公司概览合并调整

负债（其他存款性公司部门资产负债）	期初存量	交易	估值变化	资产数量的其他变化	期末存量
	393444	8193	−1780	4904	404761
广义货币外的存款	**26767**	**−2473**	**4**	**2358**	**26656**
可转让存款	2793	−30	0	308	3071
本币	1204	235	0	187	1626
其他存款性公司	1204	235	0	187	1626
外币	1589	−265	0	121	1445
其他存款性公司	1589	−265	0	121	1445
其他存款	23974	−2443	4	2050	23586
本币	23618	−2378	0	2013	23253

续表

负债（其他存款性公司部门资产负债）	期初存量	交易	估值变化	资产数量的其他变化	期末存量
其他存款性公司	23618	−2378	0	2013	23253
外币	357	−65	4	37	333
其他存款性公司	357	−65	4	37	333
广义货币外的债券	**110815**	**3325**	**−1350**	**2546**	**115336**
本币	110815	3325	−1350	2546	115336
其他存款性公司	110815	3325	−1350	2546	115336
外币	0	0	0	0	0
其他存款性公司	0	0	0	0	0
货币市场基金份额	**89050**	**3970**	**−134**	**0**	**92886**
本币	68500	3797	−372	0	71925
其他存款性公司	68500	3797	−372	0	71925
外币	20550	173	238	0	20961
其他存款性公司	20550	173	238	0	20961
贷款	**162975**	**2275**	**111**	**0**	**165361**
本币	157157	3386	0	0	160543
其他存款性公司	157157	3386	0	0	160543
外币	5818	−1111	111	0	4818
其他存款性公司	5818	−1111	111	0	4818
金融衍生品和雇员股票期权	**3836**	**1096**	**−411**	**0**	**4521**
本币	3836	1096	−411	0	4521
其他存款性公司	3836	1096	−411	0	4521
外币	0	0	0	0	0
其他存款性公司	0	0	0	0	0
其他应付账款	**1**	**0**	**0**	**0**	**1**
贸易信贷和预付款	1	0	0	0	1
本币	1	0	0	0	0
其他存款性公司	1	0	0	0	0
外币	0	0	0	0	0
其他存款性公司	0	0	0	0	0
减去：					

负债（其他存款性公司部门资产负债）	期初存量	交易	估值变化	资产数量的 其他变化	期末存量
	401799	5559	406	8026	415790
可转让存款	**3104**	**240**	**21**	**308**	**3673**
本币	1433	－50	0	187	1570
其他存款性公司	1433	－50	0	187	1570
外币	1671	290	21	121	2103
其他存款性公司	1671	290	21	121	2103
其他存款	**26909**	**－1677**	**7**	**2050**	**27289**
本币	26313	－1570	0	2013	26756
其他存款性公司	26313	－1570	0	2013	26756
外币	596	－107	7	37	533
其他存款性公司	596	－107	7	37	533
债券	**110851**	**－1184**	**978**	**2535**	**113180**
本币	110851	－1184	978	2535	113180
其他存款性公司	110851	－1184	978	2535	113180
外币	0	0	0	0	0
其他存款性公司	0	0	0	0	0
货币市场基金份额	**89050**	**2039**	**285**	**2900**	**94274**
本币	68500	525	0	2900	71925
其他存款性公司	68500	525	0	2900	71925
外币	20550	1514	285	0	22349
其他存款性公司	20550	1514	285	0	22349
股权	**4685**	**0**	**－93**	**0**	**4593**
本币	4685	0	－93	0	4593
其他存款性公司	4685	0	－93	0	4593
外币	0	0	0	0	0
其他存款性公司	0	0	0	0	0
贷款	**164049**	**4563**	**60**	**0**	**168672**
本币	158850	4931	0	0	163781
其他存款性公司	158850	4931	0	0	163781
外币	5199	－368	60	0	4891

续表

负债（其他存款性公司部门资产负债）	期初存量	交易	估值变化	资产数量的其他变化	期末存量
其他存款性公司	5199	−368	60	0	4891
金融衍生品	**3151**	**1578**	**−852**	**233**	**4110**
本币	3151	1578	−852	233	4110
其他存款性公司	3151	1578	−852	233	4110
外币	0	0	0	0	0
其他存款性公司	0	0	0	0	0
其他应收款	**0**	**0**	**0**	**0**	**0**
贸易信贷和预付款	0	0	0	0	0
本币	0	0	0	0	0
其他存款性公司	0	0	0	0	0
外币	0	0	0	0	0
其他存款性公司	0	0	0	0	0
合并调整：负债—资产	−8355	2634	−2186	−3122	−11029

表 B.2　存款性公司概览合并调整

	期初存量	交易	估值变化	资产数量的其他变化	期末存量
对其他存款性公司的负债（中央银行概览）	**406175**	**1606**	**−1342**	**469**	**406909**
准备金（CBS）	16389	−2748	0	0	13641
包含在基础货币中的其他负债（CBS）	2192	189	27	58	2466
基础货币外的其他负债（CBS）	387594	4165	−1369	411	390802
减：					
对中央银行的债权（其他存款性公司概览）	**405417**	**2653**	**−2518**	**1091**	**406644**
准备金（ODCS）	21636	−1632	37	680	20722
其他债权	383781	4284	−2555	411	385921
对其他存款性公司的负债（CBS 记录 − ODC 记录）	758	−1046	1176	−622	265
对中央银行的负债（其他存款性公司概览）	**29672**	**454**	**27**	**111**	**30265**

	期初存量	交易	估值变化	资产数量的其他变化	期末存量
减：					
对其他存款性公司的债权（中央银行概览）	**29390**	**915**	**174**	**111**	**30590**
对中央银行的负债（ODC 记录 - CB 记录）	283	-461	-147	0	-325
中央银行和其他存款性公司概览的合并调整	1041	-1507	1029	-622	-60
其他存款性公司概览的合并调整（OD-CS）	-8355	2634	-2186	-3122	-11029
总的合并调整	-7315	1126	-1157	-3744	-11089

注：ODC = 其他存款性公司；CBS = 中央银行概览；ODCS = 其他存款性公司概览；CB = 中央银行。

表 B.3　其他金融性公司概览合并调整

负债（其他金融性公司概览的部门资产负债）	期初存量	交易	估值变化	资产数量的其他变化	期末存量
	162136	**679**	**2830**	**-2055**	**163591**
广义货币外的债券	**15336**	**-816**	**408**	**-1507**	**13421**
本币	15336	-816	408	-1507	13421
其他金融性公司	15336	-816	408	-1507	13421
外币	0	0	0	0	0
其他金融性公司	0	0	0	0	0
非货币市场基金份额	**95900**	**1077**	**2211**	**0**	**99188**
本币	95900	1077	2211	0	99188
其他金融性公司	95900	1077	2211	0	99188
外币	0	0	0	0	0
其他金融性公司	0	0	0	0	0
贷款	**41960**	**-158**	**0**	**0**	**41802**
本币	41960	-158	0	0	41802
其他金融性公司	41960	-158	0	0	41802
外币	0	0	0	0	0
其他金融性公司	0	0	0	0	0

续表

负债（其他金融性公司概览的部门资产负债）	期初存量	交易	估值变化	资产数量的其他变化	期末存量
保险、养老金和标准化担保计划	**6092**	**−15**	**0**	**0**	**6076**
非人寿保险技术储备	6092	−15	0	0	6076
本币	6092	−15	0	0	6076
其他金融性公司	6092	−15	0	0	6076
外币	0	0	0	0	0
其他金融性公司	0	0	0	0	0
金融衍生品和雇员股票期权	**2223**	**638**	**211**	**−548**	**2524**
本币	2192	612	211	−548	2467
其他金融性公司	2192	612	211	−548	2467
外币	32	25	0	0	57
其他金融性公司	32	25	0	0	57
其他应付账款	**625**	**−47**	**0**	**0**	**578**
贸易信贷和预付款	625	−47	0	0	578
本币	625	−47	0	0	578
其他金融性公司	625	−47	0	0	578
外币	0	0	0	0	0
其他金融性公司	0	0	0	0	0
减去：					
资产（其他金融性公司概览的部门资产负债表）	**199017**	**6216**	**190**	**−295**	**205128**
债券	**12186**	**1265**	**154**	**−248**	**13357**
本币	12108	1266	154	−248	13280
其他金融性公司	12108	1266	154	−248	13280
外币	78	−1	0	0	77
其他金融性公司	78	−1	0	0	77
贷款	**41839**	**−101**	**0**	**0**	**41737**
本币	41839	−101	0	0	41737
其他金融性公司	41839	−101	0	0	41737
外币	0	0	0	0	0
其他金融性公司	0	0	0	0	0
非货币市场基金份额	**95900**	**3288**	**0**	**0**	**99188**

负债（其他金融性公司概览的部门资产负债）	期初存量	交易	估值变化	资产数量的其他变化	期末存量
本币	95900	3288	0	0	99188
其他金融性公司	95900	3288	0	0	99188
外币	0	0	0	0	0
其他金融性公司	0	0	0	0	0
股权	**34304**	**3214**	**0**	**0**	**37518**
本币	34304	3214	0	0	37518
其他金融性公司	34304	3214	0	0	37518
外币	0	0	0	0	0
其他金融性公司	0	0	0	0	0
保险、养老金和标准化担保计划	**12186**	**−1873**	**0**	**0**	**10313**
本币	12186	−1873	0	0	10313
其他金融性公司	12186	−1873	0	0	10313
外币	0	0	0	0	0
其他金融性公司	0	0	0	0	0
金融衍生品	**1781**	**649**	**36**	**0**	**2466**
本币	1781	649	36	0	2466
其他金融性公司	1781	649	36	0	2466
外币	0	0	0	0	0
其他金融性公司	0	0	0	0	0
其他应收款	**822**	**−227**	**0**	**−47**	**548**
贸易信贷和预付款	822	−227	0	−47	548
本币	822	−227	0	−47	548
其他金融性公司	822	−227	0	−47	548
外币	0	0	0	0	0
其他金融性公司	0	0	0	0	0
合并调整：负债−资产	**−36881**	**−5537**	**2640**	**−1760**	**−41537**

表 B.4　金融性公司概览的合并调整

对存款性公司的负债（其他金融性公司概览）	期初存量	交易	估值变化	资产数量的其他变化	期末存量
	173447	6278	681	−111	180296
债券	12197	559	145	0	12900

续表

对存款性公司的负债（其他金融性公司概览）	期初存量	交易	估值变化	资产数量的其他变化	期末存量
其中：存款性公司	12197	559	145	0	12900
贷款	95397	2413	51	0	97861
其中：存款性公司	95397	2413	51	0	97861
金融衍生品	8989	2074	−475	−111	10477
其中：存款性公司	8989	2074	−475	−111	10477
保险、养老金和标准化担保计划	2055	137	0	0	2192
非人寿保险技术储备	2055	137	0	0	2192
其中：存款性公司	2055	137	0	0	2192
贸易信贷和预付款	10	0	0	0	10
其中：存款性公司	10	0	0	0	10
非货币市场基金份额	54800	1095	960	0	56855
其中：存款性公司	54800	1095	960	0	56855
对其他金融性公司的负债（存款概览性公司）	501222	10579	−1452	−3318	507031
广义货币负债	357421	10270	657	−3843	364505
可转让存款	3109	1105	10	−245	3980
其他金融性公司	3109	1105	10	−245	3980
其他存款	116536	−3682	31	−2050	110835
其他金融性公司	116536	−3682	31	−2050	110835
货币市场基金份额	226050	10939	681	0	237670
其他金融性公司	226050	10939	681	0	237670
债券	11725	1908	−65	−1548	12020
其他金融性公司	11725	1908	−65	−1548	12020
广义货币外的存款	1989	−12	0	−121	1856
其中：其他金融性公司	1989	−12	0	−121	1856
广义货币外的债券	124456	927	−1575	509	124318
其中：其他金融性公司	124456	927	−1575	509	124318
贷款	9212	−127	9	0	9094
其中：其他金融性公司	9212	−127	9	0	9094
金融衍生品	7809	−477	−543	137	6926
其中：其他金融性公司	7809	−477	−543	137	6926

对存款性公司的负债（其他金融性公司概览）	期初存量	交易	估值变化	资产数量的其他变化	期末存量
贸易信贷和预付款	**334**	**−1**	**0**	**0**	**333**
其中：其他金融性公司	334	−1	0	0	333
减去：					
国内债权（存款性公司概览）	**195300**	**−3485**	**−750**	**184**	**191250**
对其他部门的债权	195300	−3485	−750	184	191250
其他金融性公司	195300	−3485	−750	184	191250
对存款性公司的债权（其他金融性公司概览）	**472050**	**41186**	**808**	**−9117**	**504927**
其他债权	472050	41186	808	−9117	504927
加：					
合并调整（其他金融性公司概览）	**−36881**	**−5537**	**2640**	**−1760**	**−41537**
合并调整（存款性公司概览）	**−7315**	**1126**	**−1157**	**−3744**	**−11089**
合并调整	**−36876**	**−25253**	**654**	**0**	**−61476**

附录 C　本书使用的概览

表 C.1　中央银行概览

净外资	期初存量	交易	估值变化	资产数量的其他变化	期末存量
	748987	**11474**	**8939**	**311**	**769711**
对非常住单位的债权	**782024**	**8136**	**8641**	**311**	**799112**
货币黄金和特别提款权	33836	361	182	311	34690
基金的储备头寸	10	0	0	0	10
外币	2329	523	25	0	2877
存款	116514	9940	2439	0	128893
债券	618401	−2880	5782	0	621303
贷款	3723	96	49	0	3868
股权和投资基金份额	2692	0	6	0	2698

续表

净外资	期初存量	交易	估值变化	资产数量的其他变化	期末存量
金融衍生品	3425	− 31	144	0	3538
其他	1095	127	14	0	1235
减：对非常住单位的负债	**33037**	**− 3338**	**− 298**	**0**	**29401**
存款	6778	246	0	0	7024
债券	19200	− 3566	− 390	0	15244
贷款	0	0	0	0	0
金融衍生品和雇员股票期权	0	0	0	0	0
基金信贷的使用	0	0	0	0	0
特别提款权的分配	6629	0	92	0	6720
其他	431	− 18	0	0	413
对其他存款性公司的债权	**29390**	**915**	**174**	**111**	**30590**
对中央政府的净债权	**− 41994**	**2264**	**− 833**	**0**	**− 40563**
对中央政府的债权	**33459**	**− 8422**	**− 685**	**0**	**24352**
债券	33459	− 8422	− 685	0	24352
贷款	0	0	0	0	0
其他债权	0	0	0	0	0
减：对中央政府的负债	**75453**	**− 10685**	**148**	**0**	**64915**
存款	55880	− 12029	0	0	43851
其他负债	19572	1344	148	0	21064
对其他部门的债权	**14537**	**− 1285**	**− 233**	**− 439**	**12580**
其他金融性公司	6850	− 789	− 233	− 111	5717
州和地方政府	0	0	0	0	0
公营非金融性公司	4658	− 494	0	− 54	4110
其他非金融性公司	2192	137	0	− 274	2055
住户和为住户服务的非营利机构	837	− 139	0	0	698
基础货币	**194779**	**18397**	**43**	**0**	**213219**
流通中的货币	**174384**	**20879**	**0**	**0**	**195264**
对其他存款性公司的负债	**18581**	**− 2559**	**27**	**58**	**16107**
准备金	16389	− 2748	0	0	13641
其他负债	2192	189	27	58	2466

净外资	期初存量	交易	估值变化	资产数量的 其他变化	期末存量
对其他金融性公司的负债	**0**	**0**	**0**	**0**	**0**
准备金	0	0	0	0	0
其他负债	0	0	0	0	0
包含在广义货币内的存款	**1814**	**76**	**15**	**−58**	**1848**
可转让存款	1814	76	15	−58	1848
其他金融性公司	886	−286	10	−58	553
州和地方政府	122	174	0	0	296
公营非金融性公司	806	188	5	0	999
其他非金融性公司	0	0	0	0	0
住户和为住户服务的非营利机构	0	0	0	0	0
其他存款	0	0	0	0	0
其他金融性公司	0	0	0	0	0
州和地方政府	0	0	0	0	0
公营非金融性公司	0	0	0	0	0
其他非金融性公司	0	0	0	0	0
住户和为住户服务的非营利机构	0	0	0	0	0
包含在广义货币内的债券	**0**	**0**	**0**	**0**	**0**
其他金融性公司	0	0	0	0	0
州和地方政府	0	0	0	0	0
公营非金融性公司	0	0	0	0	0
其他非金融性公司	0	0	0	0	0
住户和为住户服务的非营利机构	0	0	0	0	0
对其他存款性公司的其他负债	**387594**	**4165**	**−1369**	**411**	**390802**
包含在广义货币中的存款	**3699**	**348**	**52**	**0**	**4099**
可转让存款	3699	348	52	0	4099
其他金融性公司	0	0	0	0	0
州和地方政府	0	0	0	0	0
公营非金融性公司	3699	348	52	0	4099
其他非金融性公司	0	0	0	0	0
住户和为住户服务的非营利机构	0	0	0	0	0

续表

净外资	期初存量	交易	估值变化	资产数量的其他变化	期末存量
其他存款	0	0	0	0	0
其他金融性公司	0	0	0	0	0
州和地方政府	0	0	0	0	0
公营非金融性公司	0	0	0	0	0
其他非金融性公司	0	0	0	0	0
住户和为住户服务的非营利机构	0	0	0	0	0
包含在广义货币内的债券	13645	781	0	0	14426
其他金融性公司	5425	411	0	0	5836
州和地方政府	0	0	0	0	0
公营非金融性公司	5480	685	0	0	6165
其他非金融性公司	2740	−315	0	0	2425
住户和为住户服务的非营利机构	0	0	0	0	0
广义货币外的存款	789	161	0	0	950
其中：其他金融性公司	4	2	0	0	6
广义货币外的债券	102591	−4084	−339	0	98169
其中：其他金融性公司	90880	−2111	−905	0	87865
贷款	0	0	0	0	0
其中：其他金融性公司	0	0	0	0	0
金融衍生品和雇员股票期权	5891	−53	−282	−411	5145
其中：其他金融性公司	5891	−53	−282	−411	5145
保险、养老金和标准化担保计划	0	0	0	0	0
其中：其他金融性公司	0	0	0	0	0
贸易信贷和预付款	979	137	0	0	1117
其中：其他金融性公司	18	0	0	0	18
股权	43093	−3718	9941	−138	49178
所有者贡献的资金	3	0	0	0	3
留存收益	54704	180	0	−2198	52686
本年度业绩	−16580	−3001	2596	−70	−17054
一般和特殊准备金	3827	−897	0	2130	5060
估值调整	1139	0	7344	0	8483

续表

净外资	期初存量	交易	估值变化	资产数量的其他变化	期末存量
其他项目（净值）	**－2141**	**－2768**	**1**	**121**	**－4786**
其他负债	3630	－674	1	－258	2699
减：其他资产	5771	2094	0	－379	7486
垂直检查	0	0	0	0	0

表 C.2　其他存款性公司概览

	期初存量	交易	估值变化	资产数量的其他变化	期末存量
净外资	**85432**	**15816**	**2520**	**896**	**104664**
**　对非常住单位的债权**	**273472**	**3980**	**4221**	**1083**	**282756**
外币	1176	388	25	311	1900
存款	100319	1842	1286	0	103447
债券	98508	593	1905	622	101628
贷款	59667	1564	593	105	61929
股权和投资基金份额	11337	－50	374	0	11660
金融衍生品	1781	－469	30	28	1370
其他	685	111	9	17	822
**　减：对非常住单位的负债**	**188040**	**－11836**	**1701**	**187**	**178092**
存款	46779	－9589	74	0	37265
债券	6283	477	56	0	6815
贷款	132238	－2645	1606	73	131272
金融衍生工具和雇员股票期权	2740	－79	－35	114	2740
其他	0	0	0	0	0
对中央银行的债权	**437139**	**9746**	**－2518**	**1951**	**446319**
货币	31722	7093	0	860	39675
法定存款准备金	21636	－1632	37	680	20722
其他债权	383781	4284	－2555	411	385921
对中央政府的净债权	**238920**	**12210**	**2236**	**1422**	**254788**
**　对中央政府的债权**	**344254**	**3143**	**2237**	**3096**	**352730**
债券	239650	15033	2237	3096	260016

273

续表

	期初存量	交易	估值变化	资产数量的其他变化	期末存量
贷款	104603	−11890	0	0	92714
其他债权	0	0	0	0	0
减：对中央政府的负债	**105334**	**−9067**	**1**	**1674**	**97942**
存款	94176	−8305	1	0	85872
其他负债	11158	−762	0	1674	12070
对其他部门的债权	**2601579**	**−10982**	**−499**	**16133**	**2606231**
其他金融性公司	188450	−2696	−517	295	185533
州和地方政府	16011	9	0	117	16137
公营非金融性公司	190233	2592	−359	870	193336
其他非金融性公司	1001490	2137	374	11223	1015224
住户和为住户服务的非营利机构	1205395	−13023	2	3628	1196002
对中央银行的负债	**29672**	**454**	**27**	**111**	**30265**
包含在广义货币中的存款	**2184210**	**40680**	**396**	**−2237**	**2223049**
可转让存款	119557	3860	0	−187	123230
其他金融性公司	2223	1391	0	−187	3427
州和地方政府	5109	609	0	0	5718
公营非金融性公司	1966	−641	0	0	1325
其他非金融性公司	45756	−2778	0	0	42978
住户和为住户服务的非营利机构	64502	5280	0	0	69782
其他存款	2064653	36820	396	−2050	2099818
其他金融性公司	116536	−3682	31	−2050	110835
州和地方政府	49693	10674	0	0	60367
公营非金融性公司	125351	8495	100	0	133946
其他非金融性公司	421110	5729	249	0	427088
住户和为住户服务的非营利机构	1351962	15604	16	0	1367582
包含在广义货币中的货币市场基金	**548000**	**16588**	**1702**	**0**	**566290**
可转让货币市场基金	130150	4592	340	0	135082
其他金融性公司	41100	1370	0	0	42470
州和地方政府	2740	137	0	0	2877
公营非金融性公司	4110	137	0	0	4247

	期初存量	交易	估值变化	资产数量的其他变化	期末存量
其他非金融性公司	47950	1252	255	0	49457
住户和为住户服务的非营利机构	34250	1696	85	0	36031
其他货币市场基金	417850	11996	1361	0	431208
其他金融性公司	184950	9569	681	0	195200
州和地方政府	24660	822	0	0	25482
公营非金融性公司	38360	-5114	102	0	33348
其他非金融性公司	108230	14023	494	0	122747
住户和为住户服务的非营利机构	61650	-7304	85	0	54431
包含在广义货币中的债券	**27515**	**-3108**	**1363**	**1192**	**26962**
其他金融性公司	6300	1497	-65	-1548	6184
州和地方政府	2	0	0	0	2
公营非金融性公司	202	87	-15	39	314
其他非金融性公司	16249	-3542	859	1587	15153
住户和为住户服务的非营利机构	4762	-1150	584	1114	5310
广义货币外的存款	**3384**	**729**	**0**	**-121**	**3992**
其中：其他金融性公司	1985	-14	0	-121	1850
广义货币外的债券	**74880**	**3323**	**-1233**	**717**	**77687**
其中：其他金融性公司	33576	3038	-670	509	36453
贷款	**14951**	**-2366**	**11**	**0**	**12596**
其中：其他金融性公司	9212	-127	9	0	9094
金融衍生品和雇员股票期权	**7261**	**-324**	**-261**	**722**	**7398**
其中：其他金融性公司	1918	-424	-261	548	1781
保险、养老金和标准化担保计划	**0**	**0**	**0**	**0**	**0**
其中：其他金融性公司	0	0	0	0	0
贸易信贷和预付款	**4563**	**399**	**0**	**544**	**5506**
其中：其他金融性公司	316	-1	0	0	315
股权	**386623**	**-383**	**1920**	**12142**	**400302**
所有者贡献的资金	214394	1814	0	9843	226051
留存收益	101424	-13253	0	8502	96673
本年度业绩	23136	11489	-1369	-7320	25936

续表

	期初存量	交易	估值变化	资产数量的其他变化	期末存量
一般和特殊准备金	33420	−433	0	1117	34103
估值调整	14249	0	3289	0	17538
其他项目（净值）	**82011**	**−29202**	**−2186**	**7332**	**57956**
其他负债	239525	−23743	0	11017	226799
减：其他资产	149159	8092	−93	563	157814
合并调整	−8355	2634	−2186	−3122	−11029
垂直检查	0	0	0	0	0

表 C.3 存款性公司概览

	期初存量	交易	估值变化	资产数量的其他变化	期末存量
净外资	**834419**	**27290**	**11459**	**1207**	**874375**
对非常住单位的债权	1055497	12115	12862	1394	1081868
减：对非常住单位的负债	221077	−15175	1403	187	207493
国内债权	**2813042**	**2207**	**672**	**17116**	**2833037**
对中央政府的净债权	**196926**	**14474**	**1404**	**1422**	**214225**
对中央政府的债权	377712	−5278	1552	3096	377082
减：对中央政府的负债	180787	−19752	148	1674	162857
对其他部门的债权	**2616116**	**−12267**	**−732**	**15694**	**2618812**
其他金融性公司	195300	−3485	−750	184	191250
州和地方政府	16011	9	0	117	16137
公营非金融性公司	194891	2098	−359	816	197446
其他非金融性公司	1003682	2274	374	10949	1017279
住户和为住户服务的非营利机构	1206232	−13162	2	3628	1196700
广义货币负债	**2921390**	**69132**	**3528**	**−1963**	**2992088**
存款性公司外的货币	**142662**	**13786**	**0**	**−860**	**155588**
可转让存款	**124915**	**4266**	**67**	**−245**	**129003**
其他金融性公司	3109	1105	10	−245	3980
州和地方政府	5231	783	0	0	6014
公营非金融性公司	6470	−104	57	0	6423
其他非金融性公司	45756	−2778	0	0	42978

续表

	期初存量	交易	估值变化	资产数量的其他变化	期末存量
住户和为住户服务的非营利机构	64502	5280	0	0	69782
减：中央银行浮动资金	155	19	0	0	174
其他存款	**2064653**	**36820**	**396**	**－2050**	**2099818**
其他金融性公司	116536	－3682	31	－2050	110835
州和地方政府	49693	10674	0	0	60367
公营非金融性公司	125351	8495	100	0	133946
其他非金融性公司	421110	5729	249	0	427088
住户和为住户服务的非营利机构	1351962	15604	16	0	1367582
可转让货币市场基金份额	**130150**	**4592**	**340**	**0**	**135082**
其他金融性公司	41100	1370	0	0	42470
州和地方政府	2740	137	0	0	2877
公营非金融性公司	4110	137	0	0	4247
其他非金融性公司	47950	1252	255	0	49457
住户和为住户服务的非营利机构	34250	1696	85	0	36031
其他货币市场基金份额	**417850**	**11996**	**1361**	**0**	**431208**
其他金融性公司	184950	9569	681	0	195200
州和地方政府	24660	822	0	0	25482
公营非金融性公司	38360	－5114	102	0	33348
其他非金融性公司	108230	14023	494	0	122747
住户和为住户服务的非营利机构	61650	－7304	85	0	54431
债券	**41160**	**－2327**	**1363**	**1192**	**41388**
其他金融性公司	11725	1908	－65	－1548	12020
州和地方政府	2	0	0	0	2
公营非金融性公司	5682	772	－15	39	6479
其他非金融性公司	18989	－3857	859	1587	17578
住户和为住户服务的非营利机构	4762	－1150	584	1114	5310
广义货币外的负债	**4173**	**890**	**0**	**－121**	**4942**
其中：其他金融性公司	1989	－12	0	－121	1856
广义货币外的债券	**177471**	**－760**	**－1571**	**717**	**175856**
其中：其他金融性公司	124456	927	－1575	509	124318

续表

	期初存量	交易	估值变化	资产数量的其他变化	期末存量
贷款	**14951**	**−2366**	**11**	**0**	**12596**
其中：其他金融性公司	9212	−127	9	0	9094
金融衍生品和雇员股票期权	**13152**	**−377**	**−543**	**311**	**12543**
其中：其他金融性公司	7809	−477	−543	137	6926
保险、养老金和标准化担保计划	**0**	**0**	**0**	**0**	**0**
其中：其他金融性公司	0	0	0	0	0
贸易信贷和预付款	**5543**	**536**	**0**	**544**	**6623**
其中：其他金融性公司	334	−1	0	0	333
股权	**429716**	**−4101**	**11861**	**12004**	**449480**
其他项目（净值）	**81066**	**−33458**	**−1156**	**6831**	**53284**
其他负债（含中央银行浮动）	243310	−24398	1	10759	229672
减：其他资产	154930	10186	0	184	169299
合并调整	−7315	1126	−1157	−3744	−11089
垂直检查	0	0	0	0	0

表 C.4　其他金融性公司概览

	期初存量	交易	估值变化	资产数量的其他变化	期末存量
净外资	**94221**	**−1079**	**1551**	**−896**	**93797**
对非常住单位的债权	209981	−17406	3105	−1083	194597
外币	6028	−175	75	−311	5617
存款	40987	3017	641	0	44645
债券	58043	582	1107	−622	59110
贷款	267	−49	1	−105	114
股权和投资基金份额	103127	−20544	1278	0	83861
金融衍生品	237	−104	0	−28	105
其他	1293	−132	2	−17	1146
减：对非常住单位的负债	**115760**	**−16326**	**1554**	**−187**	**100801**
存款	0	0	0	0	0
债券	5866	1664	131	0	7660
贷款	24643	270	312	−73	25152

续表

	期初存量	交易	估值变化	资产数量的其他变化	期末存量
金融衍生品和雇员股票期权	1895	− 245	1	− 114	1537
其他	83356	− 18015	1109	0	66451
对存款性公司的债权	**535632**	**37260**	**407**	**− 9977**	**563322**
货币	19591	− 501	9	− 860	18240
其他债权	516041	37761	397	− 9117	545083
对中央银行的净债权	**274365**	**3435**	**3720**	**− 1422**	**280098**
对中央银行的债权	**291515**	**4835**	**3720**	**− 3096**	**296974**
债券	291429	4786	3720	− 3096	296839
贷款	9	49	0	0	58
其他债权	76	0	0	0	76
减：对中央银行的负债	**17149**	**1400**	**0**	**− 1674**	**16875**
存款	0	0	0	0	0
其他负债	17149	1400	0	− 1674	16875
对其他部门的债权	**708547**	**2929**	**− 2594**	**− 24717**	**684166**
州和地方政府	27811	− 576	556	− 117	27674
公营非金融性公司	73598	223	− 271	− 1144	72406
其他非金融性公司	429970	10711	− 2878	− 14929	422874
住户和为住户服务的非营利机构	177168	− 7428	0	− 8527	161213
存款	**0**	**0**	**0**	**0**	**0**
其中：存款性公司	0	0	0	0	0
非货币市场基金份额	**280850**	**8647**	**5601**	**0**	**295098**
其中：存款性公司	54800	1095	960	0	56855
债券	**30283**	**848**	**398**	**− 2948**	**28582**
其中：存款性公司	12197	559	145	0	12900
贷款	**107340**	**3433**	**51**	**0**	**110825**
其中：存款性公司	95397	2413	51	0	97861
金融衍生品和雇员股票期权	**21461**	**1974**	**− 475**	**− 285**	**22676**
其中：存款性公司	8989	2074	− 475	− 111	10477
保险、养老金和标准化担保计划	**592036**	**15588**	**− 276**	**0**	**607348**
住户的人寿保险和年金权益	172721	5433	1184	0	179338

续表

	期初存量	交易	估值变化	资产数量的其他变化	期末存量
住户的养老金待遇	376707	11349	532	0	388588
非人寿保险技术储备	42608	−1195	−1992	0	39422
其中：存款性公司	2055	137	0	0	2192
养老基金对养老金管理人的负债	0	0	0	0	0
其中：存款性公司	0	0	0	0	0
贸易信贷和预付款	**3174**	**−1078**	**0**	**−544**	**1553**
其中：存款性公司	10	0	0	0	10
股权	**471669**	**43815**	**−4856**	**−20339**	**490289**
所有者贡献的资金	357257	36607	0	−9843	384020
留存收益	93701	−614	0	−9496	83591
本年度业绩	17102	6985	−5678	−567	17842
一般和特殊准备金	2651	837	0	−433	3054
估值调整	958	0	822	0	1780
其他项目（净值）	**105951**	**−30682**	**2642**	**−12896**	**65015**
其他负债	308476	−15597	2	−11923	280958
减：其他资产	165644	9549	0	−787	117406
合并调整	−36881	−5537	2640	−1760	−41537
垂直检查	0	0	0	0	0

表 C.5　金融性公司概览

	期初存量	交易	估值变化	资产数量的其他变化	期末存量
净外资	**928641**	**26211**	**13009**	**311**	**968172**
对非常住单位的债权	1265478	−5290	15967	311	1276466
减：对非常住单位的负债	336838	−31501	2957	0	308294
国内债券	**3600654**	**12057**	**2548**	**−9207**	**3606052**
对中央政府的净债权	**471291**	**17909**	**5124**	**0**	**494323**
对中央政府的债权	669227	−443	5272	0	674056
减：对中央政府的负债	197936	−18352	148	0	179732
对其他部门的债权	**3129363**	**−5852**	**−2576**	**−9207**	**3111728**
州和地方政府	43822	−567	556	0	43811

续表

	期初存量	交易	估值变化	资产数量的其他变化	期末存量
公营非金融性公司	268489	2320	−630	−328	269851
其他非金融性公司	1433652	12985	−2504	−3980	1440153
住户和为住户服务的非营利机构	1383400	−20590	2	−4899	1357913
金融性公司外的货币	123071	14287	−9	0	137349
存款	2072105	44564	423	0	2117092
投资基金份额	548000	13201	5662	0	566863
债券	100536	−5632	1684	0	96588
贷款	17683	−1218	2	0	16466
金融衍生品和雇员股票期权	17815	0	0	0	17816
保险、养老金和标准化担保计划	589981	15451	−276	0	605156
贸易信贷和预付款	8373	−541	0	0	7832
股权	901385	39714	7005	−8335	939769
其他项目（净值）	150345	−81558	1068	−561	69293
其他负债	551787	−39995	3	−1164	510631
减：其他资产	364566	16309	−411	−603	379861
合并调整	−36876	−25253	654	0	−61476
垂直检查	0	0	0	0	0

图书在版编目（CIP）数据

货币与金融统计核算原理研究：基于 IMF 最新 MFSMCG/
杨凤娟著. -- 北京：社会科学文献出版社，2018.10
（河南大学经济学学术文库）
ISBN 978 - 7 - 5201 - 3451 - 4

Ⅰ.①货…　Ⅱ.①杨…　Ⅲ.①货币 - 金融统计 - 统计
核算 - 研究　Ⅳ.①F820.2②F830.2

中国版本图书馆 CIP 数据核字（2018）第 209965 号

·河南大学经济学学术文库·

货币与金融统计核算原理研究：基于 IMF 最新 MFSMCG

著　　者／杨凤娟

出 版 人／谢寿光
项目统筹／恽　薇　陈凤玲
责任编辑／陈凤玲　王春梅

出　　版／社会科学文献出版社·经济与管理分社（010）59367226
　　　　　地址：北京市北三环中路甲 29 号院华龙大厦　邮编：100029
　　　　　网址：www.ssap.com.cn

发　　行／市场营销中心（010）59367081　59367018
印　　装／三河市龙林印务有限公司

规　　格／开　本：787mm × 1092mm　1/16
　　　　　印　张：18.25　字　数：296 千字
版　　次／2018 年 10 月第 1 版　2018 年 10 月第 1 次印刷
书　　号／ISBN 978 - 7 - 5201 - 3451 - 4
定　　价／99.00 元

本书如有印装质量问题，请与读者服务中心（010 - 59367028）联系